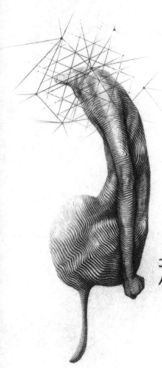

scientific knowledge

面對死亡的因應之道

科學也可以有靈性

成和平———著

梁　序

　　凡是人都會死，人們對於死亡的過程會經歷到什麼，死後會到何處去的這些問題都非常感到有興趣。

　　有許多心臟停止後又救活的人提供所謂「瀕死經驗」，我以前都當成娛樂新聞來看待，等看過成醫師所寫的本書，才對此有了更深的認識。

　　可貴的是成醫師依其專業，將已被研究過瀕死的人的腦波資料，佐以動物實驗的結果，以科學的精神來闡明心臟停止跳動後，腦部逐漸缺氧產生的四個過程——從腦波陷入混亂，自己生平快轉放映，陷入負面體驗的第一階段；腦波幾乎停止的第二階段；到腦部的電訊爆增，整個腦部充滿了能量，像瀑布從一個區域灑向其他區域，帶來正面體驗的第三階段；到腦波真正停止的第四階段，並提出自己的看法及建議如何先做練習，以安度第一階段並模擬第三階段的效果。

　　整篇串聯緊湊，讓人看了之後欲罷不能，直到看完整本，仍然回味無窮。

　　成醫師是生死學的專家，本書主要談的是：從死亡看生命意義。生命的意義是延續自己種族的基因，而書中也觸及共生及利他，也和生命的延續相關。

　　全書以科學為主要立論基礎，因我也是學科學的，特別欣

賞這種客觀的寫法，例如書中提到：

　「瀕死的腦波激增，應該也會產生無我與狂喜，這是非常合理的判斷，也符合眾多瀕死體驗的報導內容。研究發現，徹底的身心放鬆可激發迷走神經，刺激大腦的酬償中樞（獎賞迴路，reward circuits）與部分下視丘，分泌多巴胺（dopamine）、血清素（serotonin）或催產素（oxytocin），產生如癡如醉如夢如幻的體驗。當我們因助人而獲得滿足感時，大腦會分泌令人愉悅與放鬆的腦內啡（endorphin），幫助緩解疼痛與鎮靜作用的天然止痛劑，且能夠帶來歡欣感。」

書中也多處提到腦波，例如：

　「理查・戴維森（Richard Davidson）研究團隊發現，西藏喇嘛（打坐年資十五至四十年）進行無目標的慈悲冥想，一分鐘後就產生最多的 α 波與 γ 波且持續下去。這些波主要分布在額葉區，且打坐年資越久的人，產生的 γ 波總量越多，振動頻率甚至高達 80 赫茲以上。瀕死的腦波激增，可達 100 赫茲左右，等於到達高僧的水平，不遑多讓。」

而一般人有興趣了解的做夢及冥想，成醫師也有獨到的見解，他分析指出：

　「常常放鬆與冥想（專注），就有可能出現 γ 波，左前額功能因而強大，日常生活的效率便可提高，也可以產生深刻感動的體驗。尤有甚者，在體驗瀕死般的最強烈的喜悅後，將不再汲汲營營於蠅頭小利、聲色犬馬般的小確

幸，心境也因不再患得患失而大開大闊、海闊天空。更重要的是，因為腦部 OAA 的停頓而模擬了死亡，於是不再畏懼死亡，往後的日子將恣意揮灑、自在逍遙。」

他也勸絕症病人接受安寧療護，對瀕死的第一階段有好處，希望大家不要誤解這麼好的措施。另外家屬常因不忍心，而要求醫生進行無效插管或心臟急救的措施，只是延長病人在第一階段的痛苦，這也提供急救與否的省思。

成醫師依其專業及論文引用，也針對靈異事件如鬼魅、驅魔、陰陽眼、靈媒等提供科學的看法，也解釋了被外星人綁架、鬼打牆、轉世等幻覺，和腦中的部位及其機能的相關性，這些都是常見容易以訛傳訛的傳說，被加以渲染而誇大，而成醫師藉本書可以正視聽。

根據本書論點，成醫師也受邀參與許多演講，包括 2014 年台北市政府宗教關懷論壇的演講，現在集結成書，相信能讓更多人了解死亡的必經過程，也能從事適當活動來預備，而對死亡有更豁達的看法。

中研院生化所　梁博煌 教授

江 序

　　雖說死亡的當刻總是在一剎那時間降臨，有些人福氣或運氣好，說走就走，但是拜醫學科技之進步，在接近死亡的歷程中，無論是自然老化，或是非自然的疾病和創傷，卻拖得愈來愈長。

　　所以在此過程中，如果真的有一套方法，可以讓人們以更不痛苦，甚至於平和又有尊嚴，又合於醫學科學原則的因應之道去面對死亡，使人生的最後一程可以走的更瀟脫一點，相信是每一個人生前夢寐以求的結局吧。

　　至於死後是否會變為一縷輕煙、一坯黃土，或者進入靈界抑或宗教聖地，醫學上迄今仍無法證實或強力反駁，不妨姑且先瀟灑的想像想像就好。

　　成醫師畢生鑽研生死之腦科學，這種學問並不好搞，也不討喜（相對於其專業的耳鼻喉科學），而且弄久了，還可能被別人視為怪物，就像前台灣大學李嗣涔校長，明明是電機系教授，卻窮其一生的大部分學術精力，放在研究超能力、超感應、複數時空，和可視念力等身心靈科學上，而不做別的學者熱門的光電、奈米等符合現代進展的電子電機學領域，同樣引起一般人的諸多非議和質疑。且成醫師多年來似乎不悔不倦，亦無怯無懼，其一往直前的執著精神尤令人動容。

當然，成醫師和李校長必然也具有一些喜好此道（身心靈科學）的特質與慧根，加上努力和時間，終於著作等身而成就斐然。普羅大眾的我們才有機會在閱讀本書後，能一窺有關生死，尤其是死亡的奧秘殿堂，否則如果叫自己憑空去想像揣測那麼恐怖可怕的死亡情事，豈不嚇死累死，而且又頂多似懂非懂的想出些皮毛罷了。

　　本書也循作者過去的一貫風格，順道提了很多看似與主題無關，卻饒富趣味，可觸類旁通的清醒夢、瀕死體驗、冥想、靈異現象，與其他物種的利他行為與基因學等等。

　　因之若以瀏覽科普小說的心態來翻閱，特別是在自己有時突然對人生存活的價值意義有所感觸或懷疑時拿來一讀，可能會更有靈犀一點通或發己深省的功效。

　　如果願意更進一步來尋思嘗試本書所昭示的四大死亡階段之撇步作為，親自體會實踐，說不定可以更加參透人生，從而無懼於面對死亡，豈非是大賺餘生，又悠活今生。是故樂以為之序。

　　　　　　　前三軍總醫院精神科主任　　江漢光 醫師

杜 序

　　成和平醫師是西醫專業，早年對於一切超自然現象、鬼神、宗教之事十分著迷，盡可能都想親身經歷，也確實都有一些特殊的經歷。然而，隨著懷疑精神及科學理性的增加，成醫師更多地想利用醫學專業與科學實驗的結果，來逼近靈異的世界。包括死亡的問題、通靈的問題、做夢的問題，成醫師無不以科學的態度一一檢視，企圖找到可以接受的說法，以及可以相信的事實。其結果，理性多於迷信、不信多於相信，對於鬼神宗教之事，成醫師找出很多案例，本身都是有瑕疵的，並以此否定大多數宗教鬼神的觀點，最後，成醫師透過本書，為所有讀者找出一條健康面對死亡、靈異、及夢境的態度，並且以親身的經驗保證，只要重視身心放鬆，不必迷信任何鬼神之事，一樣可以獲得快樂的生活，甚至經歷死亡的過程。

　　成醫師實事求是以及樂觀好學的精神，躍然紙上，並在本書中處處顯現。本人以為，孤例不足以證明它在世界及鬼神存在之真，更何況許多造假虛構的事件。但是，科學的不能證實，還有理性的不可採信，也不等於就能否定了人類文明史以來這許多種種的宗教鬼神知識，只要不過度迷信，放下正事不幹，失去正常生活，則理性的宗教還是可以相信的，而且宗教中說人有死後的生命的立場還是可以採取的。依據成醫師的研究，

人在心跳停止，進入死亡的過程中，依據對腦波測量的反應，可以分為四個階段，第一階段時間很短，有些痛苦不舒服的感受，隨後第二階段為一片空白的狀態，沒有知覺，時間稍長，然後腦波會再度活動起來，這就是快樂舒適的第三階段，時間不會太短，依據許多死後復生者的描述，這一階段通常會有美好的經歷，見神見親人、身體輕鬆自在舒適、病痛痊癒。最後進入第四階段，終於沒有任何反應。至於死後的生命，是否在第四階段之後出現？成醫師沒有定論。但是建議人們，不必抗拒第一階段，因為必然會有第三階段。至於是否在第四階段之後到了各自信仰的宗教世界？那就隨人想像吧。成醫師建議，人要快樂地過日子，不要老想著死後的生命，因為不能確知，重點是讓自己每天都像第三階段一樣生活，遇到死亡將至，不必抗拒，不必害怕，安心接受它，因為一定會有快樂的第三階段，大腦會自動作用以保護人們，使亡者在正常死亡過程中，能夠經歷一些沒有痛苦且有快樂的感覺。

　　本書之作，以輕鬆的筆調，陳述作者個人所有的相關知識，理性討論，十分易讀。想要對死亡以及夢境和鬼神知識有些了解的朋友，本書將提供您從科學、醫學、及理性的角度許多有用的思考。

台灣大學哲學系　杜保瑞 教授

釋　序

　　生死是各宗教的終極關懷的課題。佛教說生死是解脫輪迴是大事。道家求長生不死，基督信仰永生等。面對生死，無人能倖免。故，探究生死之謎，古今中外，是綿延不絕不斷，是跨越宗教、哲學、腦科學甚至醫學的重大命題。

　　避談死亡已經不是這一世紀人應有的態度。換句話說，認識死亡，以及如何接受死亡的各種知識或現象，正是這個科技昌明，醫學發達的世代裡很重要的權利。生死的研究更是宗教或生死學的重要的專業領域。成醫師是我認識的學者之中，長年歲月，將生死與腦神經結合且有臨床的實驗成果，並勤於著作之專家學者。

　　分析本書從三個方向，如下：

1. 從 CAS 科學依據來破解生死之謎與確立生命意義：
   成醫師在新世紀推動能破解生死謎團的心靈革命，他以避開宗教教義，或非闡揚道德之包袱，直接告訴讀者死亡是怎麼一回事。過去他在著作中《生死科學》、《死亡跟你想的不一樣》是以通過科學理論和方法來檢視生死，然本書一改做法，直接從死亡的現象與生命意義的學說來進行科學剖析，並試圖整合以導出結論。他認定死亡的定義，必須以 CAS（cardiac arrest state）為標準，

意思是「心臟停止狀態」之科學根據，是理性且客觀。

2. 設立問答為本書主要架構，文字淺顯易懂，避開宗教、哲學等專有學術名相。作者所擬想之問題核心是在專業小眾與一般大眾，使皆能獲得滿足性的認知。兼具研究學術與普羅知識的參考價值。

3. 本書跨越專業範疇，包含有科學、醫學、腦神經與生死學、佛學、宗教學、與哲學、心理學等，所討論的面向，可謂包羅萬象。全書分類成四章：第一章死亡的科學真相。探討瀕死經驗的現象、研究、案例等，也涉及到超靈異現象，例如靈魂、靈媒、鬼檔牆、碟仙、記憶前世，甚至轉世等諸多問題。第二章死亡的有效對策。這一章討論到面對死亡的積極且有效的措施，例如安寧療護等。也特別探討做夢、夢話、夢遊、清醒夢、白日夢、各種夢境或解夢等等。第三章死亡的正確觀念。提出一種物種之「利他行為」與「共生」觀念、世界末日、人性、冥想、垂死懺事、最後的叮嚀等。第四章其他靈異現象。預知的最新研究、心電感應、寵物溝通師、通靈辦案、念力實驗等等。

承上所述三項分析，本人鄭重推薦此一著作，是一部不但掀開了死亡的神秘面紗，也同時更是生命之大哉學。春分為作序。

南華大學宗教學研究所　釋覺明 專任助理教授

自 序

大家聽過 CAS 嗎？

這裡的 CAS，當然不是「台灣優良農產品證明標章（Certified Agricultural Standards）」，別誤會了。

CAS 的英文全名是 cardiac arrest state，意思是「心臟停止狀態」。

研究發現，當一個人的心臟停止後，腦部依序會出現四個不同的活動狀態，分別是 CAS 1、CAS 2、CAS 3、CAS 4。

CAS 的發現，已破解了許多關於死亡的謎團，本書有詳盡的解釋。

許多人以為，心跳停止，腦部也就跟著停止，一切結束。

相信靈魂的人認為，靈魂也跟著脫離軀體，飛到別的世界去了。

真的是這樣嗎？

如果大家徹底了解 CAS 的真正意涵，會深深改變原來的價值觀，甚至全盤變更已知的生命意義與人生觀！

最近在老鼠的實驗中，也出現類似的 CAS，幾乎可確定是哺乳動物的死亡型態，大家不能再忽視了。

任何人提到死亡或死後，很容易使旁人會有虛無縹緲、不著邊際的感覺，總是有無法驗證的玄虛之處。

如今 CAS 的確立，一切空談高調必須有 CAS 的依據，才能獲得合理的地位，本書將完全繞著 CAS 打轉，並提出科學應對之道，不會胡亂臆測。

　　敝人研究生死學多年，CAS 掃除了多年來的疑問，期盼大家看完本書後，也有相似的感覺。

　　希望沒有浪費大家的時間。

目 錄

第一章　死亡的科學真相

這種蔑視死亡研究的人，一旦面對生死關頭的時候，譬如末期病症時，可能未經深思熟慮就皈依一個宗教，希望神明來解救，當然也無力分辨正確與否了，大家認為這樣是對的嗎？

第二章　死亡的有效對策──做清醒夢

既然了解瀕死的概況，想要安然度過，我有一些對策提供給大家。而這些對策需要反覆練習，成為習慣，才能在瀕死時派上用場。

第三章 死亡的正確觀念 —— 減輕恐懼

既然 CAS 3 是大多數人的必經之路，有必要在健康的時候，
就訓練自己、模擬出 CAS 3 嗎？平時健康的時候，擁有 CAS 3
的經驗，日子會過得比較好嗎？

第四章 其他靈異現象

與死亡有關的現象太多了，大家一定還有疑問，我特別蒐集了不少靈異現象的科學資料，希望盡量給大家正確的訊息，減少怪力亂神的觀念作祟。

前　言

「生命意義是追求快樂嗎？」

「生命意義是追求更好的來生或永生嗎？」

「生命如機器一般，只是為了生存與繁衍嗎？」

「不同的人有不同的生命意義嗎？」

以上疑問，可能在大家心底迴盪過，有沒有確定的答案呢？

自從前兩本拙著《生死科學》、《死亡跟你想的不一樣》面世以來，受到大家的支持，非常感激，亟思再寫出一本生命意義的專書，無奈學識不足，無法動筆。

歷經多年的苦讀與沉思，終於有能力整合卷帙浩繁的資料，洋洋灑灑寫了不少，也請大家不吝給予繼續支持。

幾千年以來，許多有識之士苦思生命意義，卻很難獲得一致的結論，如今情況改變，大學的通識課程出現「死亡學」或「生死學」，成為突破瓶頸的契機。

因為唯有徹底了解死亡，才能徹底了解生命（意義）；不了解死亡，就很難有完全正確的生活態度，極易鑽牛角尖、走入歧途，許多人生前活得轟轟烈烈、精彩萬分，晚年卻含恨抑鬱而終，一個參透生死的人不可能有這樣的結局。

或許有人認為，科學是冷酷無情的，推論出來的死亡，不

就是如燈幻滅嗎？而歸納出來的生命意義，不就是毫無靈性、唯利是圖嗎？當然是錯了。

科學是站在客觀的立場，讓證據說話，不會為了反對而反對，雖然有一些科學主義者比較激進，趨近唯物論，但本書的立場比較溫和開放，大家細看便知。

目前的生死教育仍是以宗教或哲學為主，教師只要將所有學派、教派介紹完畢，就可以下課了，學生想相信哪一種是他們的事，教師管不著，也無力管。

所以很諷刺的是，當學生提出簡單的疑問，譬如：

「人死後有靈魂嗎？會去哪裡？」

「林肯總統做了預知自己死亡的夢，後來真的死了，怎麼解釋？」

「通靈人怎麼會知道我的死去親人的隱私？」

「兩個人同時看見鬼，是怎麼回事？」

「人生的終極目的是什麼？」

教師通常拿出一些舊有學說來讓學生自己選擇答案，或兩手一攤，無奈的說：沒有答案，或每個人的答案不一樣。這樣讓人感覺很不好，解惑的教師居然無法清楚解釋生死問題。

生死問題真的無解嗎？當然不是，相關的書籍和論文汗牛充棟、滿坑滿谷，而且還一直有新發現、新洞見，唯有用減少偏見的態度來審視，才能看出端倪來；帶著有色眼鏡閱讀，即使讀得再多，也只會加強原有的偏見而已。

大家或許認為我也有偏見，那麼，不妨翻閱本書任何一段文章來印證；如果還是認為我有偏見，就看看書中關於大腦或心靈的科學介紹，保證讓大家有學識上的收穫，不會空手而回。

與生死有關的領域太多了，又充滿錯誤的觀念，光是撥開謎團就大費筆墨，必須完全交代得一清二楚，才能繼續探討下去，懇請大家耐住性子慢慢閱覽吧。

　　曾有一位網友說：

　　「沒有人真的在死後復活，描述死後世界，所以生死學的研究根本沒意義。」

　　另有網友說：

　　「死後還不是骨灰一罈或白骨一堆，哪有什麼生死的意義？」

　　維基百科也寫著：

　　「一些醫學文章甚至提到探尋生死的意義，不但荒謬而且無濟於事。」

　　真的是如此嗎？

　　大多數人對生死的真相，總是有一些疑惑，國內也有相關的書籍可參閱，可是內容大多很艱深，不容易看懂。

　　即使是敝人過去的著作，也以小眾為目標，從未以大眾都看得懂為考量。

　　說實話，敝人以前的生死學觀念不夠清晰，也無法提供完整周密的思路給讀者。

　　不過，現在情況改變了！

　　新的科學研究一再出爐，生死已不再是謎團，而是幾乎完成的拼圖！

　　有鑑於此，本書以最淺顯的語言，最簡單的邏輯，描述生死的謎團底蘊，希望任何人都看得懂。

　　雖然敝人曾在研究所教授生死學，但本書絕非上課內容或講義，而是一本閒聊淺談，適合以看小說的心態來翻閱。

既然本書號稱以最淺顯的語言鋪陳，故將放棄一般生死學的教學方式，改以口語方式進行，盡量不使用學術名詞。

　　一般生死學的課程太龐雜了，基本觀念還沒釐清，就介紹大量宗教或哲學的理念，很容易讓人一頭霧水、望而卻步。

　　敝人獨闢蹊徑，走一條很奇特的路線來描述生死，不提任何宗教或哲學，卻沒有任何不合理的地方，大家可以試著找出紕漏看看。

　　本書的後半段，將探討生命的意義是什麼。

　　敝人認為，如果可以找到目前爭議最少的生命意義，再加上死亡的最新真相，完美無缺的生命意義就昭然若揭了，對吧？

　　如果只探討死亡現象，敝人向大家保證，很難看出生命意義的全貌，畢竟死亡只是生命的一部分。

　　部分不可能代表全部，就好像看一棵樹，是沒辦法推論出整座森林的，想探討終極的生命意義，必須兼顧生與死，才不會有缺漏。

　　本書採用淺顯易懂的文字描述，也就是短小精悍的文章，沒有長篇累牘的高調闊論，不會增加大家的心理負擔，誠摯希望大家有個愉快的讀書時光！

　　敝人一再宣揚淺顯易懂，就不再堆出冗長的廢話迷惑大家了，正式進入主題，希望大家真的看得懂。

第一章 死亡的科學真相

前　兩本拙著《生死科學》、《死亡跟你想的不一樣》以各種科學來檢視生死，本書改變做法，以各種死亡的現象與生命意義的學說來進行科學剖析，然後試圖整合出結論。

　　換句話說，以科學的立場，描繪出死亡與生命意義的終極真相，屏除主觀激情的成分，也避免唯心主義的陰影，不會為了世道人心而說好話，也不怕被貼上前衛怪異的標籤，畢竟科學也一直在推陳出新之中，即使做一點邊緣科學的推論也無妨。

　　為了避免重複，凡是在敝人其他著作出現過的內容，本書一概不再複述，讓大家耳目一新才是本書的目的，有興趣研究者可翻閱舊作，或上網查資料。

　　科學日新月異，卻沒有減少道聽塗說、以訛傳訛的謠言，甚至有變本加厲之勢，我在撰寫本書的時候，就有寫不完的感覺，最後簡直變成一本闢謠大全了，真是始料未及。

　　期待後起之秀可以繼續發揚光大下去，雖然道高一尺，魔高一丈，破除迷信仍是正確的道路，大家以為呢？

　　說實話，「生死學」的名稱仍不盡理想，應改為「死生學」，因為孔子說的「不知生，焉知死」是錯的，「不知死，焉知生」才是對的。

　　許多人從不研究死亡，遇上探討靈異現象的人，甚至還嗤之以鼻，認為無聊、荒謬、可笑，我就是被嘲弄過的對象之一。

　　這種蔑視死亡研究的人，一旦面對生死關頭的時候，譬如末期病症時，可能未經深思熟慮就皈依一個宗教，希望神明來解救，當然也無力分辨正確與否了，大家認為這樣是對的嗎？

　　所以，本書「先死後生」，先介紹死亡的各種說法與證據，直到一網打盡所有論點後，才討論生命的意義或目的。

　　我的原則是，只要有一絲偏頗的想法，就有可能推導出錯

誤的結論，許多機械的運作原理也是一樣，一個小螺絲釘的鬆脫，就可能引發整部機械的故障。

當然，我的論述可能有吹毛求疵、過度嚴厲的問題，但我已經盡量降低減少了，畢竟我的名字就叫做「和平」，不希望引發論戰，請大家不吝指教，可到我的臉書留言，用搜索引擎鍵入「成和平」三字，就可以找到。

此外，大家想挑戰看看，自己對神秘現象的了解有多少嗎？

過去幾年，我在網路上回答了一千多個關於超自然的問題，為了避免枯燥，特別收集其中最精彩的題目，有些甚至是許多人信仰的唯一基礎，然後進行剖析。

其中有些題目非常艱深，絕對會擊潰不少挑戰者的信心，因為連科學家也無法破解箇中奧妙。

以靈異現象為例，目前的心理學只破解了一部分，而宗教家宣稱破解的，也只是另一小部分，何況正確性還有待查證，另有大量讓人摸不著頭緒的謎團，大家隨便翻開本書任何一區塊，都可能有這樣的感覺。

我收集的內容完全排除太簡略的問題，譬如「世上有沒有靈魂？」、「世上有沒有鬼？」等，而是以發生在人們身上的真實經歷為基礎，提出合理的懷疑，保證沒有天馬行空、虛無縹緲的內容，大家細看便知。

大家或許會覺得奇怪，有些我不知道完全正確答案的東西，何必寫出來呢？

其實，沒有深入的懷疑，就沒有深刻的理解，作者是否知道答案不是重點，重點是有無揭開真相的線索，讓人們更接近事實。

數學史上常有數學家寫出艱深的題目，歷經許多年才被人破解，我覺得神秘現象也是一樣，唯有提出正確深入的疑惑，才能推動新一波的心靈革命。

　　許多新時代（New Age）學家奢言意識的新覺醒，卻常停留在新瓶裝舊酒的階段，將宗教教義改頭換面就大力推銷；遇上神秘現象就推給神秘的原因，以未知解釋未知，等於沒解釋，那麼，意識的新覺醒會發生嗎？

　　雖然我無力破解一部分的謎團，但可提供一些線索，保證不會誤導大家的思考方向，希望可以激發出明澈的洞見。

　　如果我的見解可以讓大家接受，就是最大的收穫；如果沒有引起共鳴，起碼可以激發大家在心靈上的嶄新思考，活絡一下腦筋。

　　如果大家懷疑任何心靈大師的功力，只要將本書的任何內容拿去問，馬上知道真假，因為只要大師吞吞吐吐或答非所問，就有問題了。歡迎大家提出指教！

　　開宗明義，我直接向大家介紹死亡的時候，會發生什麼事。沒有宗教教義，也沒有道德考量，完全直指真正會發生的事。

腦波的證據

　　大家可能會覺得奇怪，科學可以了解死亡嗎？

　　科學家大多否定靈魂的存在，死亡就等於什麼都沒有了，只留下遺體而已，沒什麼好討論的吧？

　　沒有靈魂，就沒有死後的獎善罰惡，生前胡作非為、殺人放火都沒有關係，真的是這樣嗎？

我本來非常迷信，豈止相信靈魂不滅而已，甚至到達宗教狂熱的程度，曾參加各種新時代道場，想盡早通靈通神，破解宇宙奧秘。

　　結果除了換來一些怪異的感覺與體驗，生活過得一塌糊塗、神經兮兮以外，什麼改善也沒有。

　　或許是我太沒慧根，生性又多疑，無法從超自然體驗中領悟真理，但這是難以改變的頑固，我無法同時享受科學的便利，卻又唾棄科學的態度。

　　科學固然無法完全證明超自然是不存在的，但現有的超自然「證據」都有問題與缺陷，沒有所謂的鐵證如山，叫我如何相信？

　　有人說，只要相信就可以了，何必要證據？科學又不是萬能的。

　　沒錯，科學不是萬能，但如果可以讓科學與超自然並行不悖，讓自己的念頭沒有矛盾衝突，不是更好？

　　心中愈少衝突，身體就愈健康，這是許多人都明白的道理，本書有辦法調和科學與超自然，不會一概否認故事或問題的真實性，大家細讀便知。

　　我很少劈頭駁斥超自然故事的荒謬可笑，因為自己曾經遇過，反而會詳細解析各種可能性，並建議做實驗或測試來證明真假。

　　做完測試，再來討論原因，不是更有說服力嗎？何必在未經查證的情形下就自己嚇自己，全盤接受呢？

　　遺憾的是，許多怪異現象無法測試，或做了測試後就消失，根本無法證明什麼真理。

　　鐵齒一詞源自於台語，意思是固執、不信邪，本人便是後

者。

　　鐵齒絕非不講理，而是被騙怕了，許多超自然故事就像「狼來了」，一再讓人希望破滅，還能相信什麼呢？

　　即使有些案例目前無法完全破解，可是根據過去紀錄，被後人踢爆揭穿者是屢見不鮮，輕率相信，以後可能被人當成笨蛋，我自己就被人嘲笑過。

　　鐵齒不等於沒有靈性，嘲笑鐵齒者必須承認自己只是「相信」超自然的存在，而非「100% 確證」其存在，因為嘲笑者可能淪為後人茶餘飯後的閒談笑料。

　　回歸正題，科學在死亡方面，有突破性的發現嗎？請大家看看以下報導：

　　請看圖一，是美國喬治華盛頓大學附屬醫院加護病房醫生拉克米爾・朝拉（Lakhmir S. Chawla）記錄下來的。

　　這是兩個病人在臨終前的腦波圖，大家可能看不懂，沒關係，容我慢慢解釋。

　　兩個圖的最左邊，代表心臟開始停止，腦波圖開始描繪。

　　朝拉醫生強調的是，兩個圖的右邊，皆出現高峰。上圖在 06：50 處，下圖在 13：05 處。

　　照理說，瀕死的病人的腦波，應該逐漸消失，變成平坦的一條直線，電影裡應該演過這樣的劇情，大家看過吧？

　　沒想到，竟然出現腦波高峰，這不是很奇怪嗎？

　　一般的加護病房不太可能出現這樣的臨終腦波圖，因為醫護人員會進行搶救，腦波圖因急救搖晃而亂畫一通，通常無法記錄。

　　朝拉醫生並未進行急救，可能這兩個病人曾表明放棄急救吧。

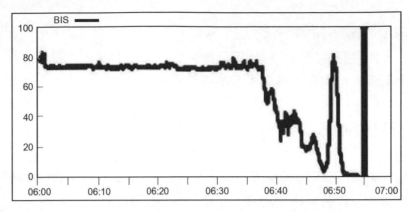

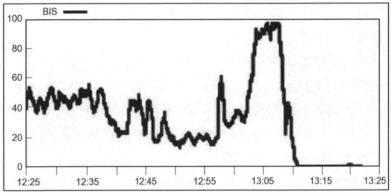

圖一 (http://eradoespirito.blogspot.tw/2011/02/anomalias-nos-sinais-eletricos-do.html)

　　快死了，為何要裝上腦波儀呢？這就要詳細介紹了。

　　朝拉醫生為了知道開給病人的止痛藥（**一種鎮靜劑**）是不是有用，特別監測了七名病重病人的腦波。

　　如果病人的腦波沒變化，代表沒有活動，也就是不感覺痛。

　　如果病人的腦波突然波動，很明顯有狀況發生，可能有痛苦的感覺，代表鎮靜劑無效。

　　很奇怪的是，所有監測的病人，都出現活躍的腦波高峰。

難道都有痛苦的情況發生？

大家覺得如何？科學不但對死亡的觀察有明確的結果，還有更驚人的內幕，請大家繼續看下去。

奇異的波峰

朝拉注意到，病人撒手人寰以前一個小時，原本微弱的腦波會有一段時間特別活躍，頻率約 60~100Hz。

時間長短不一，最短的有三十秒，最長的有三分鐘。難道痛完才去世？

即使朝拉的研究只提到七名病患，但他表示同樣的情形他至少看過五十次。

「我們認為瀕死體驗可能是因腦部缺氧而引發的一股腦電波引起的。」他估計有 80~85% 的瀕死者出現這種腦電激增，可能與正面的瀕死體驗有關。

瀕死體驗（NDE, Near-death experience）是指人在瀕死時的感受，發生率通常不到所有瀕死者的一半，大部分是正面的體驗，小部分是負面的體驗。

他的研究發表於《舒緩醫學學報》（*Journal of Palliative Medicine*）上。

換句話說，他發現病人已經沒有血壓時，腦電波的活動卻突然增加（brainwave surge），就有如完全清醒一樣。

在腦波激增的活動結束之後，這些病人就確定死亡。或許這樣的激增又停止，未來的醫學可當成死亡的定義也說不定。

朝拉指出，隨著血液流動減慢、含氧量降低，腦細胞會在一小時內發出最後一次的電能脈衝，由腦部的一部分開始串聯

擴散開來。

　　他形容，像瀑布一般灑向腦部其他區域，這其間會讓當事人有強烈精神活動，看到清楚的景象也會有感覺。

　　他又說，瀕臨死亡後來又活過來的人，若記得這種感覺，就是所謂的瀕死體驗（Near-death experience）。

　　根據過去的研究顯示，心臟病發作後來被救回來的人裡面，約五分之一有瀕死體驗。

　　《科學人》雜誌報導，2001 年 12 月 15 日《刺絡針》發表了一份德國研究，344 名經歷「臨床死亡」而後甦醒的心臟病患中，12% 有「瀕死經驗」。

　　他們描述的瀕死體驗包括靈魂出竅、愉悅、看到光、看到漆黑的隧道、遇到過世的親人，甚至神明。

老鼠的情況

　　或許有人懷疑，這只是朝拉的發現而已，不能推論至全體人類的瀕死狀態。

　　也有人質疑，這種腦波激增，不能證明就是瀕死體驗，那些死者並沒有活過來描述自己的體驗。

　　問題是，描述瀕死體驗的人，也可以質疑他們沒有真的死去，所有關於死亡的研究都變得沒有價值？

　　真的是這樣嗎？當然不是。

　　令人震驚的是，最近 Borjigin 領導的一次老鼠的實驗，竟然也出現類似的腦波，請看圖二之 CAS 3。

　　如果老鼠也出現與人類一樣的現象，就可以推論此是死亡的真相，我的說法應該沒有問題吧？

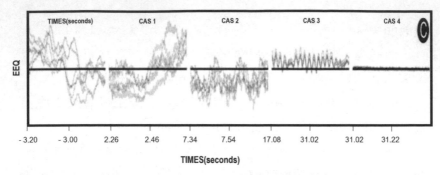

圖二 (http://neurocritic.blogspot.tw/2013_08_01_archive.html)

　　讓我訝異的地方是對老鼠的深度麻醉，居然沒讓老鼠的腦波停止，請看上圖的左邊。anesthesia 的意思就是麻醉。

　　一般人接受全身麻醉手術，醒來後是沒有任何回憶的；以此類推，上圖左邊的腦波，應該不足以產生任何記憶。

　　但是，確有不少病人死於手術台上，原因通常不是麻醉，而是其他問題造成的，譬如失血過多。

　　這時，可能進入強烈的 CAS 3，就足以產生印象深刻的瀕死體驗了。

老鼠也有瀕死體驗

　　這項新研究的作者，利用瀕死的小老鼠實驗，導出一個驚人的發現：在心跳停止後，這些齧齒動物的腦部，進入了一個相近於人類意識強化的狀態。

　　既然人類也是這樣，顯示大腦活動，可能是瀕死體驗的真正來源，而非超自然的現象。

　　在過去，那些從心跳停止中存活下來的患者報告裡，大約有五分之一的人將瀕死體驗描述為「超級生動的」或「比真實

還要真實」！

當然也包括靈魂離開肉體，從外部觀察自己的體驗，以及看到了一叢白光。

我們不能忽略這些報告中的相近性，但是所有瀕死體驗的討論常常會涉及神秘學，這些景象到底是由大腦產生的，還是在身體之外對靈界的窺見？

話說從頭，美國安阿伯市密歇根大學神經病學家 Jimo Borjigin，對一個特別的題目「中風後測量囓齒動物大腦中的激素水平」做研究，進而對瀕死體驗產生了興趣。

在 Borjigin 的實驗室中，有一些動物意外地死掉了，而她的腦波儀器，也意外地捕捉到這些動物的腦波激增，也就是前圖的 CAS 3。

CAS 1 代表心跳剛停止的腦波，顯得凌亂；CAS 2 代表腦波幾乎停止，腦部處於休眠狀態；CAS 4 則代表腦波完全停止，表示真的死了。

以前在囓齒動物和人類中進行的研究也發現過，在心跳停止後，大腦中的電波活動會出現激增，並在幾秒鐘後趨於平緩，從沒人想到這就是所謂的瀕死體驗。

但 Borjigin 對這最後的幾秒鐘產生了質疑，並認為是一個短暫的腦死亡「膝跳反應」，也是一種常態。

Borjigin 找了九隻老鼠，以麻醉的方式誘發牠們的心臟驟停，同時記錄牠們的腦電活動。

結果發現，這些老鼠在心臟驟停後的三十秒內，其腦電活動大增，且具有與意識和視覺活動類似的特性。

這項研究論文刊登在美國《國家科學院院刊》上。

比清醒還清醒

Borjigin 的論文指出，讓研究人員感到震驚的是，在瀕死狀態下，許多與意識有關的腦電活動程度，甚至超出清醒狀態。

腦電波儀（EEG）測量到所謂 γ 振盪（gamma oscillations, 35~50Hz），這種高頻腦波激增，其訊號程度比清醒腦波強上八倍。

腦波可分為五種：γ 波（gamma 25 赫茲以上）、β 波（beta 13~24 赫茲）、α 波（alpha 8~12 赫茲）、θ 波（theta 4~7 赫茲）、δ 波（delta 0.4~3.5 赫茲）。

腦電波不是一般的電波，而是測量「腦電」後加以放大，然後在圖紙上畫出的波形。所以，是「腦電」波，不是腦「電波」。

腦波也不是人腦的磁場，腦磁的強度在 10 的 -15 次方特士拉左右，從腦殼向外快速遞減，很快就被其他的磁力源給蓋過了，譬如地球本身的磁場有 10 的 -5 次方特士拉，便是腦磁場強度的 10 的 10 次方倍。

所以，腦波不可能傳出腦部，也無法傳入電腦主機，更無法模擬後傳回腦部。

「許多人認為，大腦在臨床死亡後衰退或停止活動，研究顯示絕非如此。在死亡過程中，它甚至遠比清醒狀態時更活躍。」Borjigin 說。

「這項研究揭示出，在心臟停跳過程中，氧氣或氧與葡萄糖兩者的減少可能刺激大腦活動，而這個活動是意識加工的特色。」

Borjigin 表示，這或許代表「在臨床死亡的早期階段，大腦還能夠組織良好的腦電活動」。

以前科學界對於瀕死大腦能否產生意識，總是存在激烈的爭論，主流觀點一直認定，心臟驟停後大腦就不再活動，無法產生任何意識。

Borjigin 表示，她的動物實驗是人類史上第一次，在嚴謹的控制條件下，發現了瀕死大腦的生理狀態。

大家可以看到，老鼠的瀕死腦波圖，比前面 Lakhmir S. Chawla 的人類腦波圖更清楚，讓人更容易理解。

最重要的是，Borjigin 以 CAS 四個階段說明瀕死狀態，我覺得淺顯易懂，甚至可當成解釋死亡的準則！

如果再對照以前的各種瀕死體驗報告，居然可以破解一些謎團，請大家繼續看下去就明白了。

瀕死體驗研究的回顧

最早提出瀕死體驗，引發大眾注意的是 1972 年的傑斯‧E‧魏斯，以及 1975 年的雷蒙穆迪。

瀕死體驗（NDE, Near-death experience）是指人在瀕死時的感受，發生率通常不到所有瀕死者的一半，甚至更少。

由於每個研究報告的數據不一樣，只要知道瀕死者大多沒體驗或記憶，就八九不離十了。

瀕死體驗有哪些內容呢？維基百科記載：

「這些現象包括靈魂出竅、看見天堂或地獄、看見親人、看見宗教人物或上帝、回顧一生的生活、極度的恐懼、

完全的平靜、安全感、溫暖、徹底的破碎感、一道亮光的出現、甚至看見超我和超時空的東西、以及其他超驗的現象。」（參考來源：http://zh.wikipedia.org/wiki/%E7%80%95%E6%AD%BB%E7%B6%93%E9%A9%97）

這些現象有好的也有不好的，大家看不懂沒關係，只要知道大部分是正面的體驗，小部分是負面的體驗就行了。

所有的瀕死體驗整合報告，都指向一個事實，天堂般的瀕死體驗，多於地獄般的體驗。

曾有科學家認為，腦細胞有個「防禦機制」，在即將死亡之際，會放出舒緩的物質，減少痛苦，所以瀕死時大多是正面的體驗。

這是合理的猜測，但為何有負面的體驗呢？舒緩物質來不及釋放嗎？為何會來不及？

以下將介紹 CAS 各個階段，大家就會明白了。

瀕死第一階段

瀕死者通常有清醒恍惚交替的現象。

如果不是心臟病患者，這種交替情形可能持續很久；如果是嚴重心臟病，就不會太久，可能直接進入 CAS 1。

CAS 1 就是心臟停止後的腦部，通常腦波陷入混亂。臨床上有所謂譫妄、不安、躁動，可能與此有關。

此階段被救活者，可能描述負面的瀕死體驗，譬如地獄或怪物。

一般的研究統計，負面瀕死體驗只佔全部瀕死體驗的 10%

上下，原因為何？請大家看看圖三。

這是 Borjigin 針對老鼠的研究，CAS 1 約 3 秒，CAS 2 約 8 秒，CAS 3 約 19 秒。換算下來，CAS 1 將近全部瀕死時間的 10%，CAS 2 將近 27%，CAS 3 約 63%。

瀕死體驗很少出現負面體驗，就是因為 CAS 1 出現的時間只有 10%，在這個階段甦醒後描述的機會本來就不高。

曾有一項統計，人們的負面瀕死體驗的比率只有 9%，相當接近老鼠的 10% 數據。

CAS 2 是一條幾乎筆直的平線，高達全部瀕死時間的 27%，可以解釋大多數瀕死者為何沒有體驗或記憶。

而 CAS 3 雖有 63%，但接近真正死亡，腦細胞已損壞到極限，能夠被救回甦醒描述的機會不高，所以只有五分之一的瀕死者描述正面體驗，等於 20%。

下圖的缺點是沒清楚記錄到 CAS 3 的強烈波形，請大家留意。

大家只要閱讀相關資料，可以發現大多數的瀕死體驗是正面的，譬如見到光明、神明、美景等，只有少數是負面的，譬如地獄、深淵、漩渦等，為什麼？

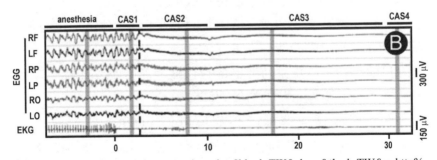

圖三 (http://translate.google.com.tw/translate?hl=zh-TW&sl=en&tl=zh-TW&u=http%3A%2F%2Fneurocritic.blogspot.tw%2F2013_08_01_archive.html&anno=2)

可以述說瀕死體驗的人，通常是遇上很嚴重的腦部缺氧事件，譬如車禍或溺水，腦細胞誤以為將死亡，遂釋出舒緩痛苦的物質，因而產生正面的體驗。但是，這種傷害又不能太嚴重，因為人死了就無法描述瀕死體驗。

若腦部缺氧不夠嚴重，腦細胞不認為有死亡的危險，就不會釋出舒緩物質，但氧氣不足仍會造成功能混亂，產生負面的體驗。

我個人以為，腦部對缺氧非常敏感，很容易產生舒緩的物質，使得正面的體驗居多，而負面體驗很難發生，因為輕微缺氧的狀況不易發生。

但是，因久病而去世的人，情況就不一定了，因為輕微缺氧的情形可能比較多，譬如心跳時有時無，負面的體驗就會發生許多次。當然，臨終的正面體驗還是會出現，例外的情形很少。

人腦 vs. 鼠腦

前面提到的瀕死實驗，一個是人類的腦波，另一個是老鼠的腦波，有一個迥異之處，值得一談：

人類的實驗室在加護病房中記錄的，因為藥物的治療，心跳停止又偶爾跳動的情形一定有，導致多次進入 CAS 1。

目前已知，停止跳動半小時的心臟，仍可恢復跳動，科學家仍在研究心臟停止跳動的最大極限。

台大醫院曾連續施以心肺復甦術（CPR）急救，長達二百八十分鐘，超過四個小時而救活病患，可能是世界紀錄。通常只有在低溫下，才能急救這麼久而成功救活。

可能在最後一次 CAS 1 時，才進入 CAS 2 或 CAS 3，時間已遲至第一次心跳停止後一小時了。

老鼠的麻醉實驗則是以深度麻醉至死，心跳停止後就不會再跳了，CAS 3 幾乎都在三十秒時出現。

所以，人類可算是在治療中死亡，老鼠則是被殺死。

那麼，在治療中死亡的情況，可能多次進入 CAS 1 後，才在最後一次進入 CAS 2、CAS 3 而死亡。

被殺死的情形則不太一樣，只出現一次 CAS 1，沒有第二次，就直接進入 CAS 2、CAS 3。

多次進入 CAS 1，顯然不太好，可能歷經多次的負面經驗，但這是無法避免的，加護病房是救人的地方。

根據統計，在二十一世紀初的西方國家，死亡的人中僅有約 20% 到 25% 沒有死在醫療機構中。（參考來源：http://zh.wikipedia.org/wiki/%E6%AD%BB%E4%BA%A1）

所以，想減少進入 CAS 1 的次數，必須不再提供幫助心臟跳動的藥物，除了病人本身的生前意願以外，家屬與醫護人員必須有共識才行。

換句話說，病人不接受急救是沒用的，家屬與醫護人員也要配合，才不會在違背病患的意願下施打心臟藥物。

總之，若病情已無法痊癒，病患最好與家屬溝通，再與醫護人員討論，可簽署放棄急救的聲明，以避免多次進入 CAS 1。

關於這點，我會在第二章詳談。

一生回顧

CAS 第一階段除了可能是負面的體驗以外，也可能是所謂的一生事件的回顧，有人形容為一生重要的事件如走馬燈一般快速閃過眼前。

其實，除了瀕死時可能發生一生回顧以外，在危急時刻也可能發生，譬如交通事故。

大家或許聽過，有人在將撞車之際，腦海裡可能閃現過去一生中的重要事件，譬如考試、畢業、當兵、結婚、生子等。

這時，時間似乎變慢，讓這麼多事件可以擠進短暫的時刻裡。但是，時間真的有變慢嗎？

科學上認定是錯覺，以下摘錄改寫自《心智的迷思》一書，心理出版社 2004 年出版：

> 「嚴重的組織缺氧會損傷海馬迴，增加無法抑制的可能，形成『生平回顧』的神經活動。視丘中背側或來自杏仁核的主要輸入被阻斷，則與主觀時間扭曲有關，造成一生在瞬間發生的錯覺。」

大家可能看不懂，不過沒關係，只要知道是腦部受損造成的錯覺，而非時間的感知變敏銳。

我個人的想法是，一生回顧應該先發生，再出現負面的體驗，當然這是沒有根據的推論。

這兩種經驗都是我從瀕死體驗的報告中抽取出來，套用在 CAS 1 中，看似合理，仍需更多的科學報告來證實。

或許大家有更高明的想法，歡迎到我的電子信箱指教。

孰先孰後？

我個人認為，一生回顧先出現，負面體驗才接著出現，是根據腦部血管的粗細來判斷的。

通往腦部的血管，是從頸部往上進入腦內的，所以腦深處的血管最粗，氧氣最多，腦表面的血管最細，氧氣當然比較少，因為沿途耗掉了。

可用河川來形容，腦深處的血管屬於河川的主幹線，腦表面的血管就是細小的支流了。

輕微血流不足時，細小的支流必先斷掉；嚴重血流不足時，主幹線才會受影響。所以，腦部表面皮質很容易受到缺氧的損害。

腦表面掌管長期記憶，如果遭遇缺氧，可能會出現激發狀態，產生一生回顧的幻覺。

而腦深處有掌管情緒的邊緣系統，這個部分如果缺氧，可能會呈現激發，產生充滿情緒的幻覺，如同夢一般。

關於一生回顧，根據《心智的迷思》的作者 Sergio Della Sala 的推論，腦深處的海馬迴活躍是主要的原因。

目前已知，十一年以內的記憶，需要海馬迴才能穩定下來，叫做記憶固化（memory consolidation）。

而一生回顧裡，通常有十一年以前的記憶，顯然另與腦表面皮質有關。這是我的推論。

總之，依照血流分布，缺氧必先出現在腦表面皮質，我認為很可能出現一生回顧，有以下案例可當成證據：

曾有人被歹徒拿槍指著頭部，或被車子撞上的一剎那，會感覺自己一生的重大事件，在眼前瞬間閃現，如快播的電

影一般。

因為在極度緊張的時候，頸部呈現僵硬的狀態，壓縮了通往腦部的血流，使得表面皮質率先出現暫時缺氧，因而產生一生回顧。

當然，以上皆是我個人的推論，大家參考看看即可。

CAS 1 之前

我曾想過一個問題，既然有 CAS 3 那麼舒服的階段，何必在意痛苦的 CAS 1 的階段呢？反正苦盡甘來嘛。

CAS 的意思是心臟停止狀態，其實在 CAS 之前，心臟可能就忽快或忽慢，呈現不規則的狀態了。

一般人在進入瀕死狀態的時候，心臟通常不是停止一次就報銷了，可能又恢復跳動，甚至暫停、復跳許多次。

那麼，腦波可能經歷混亂的階段許多次，負面的瀕死體驗就會出現許多次，日子恐怕很難熬了。

許多重症患者住院長達數個月，甚至家屬收到超過三十次病危通知，患者在死去活來的折磨中度過。

我個人認為，既然無法保證自己有無漫長的 CAS 1，最好在健康的時候，就培養應變的能力，以免受盡折磨，這點容後再提。

所以，CAS 1 之前，就可能有負面的經驗，請看維基百科的一段文章：

> 「人清醒心動過速時產生的似乎被追趕的心悸感，在夢中變成了被人追趕的離奇恐懼的惡夢，人清醒心動過慢或早博時引起的心懸空、心下沉的心悸感，在夢中變成了人

懸空、人下落的離奇恐懼的惡夢。夢中經常能感覺到一些人清醒時不易感覺到的輕微的生理癥狀，是因人睡眠時來自外界的各種客觀事物的刺激相對變小，來自體內的各種客觀事物的刺激相對變強引起的。」（參考來源：http://zh.wikipedia.org/wiki/%E5%A4%A2）

常常做夢的人，應該可以理解維基的內容。瀕死時也會有同樣的現象，這是無庸置疑的。

根據統計，85% 的病人在死亡之前，會出現譫妄（delirium），77% 的病人會有嚴重的神智改變，大約持續一週以上，通常在下午及晚上比較嚴重。

這時，需考慮的因素有癌症的腦部轉移、代謝性的腦部病變、電解質不平衡、營養失調、敗血症等。

另外還有未緩解的疼痛、膀胱或直腸脹滿排泄物、因缺氧而喘氣、因虛弱而無力移動等。

另外，「末期憤怒（terminal anguish）」是一個大問題，病人會有哀聲嘆氣、呻吟、坐立不安、長吁短嘆、哭泣哀傷等情況。

病人通常有長期未解決的情緒困擾、人際關係的衝突、隱藏的不快樂記憶譬如罪惡感等。

可見，健康時的心理平衡，與臨終時的身體照護，都是同等重要的，可減輕以上的困擾。

臨死覺知（Nearing Death Awareness）

「臨死覺知」的意思是覺知自己將死，通常可以分為三類：第一種病人，是「自知死之將至」，可算是最高深的境界，

主動告訴家屬或醫護人員，還有多久將會死亡，後來證明真的是準確無比。

第二種病人，是「若有所見」，見到已過世的親朋好友來看他，或說要帶他走，沒有多久就真的死了。

第三種病人，是「若有自覺」，在生命的最後階段，吵著要回家，回到家時，病情有時會稍微有起色，也就是一般人所謂的「迴光返照」，然後就真的死了。

當然，醫療越來越進步，臨死覺知可能變得越來越不準，或許以後生死學書籍就不再談論這種案例了。

不管是哪一種病人，我們都需要用心去傾聽，不要去和他爭論真假，譬如看到過去的親人，而且可能也無濟於事。

應該提醒病人，現在是什麼時間，在什麼地方，身邊是何人，放一些輕柔的音樂和柔和的燈光，或許可以使病人感覺好過一點。

最好的方法當然是尋求醫護人員的協助，以解決一些身體上可以解決的問題。

我曾在網路上，看過第一種病人的描述，網友說：

他的長輩預言自己下午兩點鐘會走，家人故意隱瞞時間與他聊天。等到兩點鐘過了沒多久，長輩追問時間是多少，得到答案後埋怨，為何沒有及時告知，即向大家道別，低頭斷氣！

當然，事實真相是否如網友所言，尚無法求證，但其他神奇案例可以佐證這種高深莫測的病人真的存在。原理是什麼則不得而知。

瀕死第二階段

這個階段腦波幾乎停止。此階段被救活者，應該沒有任何體驗。

CAS 2 的情況有點像深度睡眠，明明每個人每天經歷卻毫無感覺與印象。

不過，一些修行家常常說，他進入「空無」，我懷疑是腦部進入 CAS 2。

修行的過程有可能使腦部的血流量降低，活動減少，腦波就會變得不活躍，主觀的體驗就是空無或虛無。

平常人也有可能，大家應該看過這樣的例子，某個人聽到青天霹靂的噩耗時，一時之間呆若木雞，腦海裡一片空白，等到旁人呼叫，才回神過來。

所以，CAS 2 是任何人都有可能遇上的，並非什麼遙不可及的經驗。

另外，催眠、祈禱、唸經、持咒、靜坐，也有可能誘發類似 CAS 2 的體驗，心念專一到某個程度，就會變成無念。

或許有人會質疑，既然無念，又怎麼會知道「空」的感覺呢？

沒錯，只要有感覺，就不是無念，正確的無念應該是：剛才有一段時間消失了，不見了。

那麼，修行家說的空的體驗，就是騙人的把戲嗎？

倒也不一定。如果腦部進入類似 CAS 2 之後，又稍稍觸及 CAS 3，就會有美妙的體驗，空的感覺就不只是時間消失而已，還有喜悅。

CAS 3 在下一段會詳細說明，這裡不贅述。

這裡特別提醒大家，死亡本身不可怕，因為每天睡覺都會模擬 CAS 2。不過，這樣的邏輯無法減輕對死亡的恐懼。

有人很害怕死亡後，什麼感覺都沒有，根據美國的一項統計，有四分之一的女人，以及三分之二的男人，無法忍受十五分鐘的枯坐，寧可接受電擊。

只是枯坐而已，就無法忍耐了，甭提死亡了。

可見，學會與自己獨處，是很重要的課題，不敢獨處，就會害怕死亡的孤寂，本書後半部會提供應對的方法給大家。

瀕死第三階段

前面曾提過 CAS 3，這個階段是腦部的電訊爆增，整個腦部充滿了能量，從一個區域灑向其他區域，可形容為瀑布。

此階段被救活者，可能描述正面的瀕死體驗，譬如天堂或美景。

可以這麼說，相信天堂的人，將可能看見壯麗非凡的仙境，滿山遍野的花香鳥語，以及翩翩起舞的天使仙子，畫面依照腦內的記憶而定。

不相信天堂的人，將可能看見令人屏息的山川美景，或許是遍地黃金的景象，或許是精緻非凡的絕美殿堂。

或許有人會產生疑問，為何不是可怕的負面體驗，譬如血流成河的殺戮地獄呢？我敢保證是天堂嗎？

大家想想看，腦部的瀑布電流，勢必啟動大腦的視覺區，特別是顏色的判定功能，形成繽紛多彩的影像。

地獄是彩色的世界嗎？依照一般人的認知，當然不是彩色，反而是灰黑慘綠，頂多有紅色的血而已。

一般瀕死體驗的統計，正面本來就遠多於負面，而 CAS 3 是腦波停止後發生的現象，與一般瀕死體驗的原因雷同，將 CAS 3 設想成天堂體驗乃合理之舉。

除了視覺上的震撼以外，瀕死體驗者常形容有無比的舒適、寧靜、溫暖、喜悅，或與天地、上帝合而為一，也應該是瀕死第三階段的感覺。

曾有人認為舒服的感覺是腦部分泌的腦內啡 (endorphin) 所致，我覺得與血清素（serotonin）也有關聯，這點容後再述。

至於與天地、上帝合而為一，有人認為是腦頂葉（parietal lobe）的停頓所致，應該是起源於 CAS 1、CAS 2，而在 CAS 3 時腦部進行詮釋的結果。

一些修行家也說自己與大自然合而為一，曾有人批判，他們的感覺是幻覺，甚至是騙財騙色的藉口，不是真正存在的現實，真的是這樣嗎？

腦頂葉的停頓，雖是科學上的觀察資料，但沒確認「合一」是不存在的現實，我個人認為必須詳加探討，才能釐清真相，後面章節會再描述。

大腦為何要最後一搏？

CAS 3 的發現，我認為與瀕死體驗中的天堂或愉悅感覺特別有關。為什麼這樣說呢？

根據研究，大腦在瀕死時，可能會釋放 Dopamine、Endorphin、Serotonin、Ketamine 等物質，這些可以製造幸福快樂的感覺，以減輕重症的痛苦。

目前的研究已確定，我們吃到辣椒的感覺是痛覺，大腦會

分泌 Endorphin 這種腦內啡物質來減緩痛覺，順便帶來愉快的感覺；跑馬拉松時的撞牆期，也就是痠痛到不想跑之際，據說也是靠 Endorphin 的出現來度過。

而瀕死的痛苦遠超過吃辣或跑馬拉松，不僅是痛覺，還加上缺氧，大腦自然會分泌各種物質來減輕痛苦。

日本一份調查報告顯示，在自宅逝世的患者，有 42% 在臨終前看到過世的親人或神明前來「接引」，而且有此經驗者大多可以安詳的離世。

當時有六家診所，針對 541 名已過世患者的 1,191 名家屬進行問卷調查，這些患者都是在家屬的陪伴下於自宅過世。

調查結果發現，有 42% 的患者在臨終前看到別人看不到的景象，甚至還聽到，或感受到，其中有一半的患者告訴家屬看到已過世的親人，有人則是感受到神明或光影。

總計有 47% 的患者覺得接引很好，持否定意見者僅19%。

調查人員認為，即使臨終「接引」體驗是出自患者的幻覺或妄想，卻可協助患者及其家屬安詳地面對死亡，值得給予正面評價。（**參考來源**：http://tw.news.yahoo.com/%E6%97%A5%E8%AA%BF%E6%9F%A5-%E8%87%A8%E7%B5%82%E6%8E%A5%E5%BC%95-4%E6%88%90%E8%87%A8%E7%B5%82%E8%80%85%E8%A6%8B%E8%AD%89-203311517.html）

許多臨終者虛弱到話說不出來或不想說，所以 42% 的比率是低估了，我個人認為臨終接引應該是絕大多數人的經歷，腦部有這麼好的保護機制，想起來頗令人寬慰。

至於少數臨終者對接引有不好的感覺，可能是對所謂的死後世界有恐懼的刻板印象，如果進入瀕死最後一小時，腦電瀑

出現，應該就是正面的感覺了。

　　腦波「搏命一擊」的機制，應該是腦形成的同時就有了，我覺得是演化下來的保護機制。

　　生命不是一個已經設定好的極精密的程式，而是在不斷演化、不斷適應環境下的有瑕疵產品，譬如智齒、闌尾便是無用的東西，尚未退化完畢。沒有大腦的生物，就不會有搏命一擊的電波出現。

　　由於瀕死體驗的問題太多了，本書將特別詳細釐清瀕死體驗，讓大家完全了解目前的科學進度，掃除一切迷信的地方，歡迎繼續閱讀。

瀕死第四階段

　　這個階段叫做 CAS 4，腦波真正停止了，變成一直線。

　　目前沒有證據證明此階段可救活，屬於宗教或未知領域，或無神論者所言之什麼都沒有了。

　　大家或許知道我是懷疑論者，可能認為 CAS 4 就是什麼感覺都沒有，說實話，我沒那麼肯定。

　　如果沒有靈魂的存在，CAS 4 就是什麼都沒有，但現在的靈魂否定證據還不夠多，無法進行 100% 的推翻。

　　不過，生前的善行義舉、慈悲施捨，只能應用於這個階段（CAS 4），卻是可以接受的推論。

　　所謂好人有好報，宗教家假設有個審判主宰，讓好人上天堂，讓壞人下地獄，只能在 CAS 4 進行，不可能在 CAS 其他階段。

　　但是，有個弔詭的現象出現，一個十惡不赦之人，在經歷

舒適的 CAS 3 後，再於 CAS 4 時下地獄？

壞人也有 CAS 3，這是非常確定的，因為壞人的腦部與好人的差別，可能只是前額腦葉的活動比較弱、情緒控管不良而已，其他腦區都差不多。

而 CAS 3 與全腦都有關，前額的弱化，並不會影響天堂的感覺，壞人心中也有嚮往的境界，這是不能否認的事實。

真的有壞蛋在金盆洗手後，飛到度假勝地度過餘生，或環遊世界，跟一般人的天堂夢想不是一樣嗎？

我不是教大家不要做好事，而是許多宗教上的努力，譬如念經祈禱施捨，大多是運用於 CAS 4，而這個階段是渾沌不明的，那些努力的效果當然也是未知的。

誰敢 100% 保證，在 CAS 4 的時候，一定上天堂？

做好事，可以單純因為不違背良心而已，沒有想獲得永生，或來世的果報，我的想法就是這樣。

譬如，我有固定捐錢給一位貧童，但理由不是宗教上的，只是幫個小忙，對得起自己的良心而已。

大家參考看看。

讓 CAS 1 消失？

大多數的瀕死體驗報告，都是正面的瀕死體驗，那麼，讓 CAS 1 或負面體驗消失，有可能嗎？

如果讓 CAS 1 不見，只剩下愉快的 CAS 3 正面體驗，豈不是美事一椿？人生的完美句點？

不過，沒那麼容易。

許多正面的瀕死體驗報告，常常是接近猝死的情況，譬如

重創、溺水等，大家敢親身嘗試嗎？

一般人大多病死或自然死亡，不是猝死，自然有 CAS 1 的出現，若在臨終之際選擇跳樓輕生，有可能使 CAS 1 消失嗎？

問題出現了，重創或溺水，必須到某種程度，不能太輕微，到不了 CAS 3，反而盡是 CAS 1；也不能太嚴重，越過 CAS 3 沒體驗到，直接到達 CAS 4 ——死亡。

怎樣「恰到好處」？

我認為太難做到了，還不如不要嘗試，即使遇上 CAS 1 也沒關係，反正還有最後的 CAS 3 嘛。

跳樓是需要極大勇氣的，而且會伴隨非常劇烈的恐懼，等於 CAS 1 的翻版，何苦來哉？

或許，有一天科學有長足進步，在臨終病人身上注射藥物，就可以跳過 CAS 1，直接進入 CAS 3，也說不定。

有人說，現實人生有時就像地獄，如同 CAS 1 一般，所以我們活著的時候，就要好好享受人生，不要虐待自己。

生時如 CAS 1 般難過，死時又有 CAS 1 伺候，何必呢？還不如讓自己好過些，不要拿來世果報當藉口，使今生受苦。

我個人反對放著好日子不過，去體驗那些糟糕的磨難，任何人都應該改變糟糕的現狀，使其變成舒適的坦途。

建議大家看到不公不義的事，就必須試著改變，不要讓現實變成 CAS 1；只要勇於嘗試，現實也可以變成 CAS 3。

簡單的結論

在這裡，我做一個小小的總結。

80% 到 85% 的人，在死亡時會經歷腦波混亂、停止、爆發、

又停止四部曲，其餘 15~20% 的人可能因腦部過度損毀而沒有這四部曲。

那麼，此四部曲可以給我們什麼啟示嗎？

第一部曲是混亂，我們應該如何減少驚慌失措，而安然度過呢？因為這部曲可能斷斷續續長達一個禮拜以上。

如果我們能夠洞悉混亂是虛假的幻覺，絕對可以減少恐懼，譬如看恐怖電影，知道是假的，就不會被嚇得逃出戲院。後面章節將介紹破解之道。

第二部曲是什麼印象都沒有，自然沒有應對之道，第三部曲呢？

如果在健康的時候，就可以體驗第三部曲，通常對人生的態度將有大轉變，會比較重視精神生活，而不太重視物質生活。

第三部曲太爽了，世上的物質享受難以匹敵，自然不會汲汲營營於功利，而這樣的知足常樂態度，當然會比勢利者好過多了。

各種宗教修行的文章，常常提到類似第三部曲的喜悅，但在後面的章節會提到有科學根據的部分。

第四部曲是未知，大家願意相信來生或永生，還是無神論，就是個人的自由了，我無法提出確切的說法。

不過，相信永生的人，若將第三部曲當成永生的證據，我個人持保留的態度，因為第四部曲與第三部曲的腦波不一樣，兩個都是永生？不合理吧。

瀕死體驗的超級案例

許多人提到瀕死體驗，就特別強調沒有睜開眼睛的瀕死

者，竟然可以看見周圍親友，以及醫護人員的急救過程，「證明」靈魂與出竅是存在的。

真的嗎？請大家看看以下案例。

方智1998年出版《瀕死體驗》一書第447頁，一位「出竅」的瀕死者描述：

> 「當時我一邊用力揮動雙手，一邊說著『你們在哭什麼呢？我不是好好的在這裡嗎？下面那個只是我的軀殼而已，你們只要往上看就知道我在這裡了。看！在這邊！在這邊！』」

沒人理他，瀕死者只好回到身軀，竟發現根本沒人哭，他的哥哥正在餵他喝水。

所以，這個案例可以證明，出竅是一種幻覺，但為何有的案例，可以將急救過程說的那麼準確呢？

我認為在瀕死之際，聽覺仍有部分殘留，急救的聲響進入腦部後，轉化為視覺，醫學上叫做聯覺（synesthesia）。

腦部在缺氧之際，可能意外接通了聽覺區與視覺區之間的通道。當然，這是我的猜測，尚待證實。

我個人在清晨將醒的時候，也有聯覺的經驗，將戶外的巨響，轉化為眼前短暫的網狀籃光。而瀕死者的昏迷之際，與我的恍惚將醒之際，是不是有些雷同呢？

當然，我的情形叫做偶發性聯覺，或許瀕死者也會產生這樣的經驗，我覺得很有可能，只是，以科學證實是很困難的。

至於極少數瀕死者準確說出病房外的情形，就不是聯覺可以解釋了，我個人認為是超感知覺（ESP），俗稱超能力，也尚待證實。僅供大家參考。

瀕死體驗的關鍵報告

許多瀕死體驗的報告指出，瀕死者有時會邂逅一些「對象」，譬如死去的親友，甚至與之交談，可以證明靈魂的存在嗎？請大家看看三個研究。

日本的一項瀕死體驗統計發現，瀕死者遇到的 153 個對象中，現存於世上的親友，竟有 24 位；現存的宗教人士，竟有 11 位；其他現存者，也有 28 位！

計算下來，日本的比率高達 41%！

印度的瀕死體驗研究發現，遇見現存者的比率是 21%；美國的研究則降為 17%。

大家想想看，現存於世上的親友與宗教人士，在進行日常活動之際，他們的靈魂飛去與瀕死者的靈魂見面嗎？當然不可能。

有些案例甚至與死去的親友並存，譬如一位瀕死者甦醒後說，他在一個漆黑的隧道中飛翔，看見旁邊有兩個人伴隨：一個是現存者，另一個是往生者。

所以，最合理的解釋就是幻覺。

許多研究者故意忽視有現存者的案例，只強調瀕死者遇見往生者，然後歸納出錯誤的結論，非常可惜！

尤有甚者，我遇過一位網友，他說出非常荒唐的話，請大家看看：

我舉出一個例子，瀕死者醒來後，對照顧者說：「在靈界，我遇見了你！」

那位網友居然回應：照顧者的靈魂分裂了，一部分照顧瀕死者，一部分跑去與瀕死者的靈魂相會。

唉，硬掰成這樣荒謬的言論，真是無言！

見鬼的超級案例

或許有人會問，出體是幻覺，那麼鬼也是幻覺嗎？

我曾遇過一個見鬼的超級案例，一般人幾乎會認定是鬼的鐵證，網友 Mandy 留言說：

「有次大概晚上 10~11 點左右，我從我房間出去要去廁所，留我妹一個人在房間內，房門沒有全關上，大概開了約 5~10 公分一個小縫。不久，我妹在我房裡大叫，神奇的事發生了，我居然看到一個黑色影子，穿條短褲的小男孩從狹小的門縫鑽了出來，他跑步的速度極快，不受到形體限制自由穿梭，不到幾秒鐘，從我房間跑進去廁所，我就衝進去問我妹在大叫什麼？她說在我房裡看到一個黑色影子的小男孩穿條短褲，從窗戶外面跑了進來，還回頭看了她一眼，嚇的她大叫，然後從我房裡的門口跑了出去，被我撞見。那個小男孩是呈現黑色影子的形象，而且那影子顏色非常的黑，跟我們一般看到影子的顏色，不太一樣而且有腳，就像一般小男孩一樣蹦蹦跳跳的跑著，好似很開心的樣子，我光是看到他能從這麼狹小的門縫鑽出去就傻眼了，人不可能，影子也沒那麼神奇，那究竟是什麼？這是我生平第一次看到鬼，而且還跟我妹一起看到，我跟我妹是雙胞胎，也不曉得是不是磁場相似，總之就是看到了一樣景象……」（出處：https://tw.knowledge.yahoo.com/question/question?qid=1614081004715)

我回應：

這是非常值得探討的，如果確定她看到的與妳看到的是同一個短褲黑男孩，那是非常罕見的「幻覺與心電感應接連發生」的案例，也就是妳妹產生男孩幻覺，然後妳以心電感應接收到這個幻覺。

至今，我只在文獻上看過幾個案例而已。對我而言是超級案例，值得記錄下來。希望妳說的是真的！雙胞胎發生心電感應，是常常聽聞的事，很難說 100% 不可能。

不需要用到鬼的概念，一樣可以解釋，請大家參考看看。

瀕死體驗的難解案例

一名接受開心手術的患者的瀕死體驗如下：

首先，他見到了死神與死去的親友，以及充滿愛、平安、與美麗的另一個世界，並感覺洞悉一切真理。

接著飄浮在天花板附近，向下觀看手術情形，隨即大感吃驚，因為看見 6 人中的 2 人竟對他的腳部開刀，想不透為何要如此，而事實正是這樣，兩人試圖取下腳部血管，以便供心臟繞道手術之用。

他也發現眼睛好像被某種東西遮住，而事實是眼罩，另外還發現醫師們都穿著長筒靴，結果真是如此，因為是以前的慣例流傳至今。

他還看見主刀醫師的習慣動作與鼻樑上的放大眼鏡，以及龐大的人工心肺機。

最驚人的是，他看到心臟竟是泛白的、紫色的、非心形的、且沒流什麼血，這些描述與事實一模一樣，因為血都流到

人工心肺機裏去了。

至於取下的心臟，他覺得好像被放置在一個玻璃桌上，這點似乎與事實不符，因為心臟是在一堆果凍狀的冰塊之上，以降低代謝，避免太快壞死。

如果不要太挑剔，從上往下看一堆冰塊在桌上，的確有玻璃桌的模樣，因為兩者皆是透明的。

在開刀之前，他已呈現昏迷狀態，根本看不到手術室裡的情形，卻可以看到這麼多細節，令人吃驚。

以上案例改寫自《瀕死體驗》一書，1998 年方智出版。

如果以聯覺來解釋以上現象，似乎有些說不通之處，譬如自己的心臟與玻璃桌，不可能有聽覺上的資訊。

但是，這樣的案例可以證明靈魂出竅嗎？當然不行。

若套用我的「訊息」理論，就可以輕易解讀：開刀房現場的訊息，包括儀器擺設與醫護對話，被病人意外接收到了。

事實的真相很可能也包括部分的聯覺，我沒辦法完全排除，單一以訊息接收來解釋，未必合理。

我個人研究過大量的出竅的科學資料，如果隨便認同出竅的真實性，科學資料將如何處理？全部丟棄嗎？

大家參考看看吧。

臨終異象

維基百科有記錄「臨終異象」（Deathbed phenomena）如下：

「臨終異象指的是一系列的由臨終者『與臨終者在情感上親近，但臨終者死去時不與臨終者同在一處』的人所經歷到的超常經驗。

近來由芬威科二氏（Fenwick and Fenwick）所做的研究勘查了在一個人死去時出現的不尋常的事的例子。臨終者可能會看見死去的親人或朋友，並與之進行對話，或者經歷到歡愉與快樂的情緒。而與臨終者有關的人則有可能會回報諸如『即便自身在數哩外的地方，也依舊能看到臨終者』、『即使沒有可以看見的人，寵物依舊會有如有人來臨般地行動或吼叫』、『時鐘停止』或『電器裝置以某種方式自行開啟或運作』等的現象。」（參考來源：http://zh.wikipedia.org/wiki/%E8%87%A8%E7%B5%82%E7%95%B0%E8%B1%A1）

　　「時鐘停止」或「電器裝置以某種方式自行開啟或運作」屬於維修技師的專業，把這些現象想成靈異，根本是不尊重專業，我個人認為有鼓吹怪力亂神之嫌，實在不恰當。

　　剛好發生的機械故障，隨便牽拖成亡魂降臨，如同沒睡飽、縫補衣服而針扎到手，就想成親人遇難，完全不符合科學查證的精神。

　　「即使沒有可以看見的人，寵物依舊會有如有人來臨般地行動或吼叫」，這是屬於動物學家或獸醫的專業，外行人胡亂猜測根本是貽笑大方。

　　寵物雖然可以看見人類看不見的光線頻率，但不代表紅外線或紫外線就是靈魂或鬼魂，有科學證據嗎？

　　曾有「抓鬼專家」拿著夜視鏡，到鬼屋探查鬼魂，明明只是因風吹而溫度下降的地方，就說成鬼魂飄過去的證據，實在令人不敢恭維。

　　至於「即便自身在數哩外的地方，也依舊能看到臨終者」，除了家屬本來就思念著臨終者、臨終者同時死亡的巧合以外，

前面提到的心電感應，也可以運用於此，無需鬼魂的解釋。

換句話說，臨終者正在想著數哩外的家屬，而家屬正好接收到，這是很有可能的，目前的主流心理學界也不完全排斥這樣的說法。

大家可以搜尋普通心理學教科書，真的有部分書籍闡述心電感應的研究，顯示科學家沒有 100% 否定其存在。

所以，臨終者的靈魂，飄到數哩外與家屬見面，才是科學界不認同的說法，大家務必認清，不要隨靈魂學家起舞。

瀕死者聽得見四周的聲音？

許多瀕死體驗顯示，瀕死者聽得見四周的聲音，為什麼？腦部不是已經出問題，怎會聽得見？

真正死亡是不會有聽覺的，只有在瀕死時，部分聽力有可能殘存。

死亡有許多原因，若掌管聽覺的顳葉區受創，譬如撞擊出血，聽覺立刻就喪失了，所以這個問題很難回答。

若顳葉（temporal lobe）與聽覺路徑未受創，也要看環境的溫度是多少，通常在低溫下，腦細胞的死亡速度較慢。

引用一份資料：

「從沒有新鮮血液流入算起，大腦皮層的部分細胞會在兩分鐘內死去，中腦控制無意識活動的細胞會存活三十分鐘，存活時間最長的是脊神經細胞，能夠存活一個小時左右（這也就是為什麼剛死去不久的人的腿腳可能會一直抽動）。所以，大腦從心臟停止跳動到自身完全喪失功能只需要三十分鐘左右。」（參考來源：http://zhidao.baidu.

com/question/168640）

前面提過拉克米爾‧朝拉（Lakhmir S. Chawla）的研究，他發現心跳停止後一個小時內，腦波會有激增現象，顯示掌管無意識的中腦，在心跳停止後可能不只存活三十分鐘而已，甚至可達一小時。

或許每個人的中腦的缺氧忍耐度不同，這方面的研究比較少，有待日後的發現來確立數據。

所以，在常溫、腦部未受創的情形下，聽覺可能兩分鐘就消失了，撐不過五分鐘，若處於低溫下，就很難說了。

聽覺的掌管腦區是顳葉，是在頭部的側表面，由於距離腦幹較近，壞死的速度會比較遠的前額腦區（與自我意識有關）慢，所以有可能在深度昏迷下殘存一些功能。

心臟一旦停止，聽覺未必消失，視個案而定，必須做聽性腦幹反應才能確定（ABR）。

如果昏迷指數只有 3（最低）已很久了，顳葉應該壞死了，不可能有什麼聽力，如果才剛昏迷，應該還有一些殘餘聽覺。

至於有人看到瀕死者出現死前的微笑，可能只是瀕死體驗裡的天堂愉悅感所致，未必是聽到什麼。

沒有瀕死體驗的人

前面提過，80~85% 的人在臨終時，會遇上瀕死體驗，那麼，15~20% 的人，為何沒有瀕死體驗呢？

我猜測，若瀕死腦部受到嚴重干擾，譬如腦漿迸裂、電擊通過、或毒素侵入，可能失去正面的瀕死體驗。

正面的瀕死體驗，需要全部腦區的放電，才能完成，若腦部嚴重損毀，譬如頭部被車子輾碎，難以完成「瀑布」般的傳訊，恐怕就無法形成壯觀的印象了。

至於電擊通過頭部，也會造成重大傷害，結構可能分崩離析，傳訊的功能或許嚴重受阻，自然也無法形成完整的瀕死體驗了。

如果電擊通過的不是頭部，而是其他身體部位，也常常造成失去意識。會不會死亡，則端視身體損傷的程度而定。

維基百科記載：人在觸電以後，做一個小時或者更長時間的心肺復甦能夠使受到刺激的神經重新恢復作用，從而使似乎已經死亡的人活過來。

所以，觸電者必須經歷夠久的急救時程，才能考慮放棄急救。

毒素侵入，這裡專指神經毒素，譬如一些蛇毒，會造成神經傳導受阻，自然影響瀕死體驗的形成。毒品上癮可能也有同樣的副作用。

我曾考慮過嚴重的失智症，會不會也失去正面的瀕死體驗？

失智者腦部通常有萎縮的現象，嚴重者甚至記憶喪失到親人都認不出，天堂或上帝的記憶是否也受到影響？

所以，答案是無法確定，也許最嚴重的失智症，才會失去正面的瀕死體驗，輕微者應該多少有一些，不至於消失。

當然，以上描述，皆是我個人的推論，雖然沒有科學上的證明，但距離事實應該不遠，僅供大家參考。

特殊的瀕死狀態

醫學早已表明，心跳停止四到六分鐘內，未實施 CPR（心肺復甦術），腦細胞就有損壞的可能；若拖到六分鐘以上，腦部常常出現某種程度的毀損；若超過十分鐘沒施救，腦細胞將因缺氧而壞死。

但有例外，維基百科記載：

「在冰水下昏迷的人，如果能保持臉部冰冷，直到他到達急診室，就有可能會活過來。在這種『潛水反應』中，人的代謝和氧氣需求量都是很少的。這種反應是人類與鯨目所共有的哺乳動物潛水反射。」（參考來源：http://zh.wikipedia.org/wiki/%E6%AD%BB%E4%BA%A1）

英國的一名男嬰小傑米，出生時腦部缺氧，沒了呼吸心跳，醫生用「冷毯」將小嬰兒冰了三天三夜，體溫下降至攝氏35 度，以減緩腦部新陳代謝，增加腦細胞自行修復的時間，沒想到後來完全康復。

坊間有些傳聞，心跳停止後四天復活，其實都是經過一段時間搶救，譬如數小時，然後恢復心跳，再送進加護病房四天後才出來。

那麼，為何有人呼吸停止超過十分鐘、且未處於低溫之下，仍被救活而恢復健康呢？其實在施救的過程中，已有一部分氧氣進入腦內，避免了壞死的進展。

還有其他特例，維基百科記載：

「特定的藥物、低血糖、缺氧或者低體溫症能夠暫時抑制甚至停止大腦活動，這時，腦電圖就會檢測出偽電脈

衝。正因為如此，醫院會有判定腦死亡的協議，其涉及到在特定情況下以長時間間隔測定腦電圖。」

所以，腦細胞在被抑制的情況下，很有可能撐過十分鐘而不死亡，但急救仍必須盡快，以免錯過黃金時間。

這些特殊狀態未必有瀕死體驗，端視停留在 CAS 哪個階段而定，與一般瀕死體驗應該雷同。

二氧化碳與瀕死體驗

許多溺水者被救活後，會描述靈魂出竅，以及寧靜至樂的感受，是靈魂存在的證據嗎？

美國曾有一項實驗，發現受試者吸入氧氣與二氧化碳的混合物後，會產生出竅感，看見明亮的光，以及恍惚等，顯示二氧化碳可以產生類似瀕死體驗的效果。

其實二氧化碳過多，與缺氧是一體兩面，幾乎同時發生，是瀕死體驗的必要條件，顯然無需靈魂來解釋，純屬幻覺而已，容後再談。

根據我的調查，絕大多數的瀕死現象都可以解釋，只有少數案例仍待檢視，顯示科學的說法已是正解，只是不夠完美而已。

以上參考《當靈異遇上科學》一書 P.188。

什麼情況引起瀕死體驗？

一般人以為瀕死體驗（Near-death experience）一定只在瀕死時發生，其實不然。

根據研究，大麻、LSD、K他命、mescaline、戰鬥機訓練，都有可能引發類似的瀕死體驗，譬如隧道、光、出體、愉悅體驗。但是，瀕死體驗的比例總是很低，譬如心臟停止又跳動的病人，只有 18% 的人報告瀕死體驗。

有些科學家認為，二氧化碳高者，可刺激腦部的血流增加，使之容易復甦，因而可回溯瀕死體驗，並非二氧化碳直接誘發瀕死體驗。

每個人的大腦結構大同小異，其內的化學物質也差不多，瀕死體驗應是普遍的現象，差別只在於記住與否而已。

我的說法尚待日後的證實，大家可以參考看看。

以上參考《活見鬼》一書 P.259。

什麼人比較容易出現瀕死體驗？

根據各種統計，約只有五分之一的瀕死者，會出現瀕死體驗，而以下是我收集到的各種原因：

1. 六十歲以下。有人認為是記夢能力較佳所致，因為瀕死體驗猶如做夢，年輕人腦力較好，較容易記住瀕死體驗。

2. 血中氧分壓或二氧化碳分壓高者。因二氧化碳可刺激腦部的血流增加，氧分壓隨之升高，使之容易復甦，因而可回溯瀕死體驗。

3. 快速眼動期入侵（rapid eye movement (REM) intrusion）失調症。據統計，瀕死體驗者患有這種睡眠障礙達 60%，而那些沒有經歷過瀕死體驗的志願者罹患率只有 24%。患有這種睡眠失調症的病人，很容易在身體甦醒之前產生幻覺，並有脫體的經歷。

4. 曾受虐、身心遭到重大創傷、生活不快樂與幼年多病的人。他們較容易在心理上脫離現實以減輕痛苦，也較容易發生瀕死體驗。

5. 容易在看電影、看書、聽音樂時，完全沉浸在其中，沒注意到旁邊發生什麼的人，或在看雲時，容易看出形體與面貌的人，也比較容易有脫體感（out of body）。

所以，或許每個人都會產生瀕死體驗，只因缺少上述因素而遺忘而已。

人死亡時，聽覺最後消失？

這是許多人知道的訊息，可是，既然快死了，如何得知聽覺是最後消失的感官？

瀕死體驗可能是以上訊息的來源，瀕死者向活人描述可以聽見旁人的談話。

當然，醫學上並不承認這樣的訊息，倒是在麻醉過程中，病人有可能聽見醫護人員的話語。

《英國麻醉期刊》曾刊登病人聽見以上話語：「護士，多吸一點」、「這女人沒救了」、「這男人怎能胖到這種地步」，顯示意識消失時，聽覺是最後消失的感官。

至於瀕死時，聽覺是否最後消失，就等待以後的醫學證實了。

以上參考《活見鬼》P.265。

瀕死體驗與掌管聽覺的腦部顳葉活動有關，那些聽覺可能只是顳葉產生的幻覺，譬如有些瀕死者只聽到嗡嗡的聲音，甚至聽到不存在於現實的仙樂，真正符合現場狀況的不多。有些

人甚至主張觸覺才是最後消失的感官。

　　所以，最後消失的感官仍視個案的腦部受損部位而定，譬如極重聽或顳葉受創的瀕死者，其最後消失的感官不太可能是聽覺，而罹患重度痲瘋症的瀕死者，其最後消失的感官不太可能是觸覺。

　　若顳葉與聽覺路徑未受創，也要看環境的溫度是多少，通常在低溫下，腦細胞的死亡速度較慢。

　　若沒有新鮮血液流入，大腦皮層的部分細胞會在兩分鐘內死亡，中腦的細胞會存活約三十分鐘，脊神經細胞則更久，能夠存活一個小時，所以有些瀕死者的腿可能會抽動。

　　所以，在常溫、腦部未受創的情形下，聽覺可能兩分鐘就消失了，撐不過五分鐘，若處於低溫下，就很難說了。至於某些瀕死者的臉部微笑，可能只是瀕死體驗裡的天堂愉悅感所致，未必是聽到什麼。

靈魂出竅與角回

　　曾有科學家以電擊治療女病患，意外發現右腦的角回（angular gyrus）與出竅有關。

　　當科學家刺激病患的角回時，病患即說：一半在身體外，一半在身體內，或在半空中看著自己。停止刺激就沒這樣的感覺。

　　許多靈學家會以為，靈魂被電擊刺激逼出體外，其實想查證很簡單，說出身上的包巾式樣，真相就大白了。

　　任何病患在接受手術時，身上會覆蓋手術單，通常是綠色的，若患者能說出覆蓋物的顏色與範圍，才可以考慮是真的出

竅看見，否則只是幻覺而已。

不可能可以看見自己的身體，卻看不見擋在視野中間的衣物與包巾，我說的沒錯吧？

可惜科學家沒做這樣的查證，讓靈學家有辯解的機會，我個人還是認同幻覺之說，希望日後有人可以查證清楚。

以上參考《當靈異遇上科學》P.192。

靈學家可能又說，右角回是靈魂的出入口，但有個問題，有些出體者宣稱從前額跑出去，又怎麼解釋？主觀經驗可以當成證據嗎？顯然不行，請大家參考看看。

瀕死經驗的科學研究，關於日本「阿爾法 3 號」是真的嗎？

這是 2005 年就流傳的網路謠言：

「科學家在志願者頭骨中植入電極，並且與電腦相連，使電腦可以在 80 公里的範圍內，接收到志願者的腦電波，並在六十秒內把腦電波譯成文字，顯示在計算機終端的螢光屏上。

一位名叫佛迪的志願者病逝。三天後，電腦螢光屏上出現了科學家們期待已久的信息：『我是佛迪，告訴你們，我很快樂，沒有痛苦……沒有痛苦……沒有痛苦……』這幾個字，重複出現了二十多次後中斷。

一位二十三歲的白血病患者不幸死亡，第二天電腦便收到了她的信息：『這是一個美麗的地方，我很高興來到這裡，此間經常陽光充足。』『很多人與我在一起，我很愛他們，我將會……』信息至此突然停止。」

在日本雅虎 http://www.yahoo.co.jp/ 輸入關鍵字：アルフ
ァ3の實驗或 α3 の實驗，居然找不到任何資料，連日本搜索
引擎都找不到的東西，可以相信嗎？

目前科學只能從腦波判斷放鬆與專注程度，無法看出腦內
到底在想什麼，所以不要輕信這類謠言。

出竅的鐵證？

目前最出名的出竅「鐵證」，是所謂的網球鞋事件：

> 「美國的婦女瑪麗亞在心臟病發作送醫，經急救醒來
> 後向護理人員表示，看到醫院的三樓窗台上，有一隻網球
> 鞋，而且必須從窗戶外面才看得到，從窗內看不到，顯示
> 她的靈魂當時飄浮在三樓窗外。」

這是真的嗎？

後來有人跑去做實驗，故意放一隻網球鞋在窗台，結果在
醫院外的地面仰視，也可以看到那隻網球鞋，顯示瑪麗亞可能
在進入醫院的時候，瞥見網球鞋。

當然，瑪麗亞若在入院時已昏迷，這個解釋就不對了，但
到底有沒有睜眼看到，實在難以查證。

不過，明明在地面就看得見，卻謠傳成看不見，顯示這種
神奇的案例，不仔細查證是不可輕信的。

瀕死體驗為何會命中現實？

曾有研究發現，在 116 位心跳停止又被救活的人，有 7 位

描述醫生急救過程，竟與事實沒有牴觸。但後來被證實為中文謠言，英文世界完全找不到這樣的新聞。

已有科學家認為，患者在心跳停止的前後，根據聽見的內容，在潛意識中虛構出視覺畫面。

所以，真正具有說服力的證據，必須以實驗方式進行，譬如看見天花板旁的某個朝上的數字板，已有人在做了，概述如下：

由英國南安普頓大學策畫的大型研究，曾在英、美兩國的二十五家醫院的急診室進行，醫師在病床上增設一種特殊支架並擺上圖片，只能從天花板往下才看得到圖片內容。

如果瀕死病人在救活之後，可以描述這些圖片，就能證明病人的靈魂真的能出竅到天花板的位置，同時看見這些圖片。

主持這項研究的帕尼亞博士說：「如果可以證明腦部停止運作之後還有意識，意識就可能是分開的實體；如果沒人能看到這些圖片，就顯示這些經驗不過是幻覺，或者是錯誤的記憶。」

帕尼亞在這 1,500 名病患經歷心跳停止的階段時，也分析他們的腦部活動，藉此證實這段時間內他們真的曾有特殊的腦部活動。

一般人大多以為神秘難解的事件只能用靈魂出體來解釋，其實以超感知覺或巧合，就足以說得通了。也就是以超常感應（extrasensory perception），獲悉支架上的圖片內容。

所以，即使上面提到的實驗結束（新聞一直沒播出，顯然失敗了），證明有患者見到數字，我仍認為是超感知覺所致，為何一定要用靈魂出體來解釋呢？科學與靈學完全不相容，但超感知覺就不一樣，已有一些心理學教科書提及，顯示真相可

能就藏在其中。

　　目前只知道，心電感應與預知在瀕死體驗者中發生的機率很低（可能不到五百分之一），以至於無法與巧合猜中完全區分。

不尋常的病例

　　網友詢問：

　　在《手術刀與靈魂》一書中的第 16 篇，女病人莎拉・葛第恩女士在施行基部動脈瘤手術時，以低溫法延長時間，並讓心臟停止，腦波活動ＥＥＧ降為零，書中說以現代醫學的每一種臨床標準來說，病人已經死了，卻在（已死了）近十七分鐘的狀態中，清楚的聽到手術房中醫師、護士間談話的內容，並在醒來時問了巡房的執刀醫師，由於整個過程有錄音與錄影，成了事證。

　　這段文章我看過，回答如下：

1. 我覺得是事實，但只有十七分鐘的腦死，醫護間的談話是否剛好落在這期間內，不無疑問。若有落在這期間外的談話，就很好解釋了。
2. 腦波只能測出腦表面的活動，深處情況不易取得，不排除由聽神經收到訊息送至腦深處，再由十七分鐘後甦醒的意識解讀。
3. 若醫護談話真的落在那十七分鐘內，病患聽到的談話內容其實是恢復心跳後，以超感知覺接收到談話訊息（未獲科學證實），因此能被記憶說出。

分身現象與頭頂

分身現象（Doppleganger）就是眼前出現另一個自己，據說看到自己的分身就會死亡。

已有科學家提出解釋，位於頭頂的腦區會記錄全身的印象，如果因循環不良而導致功能下降，就有身體的印象部分消失，腦部可能誤解成投射出去。

有些單獨登山者，因缺氧而使頭頂血循不良，就可能看見自己的分身在別處。

傳說看見分身會死，是因為產生幻覺、精神不濟，可能發生意外，譬如登山者失足墜崖，或迷路後受凍挨餓。

當然，有些偏頭痛患者也會出現分身現象，雖不至於會死，仍須就醫以避免惡化。

我個人反對靈魂投射出去的說法，除了無法驗證以外，只會製造恐慌而已，大家不要輕信。

以上參考《當靈異遇上科學》P.199。

活人可能出竅，在別人面前出現嗎？

一般所謂靈魂出竅，只有當事人才看得到自己的分身，別人看不到，通常是幻覺所致。

如果是當事人 A 沒看到自己的分身，某親友 B 卻看到了，當然就不是出竅，有兩個方向值得探討：

1. A 正在想著 B。

這有兩種可能，一是所謂心電感應，A 的心思被 B 接收；二是 B 產生幻覺或錯覺，而 A 恰巧在想他。

2. A 沒在想著 B。

　　這就是 B 本身的問題了，不是錯覺就是幻覺。

　　所以，必須追問 A 有沒有想著 B ？才能繼續探討。

瀕死體驗中，出現如跑馬燈一般的一生記憶，是錯覺嗎？

　　各家統計不一，美國的一項調查發現，一生回顧佔瀕死體驗的27%，詳見《瀕死體驗》一書第413頁，方智1998年出版。

　　曾有人做實驗發現，在腎上腺素激升的時候，讀出快速閃現的字的能力，沒有比平時好。

　　如果時間真的變慢，應該看得到快速出現的字或圖，好像速讀高手一樣，但科學實驗反對這樣的說法，在緊急的時候，反應能力與平時一樣，沒有特別厲害，所以錯覺是最合理的說法。

　　這是目前的科學推論，確實直接的生理證據倒是沒有。

瀕死感在什麼情況出現？

　　目前已知有以下情況：

一、預知或預感自己會死。這又可以分成幾種原因：

1. 自覺身體撐不住了。譬如嚴重出血。

2. 瀕死體驗出現，以為將有仙人或祖先來接走自己。譬如重大車禍。

3. 驚嚇過度。譬如遇上嚴重的暴力相向，或巨大危機，譬如在 921 地震時，我也有要死掉的感覺。

二、在夢中看到自己的死亡。通常與冷漠疏離感有關，腦部將這種「與世隔絕」的心情誤判成自己死亡。

有人在可怕的場合中譬如被人拿槍指著頭，也會產生時間變慢、一生事件在腦中快速閃過的現象，不一定有肉體的嚴重創傷。

瀕死感的其他問題

網友曾出車禍，提出以下疑問：

1. 在瞬間我知道我發生車禍，但為什麼無法睜開眼睛，卻看到那白白的空間？

   答：你的視網膜當時缺血可能有五秒到八秒以上，理論上看不到東西，但大腦皮層其他功能依然能夠活動，於是出現夢境，就好像眼睛尚能看到東西，譬如白光或白色空間。

2. 為什麼我感覺身上有東西，才有辦法勉強睜開眼睛，回到原本的事故現場？

   答：因為觸覺傳入大腦，刺激大腦從夢幻中甦醒，眼睛才有能力睜開。

3. 這代表什麼意義？對我會有什麼影響嗎？

   答：沒什麼意義，但需注意後遺症，譬如頭暈或頭痛，必要時請就醫。

關於《30 天學會靈魂出體》這本書的疑問

網友詢問真實性，那本書我也看過，不太相信是非常正確

的，請看我的親身經歷：

「有一天半夜，我突然覺得自己懸浮在天花板附近，心想這是個好機會，請注意，我沒有感覺到身體，也沒有動彈不得的感覺。

我根本就不相信靈魂，也不相信出竅，所以就往下看自己與房間，想找出哪裡不對勁。

但問題來了，誰不知道自己與房間的樣子？突然靈機一動，特別注意拖鞋在哪裡。

大家想想看，每個人在上床後，通常不會注意到脫鞋的詳細位置，如果真的可以出竅，絕對會看到脫鞋與床沿的正確距離關係。

結果我看到的兩隻拖鞋是端端正正的 11 形，與床沿垂直，接著飛離房間到客廳，嗯，跟真的無異，然後打算去兒子的房間，卻飛不過去。

不知什麼原因就醒了，馬上往床邊下面看，兩隻拖鞋竟然相隔很遠，而且呈現八字形。」

這個夢是清明夢（做夢時知道自己在做夢），也是出竅的反證，可證明是幻覺，我覺得是難得的經驗。

我曾將這個夢告訴一位靈學家，他認為我的修練不夠，所以看不到現實世界，他可以每次都看到現實情況。

於是我建議他去美國挑戰一百萬元超能力獎金，沒想到他說修行人不貪財，不屑為之。結果我查看他的簡介，居然以回答股票為主！

而且，怎麼可能看見「正確」的身體，卻看見旁邊「錯誤」的拖鞋？

總之，沒仔細研究拖鞋的位置，看見身體與房間就以為「出體」，只是自我陶醉的幻覺而已，毫無科學研究精神可言。

　　我的經驗正好證明世上沒有出體，想想看，我已經看到自己的身體與房間的樣子了，怎可能看錯拖鞋的位置？完全是幻覺嘛！

　　此外，當時我沒有睡眠麻痺（**鬼壓床是錯誤的說法**）的感覺，也沒在睡前暗示自己，只是莫名其妙的突來經驗。

　　出體是相信靈魂肉體分開（**二元論**）的人，才會發生的幻覺，歐洲的卡利艾族不信二元論，就完全沒有出體經驗，連她們的瀕死體驗的報告裡也沒有出體，所以，出體純粹是信念上的幻覺而已。

　　想證明出體的人，請好好注意拖鞋的位置吧！最好去紐約贏取一百萬美元超能力挑戰獎金，在這裡跟我辯論是無用的。

　　這一百萬獎金懸賞已數十年，也有一些出體者跑去挑戰，全部摃龜，事實的真相難道還不夠清楚嗎？

維基百科的「靈魂」內容

　　以下是維基百科的一些內容，由我主筆：

　　在調查很多瀕死經驗臨床案例後，有部分科學家將靈魂定義為以某一種形式存在的能量場。

　　Duncan MacDougall 醫生讓瀕死經驗的人躺在一個秤上，然後量度他們死後體重的變化，並發現有人在死後立即減少了21 克的體重。其實，Duncan MacDougall 無法解釋其中一個瀕死者的體重降低又回復，也就是下降了八分之三盎斯，又上升了八分之三盎斯。

但是 Duncan MacDougall 直接宣稱，這個重量就是靈魂的大約重量，並以能量的形式離開了肉體。至於那些增加的數據，靈學家的解釋是靈魂留戀肉體，又回來了。Lewis E. Hollander 曾測試八隻瀕死綿羊的重量，也發現有短暫增加的情形。

但後來更多的類似實驗表明，動物死後，重量並未立刻減輕；目前最有可能的解釋是，人在死亡過程中體溫可能會升高，使體內氣體與汗液逸出體外，從口腔或肛門進出都有可能，造成秤台上的空氣對流，導致指針移動。熱氣偶爾排出體外的說法，可解釋 Duncan MacDougall 的實驗結果：當空氣撞擊秤台，重量就增加；當空氣離開秤台，重量就減少了。

以上參考《活見鬼》一書 P.88。

瀕死體驗的其他問題

網友提出以下問題：

1. 若另一世界如此美好，為何還要回到物質世界？物質世界受限於肉體，也會有精神感官的經歷，而有愛惡欲恨憎，還要符合不完美的人類世界規範。那為何要回來？

   答：依照神經學家的說法，美好的感覺可能源自於腦內啡或血清素之類物質的分泌，一旦分泌停止，在腦部尚未死亡的情形下，就可能甦醒過來，不是想要回來。真有人醒後不太甘願，譬如被急救後甦醒。當然也有人是莫名其妙就醒來了。

2. 許多有過此類經驗的人，據說（他們自己寫）人生觀已不同，類似開悟狀態。請問，既然肉體最後終須一死，

靈魂何必投身於肉體世界？是為了靈魂成長？靈魂成長必須經過肉體的過程？

答：許多甦醒者的美好感覺減退，已不是所謂的開悟狀態。所以想維持同樣的感覺強度，必須再進行放鬆與冥想才有可能。靈魂成長只是某些教派的說法，不足採信。

3. 多數瀕死的人能夠憶及靈魂離開肉體的瞬間與景象，之後若又醒來，從靈魂離開到醒來這中間的過程，卻都無法交代，靈魂那段時間去了哪裡？

答：瀕死體驗類似清晰夢，每個人的回憶程度不同，就有不同的內容，而在醒來之前的空白階段，可能是所謂無夢期ＮＲＥＭ，當然沒有記憶。

4. 綜合上述問題，是否可解開千古最大難題：生命的意義是什麼？

答：生命的「終極」意義是在活著的時候，經歷美好的瀕死體驗並能持續下去，但「非終極」意義就是「好好活著、深刻享受」而已（**本書終曲將再提及**），無須完成什麼重要任務，那是某些教派的說法而已，如果誤信他們那一套，日子將變得很艱巨難過了，也會錯過許多美好的事物。

我遇過一位腿部粉碎性骨折的人，他住在加護病房好多天，不但向我出示凹凸不平的腿部疤痕，還求教如何恢復當時美好經驗的強度。

所以我不是猜測，而是有憑有據的。

你想找親身體驗者是很好，但每個人的說法不一樣，會得到不一樣的論點，曾有瀕死者認定自己不是出竅，只是某個東

西延伸體外而已；還有瀕死者在遇上美好體驗後，再度自殺獲救；更有瀕死者對著旁邊家屬一直說：我在這裡很舒服，你們不要哭，結果醒來一看根本沒人哭，只是餵水給他喝而已。這些案例怎麼解釋？

唯有理性面對所有報告，才能得到公允的結果，若只看一個案例，很容易導致偏頗。

我個人最反對以宗教角度看待瀕死體驗，因為教徒總是挑自己喜歡的大聲嚷嚷，故意漠視與教義不合的地方，譬如：

一、瀕死體驗後，依然有人酗酒、吸毒，與自殺。

二、瀕死者出體見到的現實，與真正的現實不同。

三、瀕死者出體見到在世的活人，而那活人當時根本沒想到瀕死者。

特別是第一項，英文資料可以找到一大堆，所以，美好體驗必須持續下去才有用，我說的是真正的事實，可惜許多瀕死體驗研究者避而不談。

大多數瀕死者只是簡單地說不知道怎麼就回來了，也不知道為何要回來，雖然他們願意去猜一猜。只有少部分人確切地說，正是他們的選擇決定了回到自己身體的結果，也就是說返回世間是具有可操作性的。（參考來源：http://www.book853.com/show.aspx?id=1682&cid=98&page=18）

上面網址又提到：

「有的人則感到，他們因為得到了『上帝』或者光的允許才活過來……」

作者還說：當問到如何回到身體和為什麼返回現世時，得到的回答有很多版本。

不同的人就有不同的答案，顯然只是幻想而已。

跳樓自殺者，其靈魂是否一直在重複跳樓，還是在地獄受害？

有網友如此問，我回答如下：

只要在搜索引擎貼上：suicide near death experience，就可以找到大量資料，其中大多數的案例是正面的瀕死體驗（NDE）。（以這個網址為例：http://near-death.com/experiences/suicide06.html）

自殺者的瀕死體驗，與一般人的瀕死體驗沒有什麼差別，所以在地獄受害只是宗教勸人不要自殺的說法而已，與大多數案例不符。

至於每天都在跳樓不停的重複的說法，可能是死者生前的絕望意念（跳樓的猶豫），被其他人以心電感應的方式誤判成重複跳樓，當然，也可能只是善意的勸世謊言而已。

我沒有鼓勵自殺，因為自殺前的痛苦煎熬，仍是不必要的，一定有方法可以解決問題，人的生命非常難得珍貴，只要平時好好放鬆與冥想，就可能在活著的時候，長期體會正面的NDE，無須自殺或撞車或溺水。

請問要怎麼樣才能在死後上天堂呢？

網友這樣問，我回答：

任何宗教說法都有問題，只有瀕死體驗（NDE）的科學研究最可靠，各國科學家的統計顯示，93~96% 的 NDE 有天堂的感覺，其餘是地獄或負面感覺，按照腦部血流型態來推斷，瀕死的第一階段是地獄的感覺，第二階段才是天堂的感覺。

所以，相信什麼地獄，就會遇上什麼地獄；相信什麼天堂，就會遇上什麼天堂；什麼都不信的人，會先遇上最害怕的人事物，再遇上最親密的人事物，與國籍種族無關，誰都會出現天堂的感覺。天堂之後就不知道了，因為沒人活過來描述，我個人認為真正死亡後是沒什麼感覺的。

　　至於所謂的西方極樂世界，其實是佛教術語，與基督教的聖靈充滿、天堂永生的說法雷同，也和無神論者的見到慈祥的死去奶奶、目睹壯麗非凡的美景類似，都是愉悅、寧靜、狂喜、舒適的形容詞。

　　所以，每個人都會遇上，不是佛教徒的特權，當然，想在沒有命危的時候擁有極樂的感覺，就必須常常放鬆與冥想，這又是另一個主題了。

　　唸經、祈禱、放鬆、冥想，都是為了在活著的時候，能夠體會最大的愉悅幸福，不是為了在死亡時進入西方極樂世界，因為本來就會遇上嘛。

　　只要在臨終前一小時，腦部沒有受到嚴重干擾，譬如腦漿迸裂、電擊急救、或毒素侵入，絕大多數人都可以享有這種腦部的恩寵，與臨終唸經持咒無關。

次聲波與見鬼

　　出竅體驗常常提到看到已死亡的親友，那麼，鬼魂到底是不是真的存在？

　　美國太空總署曾測試，在火箭發射時會有次聲波產生，這是人耳聽不見的超低頻音。結果在火箭旁邊的人出現嘔吐、頭痛、咳嗽等現象。

其他研究顯示，次聲波可使眼球震顫，因而扭曲了視力，譬如看見眼角處有模糊的灰色陰影，會誤以為見鬼。

次聲波也可能使窗戶震動，燭光閃爍，活像鬼魂出現的現象，一般人很容易驚嚇恐懼。

以上參考《讓你瞬間看穿人心的怪咖心理學》p.125。

次聲波與神蹟

曾有人研究新石器時代的古塚，發現在那裡敲鼓，可以產生次聲波。

在古塚裡膜拜的人，遇上次聲波，極可能有神明顯靈的感覺。

據說在教堂裡的管風琴，也有產生次聲波的效果，信眾的感受會特別深刻。

所以，想增加信眾的向心力，裝個管風琴產生次聲波，或許是個好辦法。

當然，若做個研究，比較有管風琴與沒有管風琴的教堂人潮，就更有說服力了。以上參考《讓你瞬間看穿人心的怪咖心理學》p.131。

次聲波使人見鬼的原因

曾有實驗證明，22% 的人在聽了次聲波之後，會有焦慮不安、後頸刺痛、胃部不適的感覺，甚至有恐懼害怕的情緒出現。

目前已有一種說法，或許可解釋原因，次聲波會使內耳的

液體產生震動。內耳裡面有淋巴液，與平衡功能有關，也和聽覺強度有關，而次聲波影響不了耳蝸（我們聽不到），卻有可能影響半規管。

半規管掌管平衡功能，若因次聲波而產生震動，加上眼球也震顫，很可能會令人不適。

據說眼球的共振頻率是 19 赫茲，正好是次聲波的範圍，可能因而振動。

這些說法就靜待日後的證實吧。

寰宇蒐秘──獄中鬼魂？

國家地理頻道曾播出這個節目，描述美國東方州立監獄的鬼魂探測過程。

這次探測者不是抓鬼大隊，而是科學研究人員，在鬧鬼傳聞最多的第 12 號牢房架設各種儀器，其中電磁場儀與夜視鏡毫無所獲，而紅外線感測儀偵測到天花板下有藍光浮現，同時聲波儀也測到次聲波。

對照兩者出現的時間，正好有下一場雨，科學家發現雨水從天花板滲漏下來，正好是藍光的位置，而雨水打在天花板上，有可能出現次聲波。

所以，鬧鬼的原因很明顯與次聲波有關。

研究人員請兩組人做實驗，在牢房內架設次聲波機，當發出次聲波時，所有人都覺得不舒服，連無神鬼論者也一樣；而沒開機的那一組人都沒感覺。

此外，人們很容易出現認知偏誤，也就是自我暗示，研究人員也請兩組人做實驗，其中一組被灌輸牢房有鬼的觀念，結

果在巡房過程中全說真的有鬼；另一組沒有灌輸這樣的觀念，結果在巡房後沒人提到鬼。

節目不錯，請大家參考看看。

右顳葉「微震」與見鬼

曾有科學家 Michael A. Persinger 在實驗室中使用電磁場，對著 1,000 人的右腦顳葉照射，有 80% 的人有異常的恐懼，或感覺旁邊有別的東西存在。

一個十七歲少女稱夜間常被鬼恐嚇騷擾，Michael A. Persinger 去了解情況，見少女睡牀旁有一電子鐘，少女睡覺時頭部距鐘十吋。Persinger 測度發現鐘發放出電磁波，波長剛與激發癲癇症的相若。他取走該鐘，少女就不再見到鬼了。

不過 Persinger 的實驗結果較少有鬼的體驗報告，因為受試者在實驗室內躺在舒適的床上，Persinger 就在室外操作機器，根本沒有恐怖的氣氛，就算腦部出現異常放電，也很難聯想成鬼。有人重複這樣的實驗，卻宣稱沒有任何發現。

顳葉的複雜性局部癲癇，很早就為科學家所知，因此會產生各種幻覺，所以以電磁波刺激，出現見鬼經驗是不足為奇的。

有人以「微震」一詞來代替「癲癇」，因為見鬼者大多沒有癲癇問題，顳葉出現短暫的「微震」現象，似乎是比較好的解釋。

據說電磁波會減低褪黑激素的分泌，而此種激素會抑制痙攣反應，使腦電激發，出現微震，進而出現幻覺。

至於見到什麼鬼，則受知識文化的背景影響，只會見到本身熟悉的形象，顯示鬼不是客觀堅實的存在，純屬幻覺而已。

以上參考《活見鬼》一書 p.212。

抓鬼行動大隊？

Discovery 頻道曾播出這個節目，我深不以為然，提出幾個意見給大家參考。

這節目描述一個抓鬼團隊在鬼屋裡的運作過程，疑點太多了：

1. 他們斷言河水與鬼屋有關，因為河水的導電度高（比純水高十倍），可創造磁場，讓附近鬼屋內的鬼魂現身。這是什麼理論？根據在哪裡？磁場本身就足以使腦部出現幻覺了，根本不必借用鬼魂的說法。

2. 溫度低的地方，就是鬼魂經過之處。但為何不考慮空氣對流造成的？即使關窗，空氣也會對流，沒什麼奇怪之處。

3. 錄音機可錄下鬼魂的聲音。這是所謂 EVP，我覺得是環境噪音經過多次折射後，再由先入為主的人來解讀，所形成的巧合，不是證據。現代無線電波那麼龐雜，又有宇宙射線與太陽風暴，對電子儀器干擾是非常容易的，除非有鐵證出現，否則輕易相信是鬼，將距離真相愈來愈遠。

4. 靈異照片就是鬼魂的證據。在我看來，只是某些特殊的光影，加上人腦喜歡辨認臉部，所造成的巧合，太模糊了，哪裡可以成為證據？

5. 訪問見鬼的經歷，就是鬼魂的證據。這是非常可笑的，為何不考慮錯覺與幻覺呢？

薄暮現象（Purkinje effect）

在黃昏的模糊地帶（twilight zone），容易見鬼，又稱為逢魔時刻或薄暮現象（Purkinje effect）。

此時，視網膜的桿細胞比較容易發揮作用，它們負責的功能是辨識波長較短的青綠色光線，「慘」綠的鬼影便是這樣來的。至於另一種視錐細胞，則負責辨識波長較長的紅黃色光線。

視桿在視網膜周圍較多，視錐分布於中央，這就是鬼影總是出現在眼角的原因了。

以上參考《當靈異遇上科學》一書 p.17。

視網膜管視現象

平時我們看不見視網膜上的血管，但在眼睛兩旁照射強光的話，就會看見了，卻容易誤解成幽靈，即謂之 Purkinje figures，或視網膜管視現象。

以上參考《當靈異遇上科學》p.21。

大腦為什麼要創作不存在的影像？

盲點 (blind spot)，又稱為 Edeme Matiotte，在視網膜上，有一個視神經總出口，沒有感光細胞，無法感應影像，但大腦看得到任何東西，不會有視野缺損，顯示大腦根據盲點周圍的資訊進行猜測，進而以影像補足這個缺損。

以上參考《當靈異遇上科學》p.23。

擬像現象或類像現象（simulacra）

　　人喜歡將倒三角形辨認成人臉，所以照片上任何類似三角形的圖案，皆有可能被當成鬼臉，靈異照片即形成了。

　　以上參考《當靈異遇上科學》p.26

高速公路催眠現象（highway hypnosis）

　　當外界的刺激單調乏味、一成不變的時候，譬如在高速公路上定速直駛的時候，意識會變得恍惚模糊，也就是打瞌睡。此時周邊視野若有異物出現，容易誤判成鬼怪。

　　以上參考《當靈異遇上科學》p.30。

心臟移植後，患者個性改變？

　　捐贈者的心臟不是一個單純的幫浦，其細胞內有各種化學物質，特別是腎上腺素的濃度，應該比一般人高，因為捐贈者常死於車禍。一些換心人夢見恐怖的災難，莫非是腎上腺素在作祟？

　　換心人常宣稱莫名其妙的喜歡陌生的食物，甚至是原先厭惡的食物，難道也是某種心臟物質在作用？譬如捐贈者生前愛吃薯條，油脂聚積在心臟，換心人承接了這些物質，以至於改變了腦部的認知？

　　換心人的個性也有沒變的，所以會改變個性的原因有二，一是心臟內的某物質在作用，二是手術中的缺氧影響了腦部的運作。

全人工心臟換心人已有活好多天的世界紀錄，沒有心臟居然可以活，顯示宗教界的心臟有靈魂的說法是錯的。

EVP（electronic voice phenomenon）超自然電子異象

這是一種聲景分析（auditory scene analysis）的作用所致，譬如聽見「大〇好」，可能會誤判成「大家好」，或「滾〇去」變成「滾出去」。

靈魂學家以錄音機錄下所謂的「鬼聲」，就是以上錯誤的判讀所致。每次我仔細去聽，只覺得是干擾的雜音而已，他們卻說是有意義的詞句，相當離譜。

以上參考《當靈異遇上科學》p.60。

EVP 的物理來源如下：

據說大卡車司機有時會使用違法的無線電，也是 EVP 的來源之一。

有些則是別處的電台電波，經由大氣層的折射作用，意外形成干擾所致。

常聽廣播的人應該有這樣的經驗，收聽的過程中偶爾出現雜訊，可能是天空中突然形成的電離層，電波遇上後會折射至本來不會收到的地方。

據說極光與流星會產生這樣的電離層，飛機的機身也會折射電波。

找不到東西，卻發現東西在自己手裡，是怎麼回事？

一般的說法是鬼遮眼，事實是什麼？

有人說，失憶是可能的原因之一，我覺得另一個原因是自我暗示所致。

鬼遮眼當然不是鬼跑來遮住我們的眼睛，而是我們可能曾暗示自己：「東西絕對在自己身體以外的地方」或「東西不可能在自己手上」，造成視而不見的現象。

很多人都有這樣的經驗，大家無須擔心。

Sleep inset REM

入睡以後立刻進入 REM（做夢期），即謂之，常導致鬼壓床的經驗，又名為睡眠麻痺 (sleep paralysis)。通常是因為過度疲累，腦部因睡眠不足而急於做夢。

此時的身體肌肉呈現鬆弛癱瘓狀態，意識卻清醒，乃誤判為鬼在壓自己的身體，有些人誤判成被外星人綁架。

已有腦波研究顯示，鬼壓床時的腦部與清醒睜眼狀態無異，可經歷到逼真的幻覺。

我以前常常出現各種怪現象，包括鬼壓床達八次之多，後來多睡就全部不見了，大家想想看，鬼只挑選睡不飽的人見面嗎？根本都是腦內幻覺而已。

如果每天睡八小時以上，身體有足夠的休息，就不會再出現這樣的狀況。

當然，睡前氣氛保持慵懶也是很重要的事，不要思考困難的問題，也不要喝興奮性飲料。

以上參考《當靈異遇上科學》p.31。

被外星人綁架是顳葉癲癇所致？

有種說法，當流星衝入大氣層時，會產生電漿（plasma），繼而產生電磁波，使某些較敏感的人的腦部顳葉產生電訊，造成被外星人綁架的幻覺。

我個人抱持懷疑的態度，因為無從證實，而且電磁波夠強嗎？可以誘發腦電嗎？

不過，在流星雨發生的時候，倒是可以做個調查研究，或許可以找出關聯。

被外星人綁架的人為何如此堅信自己的遭遇？宣稱被外星人綁架的人，幾乎不接受其他解釋，譬如幻覺，為何如此呢？

大家想想看，如果自己被外星人選中，是何等重大的事情，意義更是何等非凡呢！

被外星人綁架的人常說，我會存活是有原因的，甚至有特殊任務。

這種說法當然比幻覺有意義多了，而且非常容易接受，只是旁觀者不以為然罷了。

以上參考《當靈異遇上科學》p.106。

被外星人綁架的醫學名稱叫做睡眠麻痺或癱瘓，台灣人的經驗是鬼壓床，外國有些人的經驗是被綁架，早就在Discovery頻道或國家地理頻道中破解了。

當睡眠麻痺發生時，人腦會進行解釋，我以前相信鬼，就看見黑色怪物壓在我身上，後來不信鬼，就變成單純不能動而已，便是明證。

所以相信外星人的人，遇上麻痺不能動就解釋成被綁架，早已是精神醫學的定論了。

所謂從床上被抓到飛碟的經歷中，全程都不能動，連外星人拿出器具要抽驗，也無法抵抗，這是標準的睡眠癱瘓，腦部誤解成被綁架。

曾有科學家邁克爾·拉杜加（Michael Raduga）找了二十個人做實驗，請他們練習出體並找出外星人，其實練習出體就是製造睡眠麻痺，結果有 35% 的人成功看見外星人。

我曾看了 Discovery 頻道的「陰謀搜索線」節目，對於被外星人綁架這個主題有個建議，請各方專家參考看看。

懷疑論者認為是睡眠癱瘓（sleep paralysis），加上流行文化與催眠暗示的影響，就是被外星人綁架經驗的最佳解釋。

相信的人則完全排斥懷疑論者的說法，雖然我也認定是睡眠癱瘓，但為了平息雙方爭議，突發奇想，何不找個常常被外星人綁架的人做實驗，在他臥室內偷偷裝個監視器，只要一出現被綁架經驗，第二天搜尋監視畫面不就真相大白了？

特別是身上有瘀斑的（他們認定是外星人抽血處），或有植入物的（雖然科學檢驗已認定是地球的金屬），只要是最有可能被外星人綁架的人，都可以參與實驗。

這個建議不錯吧？

否則雙方各說各話，永無寧日。

鬼擋牆是怎麼回事？

鬼打牆或鬼擋牆，一般人以為是鬼的法力所致，其實不然，真相如下：

有人在隧道裡騎車騎不出現場或熄火發不動，有人在原地兜圈子卻無法脫困，我也曾經誤以為簽了名卻根本沒簽，如果

有路人經過，會看到什麼？說出來大家會大吃一驚：

　　遇鬼的人，事實上「呆立現場」，卻在腦海裡繼續進行啟動引擎、走路、簽名等動作！

　　結果，遇鬼者以為做了不少動作，卻一點也沒做。這樣的狀況常發生在睡眠不足的人身上，說得淺顯一點，就是在清醒時進入夢境，而腦部在做夢的時候，會抑制肢體的活動。

　　呆立現場，便是腦部抑制肢體的結果，以上沒簽名事件就是我發生在台南機場的真實經歷，當時還是大白天呢。

　　做夢是人類必須的，當睡眠時間不足以做完該有的夢時，就會在清醒時補做，一般人所謂的恍神或恍惚，就是在這樣的情形下發生，如果解釋成靈異事件，就距離真相太遠了。

　　其實，嚇死是不太可能的，卻容易出意外，萬一在開車時遇上恍惚就不妙了，這也是許多車禍遇難的原因之一，大家不要再蔑視睡眠的重要性了。

補充說明：

　　當時我在台南機場，頭昏腦脹得很厲害，詢問櫃台小姐如何補位，她指向旁邊一個本子教我填名字，我立刻就填入，沒想到後來她唱名許久，都沒有我，我跑去翻本子，赫然發現我的名字不見了，填入的那個位置竟是別人的名字！

　　可見當時我是站著發呆，腦中卻想像填入的動作，類似所謂鬼打牆現象，可是當時是陽光普照的下午五點，在擁擠吵鬧的航站大廳裡，哪來的鬼？

　　當然，有人見到幻象後才出現鬼打牆，但與我一樣，都以為動作已做了，譬如車子發不動或門打不開，卻根本沒做……

　　網友 NCC-1701Z 提供以下文章：

　　http://tw.knowledge.yahoo.com/my/my?show=AB00175539

還有幾個可能原因：

人在極度緊張的情況下可能會無法掌控正確程序，例如沒有解鎖就狂拉門把，當然開不了門；鑰匙沒插到底就要硬轉，當然發動不了⋯⋯

部分感官被剝奪或干擾會產生空間迷向，造成時間、距離與方向等的誤判，例如覺得走不出某地可能只是某地一成不變的景象加上時間感偏差所造成的錯覺⋯⋯

驅魔師檔案

Discovery 頻道播出「驅魔師檔案」這個節目：
http://www.youtube.com/watch?v=lrEm-WtSG7g
一位物理學家提供一段以監視器錄下的畫面，竟出現椅子自行轉動與白紙掉落地上，我個人深覺必須加以追查，不可任意猜測是鬼或魔鬼的傑作。

因為這些東西的運動軌跡，以細線牽拉來解釋並無不合理的地方，所以最好的追查方法是，對那位物理學家進行測謊，看看是否他隱瞞以細線操控這些東西，使之轉動或移動。

如果測謊結果證明沒有說謊，再來考慮其他因素，才是負責任的做節目態度吧？一面倒向驅魔師的說法，實在不合理。

即使沒有做假，也必須排除其他罕見的物理原因，才能解讀為超自然現象，沒想到那位物理學家居然沒發揮他的專長，真怪！

這又是 Discovery 頻道製作人員墮落的一例，科學頻道怎可完全不提科學的解釋呢？唉⋯⋯

見鬼者不一定要相信鬼的存在

我曾見過鬼，卻不相信是真的鬼，只是幻覺，其實美國教授湯瑪士・齊達（Thomas Kida）也與我一樣，以下是他的經歷：

> 「我看見鬼了。那是夜半時分，我打算起床喝杯水。下床前，我朝凱希睡的床右側看了一眼，沒想到就在她身體上方一英尺處，有個老婦人正瞪著我瞧。那鬼魂就飄浮在凱希上方，彷彿想要親近凱希。她看起來大概有九十歲，有著一頭長長的白髮與滿臉深深的皺紋。這顯然有家族相似性；她看起來像是凱希的曾祖母或某個遠親。坦白說，我嚇壞了。我望向別處，甩甩頭想讓自己清醒點，接著我回頭，老婦人還在那兒，她直勾勾地盯著我。我們的眼神就這樣鎖定彼此，雖然可能只是短短一會兒，卻感覺好像有一個小時那麼久。她臉上毫無表情，既沒有笑容、也不親切，眼神銳利無比。我又試了一次，別開視線、甩頭，接著回頭──這次她消失了。」

（參考來源：http://www.books.com.tw/exep/prod/booksfile.php?item=0010465063#intro）

他認為是所謂的初醒前幻覺（hypnopompic hallucinations），只是推想凱希年紀很大時的長相所致。這種幻覺通常包括外星生物、已逝親人，還有怪物，有時還出現幻聽，而且在發作期間會有種強烈的清醒感受。

我曾聽過有人叫我：「成先生」，而且是從左耳附近傳來，那時是白天（午睡），家中沒人，很明顯是幻覺。

有這種經驗的人若想求證，請注意午睡時會不會發生，若

也一樣出現，就代表不是鬼，因為哪有鬼在白天出現的？

我覺得眼見不一定為真，腦部本來就會創造幻覺，為何一定要被愚弄呢？

通常不要熬夜，不要喝興奮性飲品譬如咖啡、可樂、茶，睡前不要看刺激的電視或書籍，就可以減少這些現象的發生。

紅衣小女孩與紅衣大女孩

轟動一時的紅衣小女孩靈異影片，內容是一群登山客的後面，跟著一名陌生紅衣小女孩，下山時卻不見蹤影。其中一名登山客後來病逝，懷疑是那女孩抓交替。那個節目我上過，擔任來賓，影片已被證實是假造的。（**參考來源：**http://tw.knowledge.yahoo.com/question/question?qid=1406012114781）

2008 年 9 月 6 日（星期六）19：55 ETTV 東森新聞台首播的「台灣啟示錄：紅衣小女孩之謎」，藝人秦偉出示照片說他後來有找到該女攤販（**紅衣大女孩**），就在敦化南路一段 223 巷賣米粉湯，影片在此：http://tw.youtube.com/watch?v=lbuwiOjpfMk

大家可以直接跳到這個節目的最後，秦偉找到那大女孩並拍了照片，距離當時小女孩出現的年代已過了九年。

秦偉是個相信靈異的人，他說兩者長得不像，可是我覺得有點像耶，特別是都有明顯的額頭，大家自己評斷吧。

我是首次目睹該影片的人之一，網路上有所謂的小女孩背影版，絕對是假造的。

紅衣小女孩消失前，攝影機曾停機三分鐘，很可能是讓她可以從容離開攝影鏡頭前，以製造靈異效果，大家千萬不要輕信。

用力的時候，眼前出現白點？

這種情形就是所謂眼冒金星，原理如下：

有些人在上大號用力的時候，流向頭部的血流會因壓迫而減少，連帶影響了眼睛的供血。

眼球的後方是視網膜，上面有密集的視神經與眼動脈，而眼動脈主幹是跟著視神經主支進入眼球的，與視網膜的中央黃斑部很近。

一旦缺血，視網膜周圍的區域的血管很細，會先斷流，導致該處細胞因缺氧而激發放電，然後才輪到中央黃斑部附近的細胞激發放電，形成從周圍視野流向中央視野的金星影像。

由於黃斑部與視神經主支雖然很近，仍有一段距離，所以當放電落在這兩區之間時，就可能出現向外側流竄的金星影像……

通常與睡眠不足、久坐久站、活動太少有關，請增加睡眠與多多活動，以免血管受到壓迫吧。

半夜起床看見方形約 40cm 金黃色，有許多洞會發亮的東西？

網友提出這樣的疑問，我回答：

我曾看過金黃色與藍色的網狀物，也是瞬間即逝。

你遇到可能是所謂初醒期幻覺（hypnopompic hallucination）的人，人臉是最常見的，有人看到是動物、風景器物、幾何圖形、光點光團等，還有人聽到有人叫自己的名字，或聽

到怪聲音譬如風吹樹梢、狗吠、三角鐵敲擊等，許多靈異現象都源自於此。我更誇張，曾瞬間看到夢境在視野的右半邊繼續進行，左半邊卻是現實房間的一隅！

如果你在剛入睡時就看到影像，叫做入眠期幻覺（hypna-gogic hallucination），與初醒期幻覺內容差不多。

這些現象常發生在幼童身上，或是睡前腦部處於活化興奮的成人，由於清醒意識尚未完全消失，瞥見了潛意識的一部分。通常與睡眠不足有關，少數案例與嗜睡症有關。

建議你不要熬夜，不要喝興奮性飲品譬如咖啡、可樂、茶，睡前不要看刺激的電視或書籍，增加睡眠時數，應該可以減少這些現象的發生。

碟仙有人踢爆過嗎？

清華大學社會學研究所的宋文里教授曾寫過這麼一段話，收錄於〈物的意義 —— 關於碟仙的符號學心理學〉一文中：

「1989 年上學期有個實驗小組發現某次實驗時，碟仙的回答都一直十分切題，他們懷疑這樣的結果，便利用攝錄影機拍一段碟仙問答過程，然後倒放回來仔細觀看，發現每一次碟仙找到字好像都有『先通過某字，再回頭停在該字上』的運動軌跡。這就暗示是有人的眼睛在為碟子的行動導航。後來有人建議把玩碟仙的人都矇起眼睛，結果該碟子就不再有切題的回答，也不再有『先通過，再回頭』的運動軌跡出現。」

所以，將眾人眼睛矇住，再將字盤轉個角度，使答案位置

大亂，碟仙的回答就不知所云！

所以，碟仙會指向某答案，就是在場某一個人或眾人看到答案後，「下意識」在推而已，但表面意識沒察覺。根本沒有鬼或仙，純粹是人的下意識在作祟而已。

記憶前世的兒童？

美國的史蒂文森博士因研究擁有前世記憶的孩童而聞名。

譬如一個二、三歲的小孩突然說起自己的前世，史蒂文森跑去調查，竟真有這樣的前世家庭。

甚至其胎記位置，也與前世人物的傷口或手術疤痕一致。

但根據調查，孩童說出的前世，總是父母知道的人物，有可能是父母不小心在孩童面前透露過。

至於胎記，也有案例的母親表示，位置與出生時不一樣，顯然有穿鑿附會之嫌，不能盡信。

加上史蒂文森的報告幾乎都在相信轉世的地區，且前往調查時又不夠嚴謹，孩童極易在眾人暗示下展現驚人的「前世」記憶，所以幾乎沒有可信的證據。

那麼，突然說方言是轉世的證據嗎？

曾有婦女突然說起異國的語言，而她從未去過那個國家，有人認為是轉世的證據，因為她說的是前世的語言？

其實有兩種可能，一是在年幼時學過那種語言，長大卻忘了，突然又想起說出而已。二是大腦語言區短暫缺血所致（transient ischemic attack）。

這種短暫中風，又被稱為「外國口音症候群」（foreign accent syndrome），只是說出類似異國的語言而已，並非真的

是外語。

　　只要找該國的民眾來辨認，就可以水落石出了，聽得懂就是第一個原因，聽不懂就是第二個原因，非常簡單。

　　以上參考《當靈異遇上科學》p.170。

既視感是怎麼回事？

　　既視感（déjā vu）又被稱為似曾相識，意思是到初次造訪之地，卻有熟悉來過的感覺。我不相信是前世記憶，因為查無實證，科學上倒是有解釋，也就是大腦誤判所致。

　　大腦有一個區域叫做海馬旁迴（parahippocampal gyrus），功能是判斷場景是初次或以前來過，若出現問題，就會誤判。

　　當然，這也是假設而已，未完全獲得證實，但睡眠充足的人，既視感會大為減少，顯示大腦混亂是很有可能的。

　　大家想想看，如果是前世記憶，應該在睡飽之後更清晰，怎可能消失？

　　所以，目前的最佳解釋是腦部混亂所致，至於過去在夢中去過的說法，也是難以查證，不足採信的。

轉世與腦部

　　一群荷蘭研究小組的實驗心理學家找來了 13 位認為自己擁有五次以上輪迴轉世記憶，並接受過多次催眠療法來找尋自己前世內容的人；以及 13 位不相信前世今生說法的一般人。教育程度和年齡相當的這兩組受試者參加了一項名為假名聲作業（False fame task）的記憶實驗。

此結果顯示，相信前世的人比較容易產生不存在的記憶，並且在指認記憶的原始來源時也比較容易發生錯誤，與腦部的海馬迴、海馬旁迴的運作有關。（參考來源：http://www.sciscape.org/news_detail.php?news_id=2223）

所以，被催眠出有前世並深信不疑的人，其海馬迴與副海馬迴的運作比正常人差，容易誤假為真。

拜拜時出現蜘蛛，意思是？

網友認為蜘蛛是轉世的祖先，我卻認為有兩個意義：

一、環境清潔做的不夠徹底，這隻小蜘蛛提醒你，該好好清掃一下了。

二、有人從別處不小心攜帶小蜘蛛進來，譬如我家大樓地下室就有不少小蜘蛛，在大掃除之前總是特多，可以黏在任何人們的衣服上，然後離開大樓。

不管是什麼原因，先清掃一下拜拜的地方吧。先追究自然的原因，若找不到，再來討論其他原因，不是比較好嗎？

維基百科的「鬼」內容

以下維基百科關於鬼的科學質疑，由我主筆：

「人類在一般情況下是聽不見頻率低於 20 赫茲（Hertz）的次聲波，有英國科學家認為次聲波能讓 22% 的人感覺在空間中有鬼的存在，或者有不明的不安、悲傷、毛骨悚然、背脊發涼、極度厭惡和害怕、感到緊張與被人盯視的感受。

鬼常被主流科學家視為幻覺、錯覺，或迷信的表現，不被他們所承認。以鬼屋為例，所謂鬼聲的產生，常常是傢具的熱脹冷縮、樹葉刮屋頂、地下火車或水流經過、地下礦坑爆炸、地震、或老鼠騷動等造成的，而所謂鬼影的出現，常常是月光、路燈、車燈、樹影等造成的。

　　另根據所謂鬼屋事件的調查，發現許多鬼屋內有大量的電器或電線，或建材本身就是會蓄電的花崗岩，令人不得不聯想到電磁場的可能性，Michael Persinger 曾對受試者大腦的顳葉進行磁力刺激，證明可以見到不存在的異象。

　　一氧化碳中毒也可能影響聽覺與視覺系統，使人感到牆壁向自己逼近的錯覺。

　　腦部對倒三角形特別敏銳，容易聯想成人臉，稱為類像或擬像現象（The Simulacra)，加上圖形或光影的巧合，容易產生所謂的幻想性錯覺，譬如有些人會將普通相片當成靈異照片。或看到旁邊好像有斷手斷腳的人或白色影像，一旦直視又消失了，這種周邊視覺在光線不足的情形下比較敏銳，原因是對顏色比較不敏感的桿細胞（rod cell) 在視網膜的周圍比較多，導致看見蒼白或青綠的錯覺在眼角飄移。另有眼球內發生的影像，如摩爾氏閃電紋（Moore's lightning streaks）、快轉光幻視（flick phosphene）、謝瑞爾氏現象（Scheerer's phenomenon；blue field entoptic phenomenon）、藍光弧（blue arcs）、麥斯威爾斑點（Maxwell's spot）、海丁格條紋（Haidinger's brushes）、壓力性光幻視（pressure phosphene）、視網膜原始灰色覺（intrinsic gray of retina）等。

　　此外，鬼聲、鬼影的幻覺，也常常是因為感覺剝奪而引起。感覺剝奪（sensory deprival）的意義：當一個人的視

覺與聽覺被剝奪之後，潛意識的訊息會填補上來，例如在夜深人靜的時候容易見鬼，就是因為在太黑太靜的地方等於感官被剝奪了，而腦部在缺乏感覺回饋的情形下，會自行創造感覺與思維。」

所以，在晚上做夢時的時候，等於在清醒時被剝奪了感官，不只視覺與聽覺，連嗅味觸覺都沒有，腦部沒有感官線索的干擾，創造出來的情境，當然比在清醒時，在一大堆干擾下的想像，還要真實。

不過，很會創造心像的人譬如某些自閉症患者，其夢境就差不了多少了。

已有感覺剝奪的實驗發現，大約 50% 的受試者在剝奪感官刺激的隔離箱中產生幻覺，包括視幻覺、聽幻覺和觸幻覺等。視幻覺譬如出現光的閃爍；聽幻覺譬如聽到狗叫聲、打字聲、滴水聲等；觸幻覺譬如感覺有人從身體下面把床墊抽走，或感覺有冰冷的鋼板壓在前額和面頰上。

至於有些號稱陰陽眼的人，特別是看到比正常尺寸小的幻覺，據研究可能是邦納症候群患者，這種疾病常發生在白內障或視網膜病變的人，部分視野因無法接收光線而缺損，腦部便創造影像來填補。

精神科楊庸一醫師曾寫出以下文章，值得推薦：

「在器質性幻覺中，hypnagogic 幻覺及 hypnopompic 幻覺是較為特殊的型態，因為它們在正常人中，出現的比率相當高。hypnagogic 幻覺是指一個人在快入睡瞬間所產生的幻覺，hypnopompic 幻覺則是指一個人在醒過來瞬間所經驗的幻覺。馬克勒（McKellar）及辛普森（Simpson）發

現在 182 位學生中，約有 115 位曾有 hypnagogic 幻覺的經驗，約佔 63％。其中幻聽有 78 位，視幻覺有 64 位。此報告與大多數的研究不同，因為一般來講，出現視幻覺的比率較高。雖然被試者在產生 hypnagogic 幻覺時，皆稱自己是清醒的，但從腦波檢查中，卻發現 α 波明顯的減少。

hypnagogic 幻覺時，其視幻覺通常是幾何圖形、抽象的線條、形狀、臉孔、人影或自然景象等。幻聽則可能是動物的聲音、音樂或談話聲，其中尤以聽到自己的名字被叫最為常見。當一個人在睡眠被剝奪後，亦可能出現視幻覺、幻聽等現象。不過，在充足的睡眠後，上述症狀即可自然消失。」

眼角餘光看見鬼火？

這種情形是所謂「周邊視覺」的誤判，原因是疲勞加上光線不足引起的，以下引用自維基百科：

"Reports of ghosts "seen out of the corner of the eye" may be accounted for by the sensitivity of human peripheral vision. According to Nickell, peripheral vision can easily mislead, especially late at night when the brain is tired and more likely to misinterpret sights and sounds." （參考來源：http://en.wikipedia.org/wiki/Ghost）

有些人看到眼角好像有斷手斷腳的人，一旦直視又消失了，便是同樣道理。增加睡眠可減少這樣的現象。

兩人同時看見一樣的幻象？

以前有一位《時報週刊》的鄧姓記者對我說，他與朋友曾同時遇過一件怪事：

「當時他們很累，待在一間有吊燈的房間內打瞌睡，兩人突然看見吊燈旋轉起來，嚇得跳起來，想檢查是什麼問題。

結果定睛一看，吊燈並沒有旋轉，開關沒這一項功能，窗戶也沒開，不可能有風在吹，後來開了窗，仍不見動靜。

難道是看走眼？但兩人都有看到，不可能是錯覺，真是奇怪，遂趕緊離開那個房間……」

當時我也不會解釋，就詢問在附近的一位修行老師，沒想到那老師說出驚人之語：

「那兩人其中之一產生幻覺，另一人心電感應了這個幻覺。」

我曾提過，這樣的解釋在科學上不成立，當然，這只是一種可能，還有兩種解釋是那記者胡謅，或他的朋友只是被他的舉動嚇到而已，並沒有看見吊燈旋轉。

大家參考看看吧。

靈媒的瑣碎訊息

許多人找靈媒詢問，得到的答案或訊息常是模稜兩可的，心理學上謂之巴納姆效應（Barnum effect）。

所以，只要說出含糊不清的形容詞的靈媒，都是假的。

　　不過，有些靈媒會說出極為私密、不為人知的訊息，譬如「你有金屬沙漏」、「你有個蛇皮」等，讓受訪者大吃一驚，大嘆太準了。

　　曾有懷疑者向靈媒踢館，發現靈媒說的都不對，卻只命中一項，譬如金屬沙漏，令旁觀者納悶不解。

　　曾有人批評，靈媒說了一大堆話，總會命中一些不足為奇。

　　不過，若說出「金屬沙漏」、「蛇皮」這類非常少見的東西，就不像亂槍打鳥，矇說瞎中了。真正的靈媒，只是將腦海的印象說出來而已，而非運用巴納姆效應，所以只會出現偶爾的驚人命中，這是我的觀察結果。

　　不論是真是假，說出瑣碎的私事，對日常生活的難題毫無幫助，向靈媒求助是沒什麼用的，請大家務必留意。

　　以上參考《活見鬼》一書 p.159。

靈魂學家的執著

　　大多數的靈魂學家總是排斥懷疑論者的一個論點：如果靈媒真有通靈能力，其實是藉由資訊能量的遺跡，解讀宇宙中殘留的記憶。

　　簡單的說，人的意念資訊會存於宇宙真空中，留待他人譬如靈媒來擷取。

　　靈學家認為，通靈過程中的資訊是生動的、動態的，不像是宇宙記憶般死板板的。

　　問題是，接收資訊的靈媒是活人，他可以任意解讀，甚至竄改編造，不就變成「活生生」的資訊嗎？

不同人看同一個現象，會有不一樣的解讀，通靈過程不也是如此嗎？

有些態度比較開放的靈學家，已說出無法排除「宇宙記憶」的可能性，留待日後的研究證實吧。

以上參考《靈魂實驗》一書 p.373。

瓦茲卡奇聞

著名心理學家威廉・詹姆士曾提到一個案例，一位婦人陷入幾次恍惚之後，宣稱自己是另一個家庭已逝的一分子。

這婦女還忘記自己的身世，吵著要去另一個家庭，結果在見到那家人之後，彷彿回到老家，熟知家中一切。

這件事發生在美國的瓦茲卡鎮，被靈魂學家認定是靈魂附身的證據之一。

撇開謠言不談，這種案例若是真的，也不是靈魂不滅的鐵證，因為可以有另一種解釋：

首先，幾次恍惚可能代表腦部出問題，我覺得與中風有關，才會失去原有的記憶。

至於宣稱是別的家庭一分子，有可能是「超感知覺」所致，也就是感應到已逝者的生前訊息，卻誤判成自己的經歷。

以上解釋必須確認案例細節無誤，才能成立，通常是非常罕見的。

我不是吹毛求疵，而是靈魂的存在極難證明，沒有非凡的發現，就不能率爾相信，希望大家也有這樣的心態。

難解的靈異事件

楊日松博士與葉昭渠博士，曾同時遇上一件怪事，某日驗了屍後，他們到淡水吃過晚飯，喝了點酒，便在細雨霏霏的夜晚搭車回台北。

途中楊日松赫然發現，車廂裡不知何時多了一位年輕的女人。他以為是誰從淡水帶上車的，不好意思聲張，只用手肘碰碰書記官，書記官會意地微微一笑。

車過士林的平交道，檢查哨柵欄竟然放下來擋住去路。眾人正感詫異，一名警員上前問明他們身分，即向檢察官報告，正在攔他們的車，因為台北大橋下的淡水河邊，撈起一具女屍。請檢察官去驗屍。這樣一折騰，車上的年輕女人沒人注意，就憑空消失了。

車到河邊停屍處，刑警伸手揭開草蓆，點亮手電筒，他們幾個倒吸一口冷氣，內心驚駭萬分，原來死者就是剛才出現在他們車廂的女子。（參考來源：http://www.mypearl.cc/modules/newbb/viewtopic.php?topic_id=1158）

楊日松博士與葉昭渠博士的經歷若是真的，一般的解釋是亡者的靈魂向活人示現，我的解釋與眾不同：

兩人看到同樣的異象，很可能是「心電感應」所致，楊日松與書記官兩人其中之一感應到屍體生前的模樣，另一人感應到這個腦內幻象。

這就牽涉一個問題，亡者生前的活動訊息，會留存於宇宙之中、讓人感應嗎？我認為有可能，但科學是不認同的。

其實楊博士與葉博士應該探討那女人的衣服顏色款式，或許就可以查出真相，如果兩人描述一樣，才有心電感應的可能；

如果描述不一樣，就只是巧合而已。

假設楊日松與書記官看到的女子衣飾一樣，可能是她生前最後的外貌，但也有案例是看見亡者更早之前的樣子，所以亡者的外觀，若能獲得證實，是活人感應到其生前模樣所致，並非一定是亡者鍾愛的衣服式樣。

溺死者看到家屬，會七孔流血？

一般溺死者的屍體在水中會腫脹，漂浮時不受壓迫，一旦脫離水面接觸地面，受到擠壓和壓力，會流出血性體液，不是遇見親人才出現這種情況。

但如果親人過於激動，在搖動身體的時候，屍體就會釋放氣體出來，導致七孔流血。

所以，本來就會出血，搖動只是加速出血而已。

為何有人要相信鬼神的存在？

有人統計，只有 1% 的人，看過鬼的完整面目，顯示相信鬼的人大多是信念在支持，而非有清晰的親身經歷。

目前已知有五個原因：

1. 寧可信其有，不可信其無。

   一般人以為，如果不敬鬼神，以後倒楣出事，將悔不當初。

2. 認定眼見為真。

   見鬼神者認為，明明看見了，怎可當成幻覺？又不是瘋子。

3. 不知道科學研究資料，就有可能認定鬼是唯一解釋。

4. 將安慰劑效應誤解為神蹟。

5. 真有無法解釋的現象。

極少數靈異現象，真的很難解釋，科學家只好當成巧合，而機率又太低，不像巧合，有人便歸因於鬼神。

對靈異態度的分類

我在這裡不討論鬼或超能力的存在與否，而是將世上分成五種人：

1. 半信半疑：這種人對靈異現象的研究沒興趣，所以無法肯定鬼或超能力的存在與否，佔人口的大多數。

2. 既相信鬼，也相信超能力：這種人多傾向宗教信仰。

3. 不相信鬼，卻相信超能力：這種人很少，我便是一例。

4. 不相信鬼，也不相信超能力：這種人傾向科學界。

5. 相信鬼，卻不相信超能力：這種人很少。

不過，既然相信鬼，就會相信人與鬼溝通 (通靈) 的可能，那溝通不就是一種超能力了嗎？難道還有其他解釋？除非認定人鬼殊途，不相往來，才說得通。

我是從第二種人，歷經極大的心理波折，才變成第三種人，而且沒有第一種人的成分。

世上真的有人完全不怕鬼？

我就是這種人！

我認為必須先見過鬼，才有能力克服疑神疑鬼的心態，試

想，如果從沒見過鬼，怎樣 100% 不信邪呢？我在小學時就見過所謂的鬼，一名閉眼且面無表情的陌生老婆婆，出現在我家中。

唯有突破心中的魔障，認定是幻覺，才能擺脫糾纏，我在無數的夢中被鬼魂追過，直到開始不信邪之後，鬼魂全數退出我的夢，生活大為改善，於是益發堅定不信邪，且以破除迷信為終生職志。

但不表示我不怕黑，因為我還是會怕壞人。

我只相信死者生前的訊息可能存在，被一些敏感的人以心電感應的方式意外看到，卻誤解成見鬼，極少數難以解釋的案例便是如此。

我個人認為這種訊息不滅的說法，可取代靈魂不滅的說法。

但若將訊息解釋成能量，在物理學上恐怕站不住腳，不過我也無法解釋訊息的本質。

網友問我：敢不敢在墓碑上尿尿，並以不敬的口氣怒罵、喧譁，或住到一間傳聞鬧鬼的 hotel，以不敬的心態嘲笑傳聞，並在半夜裡玩起碟仙、錢仙來實驗挑戰。

我回答：如果有人出錢，我就做，如果沒人出錢，做起來很無聊耶！

我常常應節目邀請去鬼屋，說實話滿髒的，我有鼻過敏，有點擔心會不會發作，或感染黴、細菌，從未想過鬼，也在節目中玩過碟仙，明明碟子在動卻毫不在意，下意識肌力有什麼好怕的。

還有，我是徹底的無鬼論者，根本就不相信有鬼，不是不怕鬼而已。

沒有我上面提到的訊息不滅理論，一般人很難成為 100% 的無鬼論者，因為遇上難解又可靠的親友案例將無法說服自己。

我敢睡鬼屋或凶宅嗎？

我因錄影的關係，去過好多間凶宅與鬼屋，除了髒亂的感覺以外，什麼倒楣的事情也沒發生。

但要我在裡面睡，就不行了，因為可能有病菌的滋生，以及其他問題會損及健康，譬如現場若有次聲波與一氧化碳，可能會影響神經系統。

所以，對心中有鬼的人來說，睡鬼屋當然很恐怖，有可能鬼壓床（睡眠麻痺）或聽到怪聲，對我這種鐵齒的人來說，也是敬謝不敏的。

腦死的判定

提到瀕死狀態，就必須論及腦死，台灣於 1987 年立法的《人體器官移植條例》中，將「腦死」正式納入死亡的判定標準。

後來行政院又發布《腦死判定準則》，全文共十二條，在這裡就不詳述了，大家自行查閱。

目前台灣判定腦死的醫師，有以下規定：

一、不得由病人之主治醫師兼任，以免不夠客觀。

二、須兩位麻醉科、神經內科或外科之專科醫師共同判定，以求慎重。

三、須領有參加腦死講習之證書，以求專業。

四、兩位判定醫師須隔四小時各鑑定一次，以免遺漏。

五、器官移植小組的醫師不得加入判定，以免瓜田李下。

一旦經過嚴格判定的腦死，目前沒有救活的案例。大家不

要相信一些宣稱腦死又復活的傳聞。

至於腦死後，人體還可以活嗎？維基百科記載：

> 「有的病人已經確診為腦死亡，被機械通氣系統維持
> 了相當長的時間，這些病人維持著一些能力，包括維持著
> 循環和呼吸、控制體溫、排泄廢物、癒合傷口、對抗感
> 染，而且更戲劇性的是孕育胎兒（存在「腦死亡」的婦
> 女懷孕的案例）。」（參考來源：http://zh.wikipedia.org/
> wiki/%E6%AD%BB%E4%BA%A1）

有些案例甚至存活兩個星期以上，最久的紀錄長達三個
月，但不可能甦醒，請大家務必認清這點，嚴謹的腦死判定就
是不歸路，不會復活了。

第二章 死亡的有效對策——做清醒夢

既然了解瀕死的概況，想要安然度過，我有一些對策提供給大家。而這些對策需要反覆練習，成為習慣，才能在瀕死時派上用場。

瀕死第一階段之對策

深度睡眠就像瀕死第二與第四階段，明明每天經歷卻毫無感覺。死本身不可怕，每天睡覺都會模擬。須擔心的是死前的病痛或惡夢，相當於第一階段。

不過，再怎麼難過，第三階段的巨大喜悅會淹沒一切不適。想克服第一階段，平時須進行放鬆冥想；不想克服就算了。

我個人的見解是，對瀕死者最大的仁慈，就是不干擾第三階段（正面的體驗）的發生，通常在心跳停止後一小時內。

瀕死第二、三階段不需要任何對策；瀕死第四階段之對策則任君選擇，因為屬於未知的領域，前面提過。

我個人認為第一階段的有效對策如下：

1. 清醒時：接受安寧療護（hospice, palliative care）。
2. 恍惚時：視負面體驗為幻覺，並採取放鬆的心態，可減輕痛苦。

稍後我會詳談安寧療護，至於視負面體驗為幻覺，大家可能會覺得很困難，其實有三種人已經發生類似的經驗：

第一種是部分知覺失調（精神分裂）病患，他們已學會不理會耳邊的幻聽。

第二種是部分修行家，他們總是在夢中就知道在做夢，等於當成幻覺。

第三種是部分邦納症候群（Charles Bonnet Syndrome）患

者，他們的部分視網膜收不到光線，腦內創造影像來填補視野，真的有人可以將影像當成幻覺而置之不理。

可能還有第四、第五種，我一時沒想到，真正的重點在於，我們一般人，除了看影片時知道是假的以外，也可以在平時學會這樣的本事嗎？我會詳細論述。

先談安寧療護。

安寧療護

安寧療護又稱善終服務、臨終關懷、安寧緩和醫療、姑息療法，於 1967 年由英國籍的桑德斯醫師開始推廣。

治療方法包括口服與注射藥物來減輕痛苦，並在心靈層面上提供照顧，同時亦能減緩家屬的心理創傷及痛苦。患者通常比較安詳、有尊嚴地離世。

目前，安寧療護的觀念仍不為大多數人所接受，有所謂阻礙安寧療護普及的三大迷思：

1. 安寧療護只服務癌症病患。其實也包括無法治癒的器官衰竭與重度失智患者。
2. 接受安寧療護代表已不久於人世。其實在照顧良好之下，可存活很久。
3. 安寧療護只使用成癮性的嗎啡來處理疼痛。其實還有心理師、社工師、關懷師、營養師、志工、傳道（牧師）等相關專業一起處理。

關於第一項的迷思，健保局除了癌症末期及漸凍人外，已新增了八大類重症：

「老年期及初老期器質性精神病態」、「其他大腦變質」、

「心臟衰竭」、「慢性氣道阻塞」、「肺部其他疾病」、「慢性肝病及肝硬化」、「急性腎衰竭」、「慢性腎衰竭及腎衰竭」，都可獲得安寧照護給付。

我舉個例子給大家看，就知道上面第二項的迷思有誤：

> 「2005 年，五十四歲的癌末病患李梅菊，因昏迷住進安寧病房、三度命危，放心不下還沒成家的孩子又活過來，她進出安寧病房高達四十五次，多次與死神交鋒八年，看著兒子結婚、孫子成長，2013 年於睡夢中過世。」（參考來源：http://paper.udn.com/udnpaper/PII0001/246405/web/）

大家注意，進出安寧病房四十五次耶！絕非謠傳「直的進去、橫的出來」的可怕地方。

所以，安寧療護絕非「等死」，而是善終的最佳選擇，上面第三項迷思當然是錯的。

以本書的觀點而言，心肺復甦術特別是電擊，很有可能干擾瀕死第三階段的出現，等於剝奪了畢生最大喜悅的產生。

大家務必深思，不可斷然排斥安寧療護。

安樂活，而非安樂死

有些人懷疑，安寧療護是不是安樂死？

當然不是，安樂死有兩種，一種是給予病患致死針藥，另一種是完全不做任何治療，放任病患死去。這些都不是安寧療護。

還有人認為，安寧療護的費用很大吧？或只照顧有錢人？還是只收容基督徒？或將病人丟在一個冰冷的特別病房中，沒

人理會？

其實這些都是誤解，若在普通病房中需要安寧療護，也是由家屬照顧，以及社工、義工、營養師、復健師從旁協助。

經濟負擔通常比較輕，因為不需要昂貴的藥材來治療疾病。當然，若無法負擔昂貴的營養品，可尋求社工的協助。

安寧病房的差別在於，協助人員比較方便聚集，照護品質比較好，而且環境的感覺比一般病房溫馨，有人甚至形容與居家一樣。

還有人會問，安寧病房裡面可不可以養寵物？

原則上，只要符合衛生，且不吵鬧，通常允許與心愛的寵物在一起。別忘了，安寧病房是安樂活的地方。

國外有個安寧病房，日前出了名，因為裡面一隻工作人員養的貓 Oscar，在瀕死病人的床上停留過，那名病人就真的在不久後去世。

Oscar 的圖像在網路上可輕易看到，顯示牠有特異功能、可預卜人類生死？還是有別的科學解釋？

目前已知最合理的解釋，是 Oscar 可聞到瀕死病人身體發出的一種甜味，成分或許是一種酮酸，而牠特別喜歡這種氣味而靠近。

為何其他貓咪沒有表現出這種喜好？我不知道，如同人類一般，貓的嗅覺或許也是青菜蘿蔔各有喜好。

當然，以上純屬猜測，要不要相信，大家就自行決定吧。

生預囑

我曾在醫院遇過一位已有氣管插管的全身癱瘓病人，家屬

向我表示，病人想要拔管；我馬上對病人表示，拔管就死翹翹了，沒想到病人立刻點頭！

此外，在我進行心肺復甦的案例中，肋骨應聲折斷的情形很多，救回來的卻只有一位！

可見，已確認末期的病人，進行無效插管或心臟急救的措施，是多麼難過痛苦的事，旁觀者也不忍卒睹。

2000 年，台灣通過《安寧緩和醫療條例》，裡面規定：對於末期病人可以不施行心肺復甦術，而一般人可在平時立下「生預囑」，表明本人的醫療選擇意願以及指定執行意願的代理人。

生預囑就是生前預立的遺囑，也可以到台灣安寧照顧協會的網址：www.tho.org.tw，填妥安寧緩和醫療意願書，並可註記於健保卡上。

當然，如果事故發生時，只有自己一個人在現場，沒有親友，醫療人員通常先予插管急救，事後還是可依意願書，撤除維生器材；日後若心意改變，還是可以撤銷健保卡的加註。

根據條例內容，執行條件需要三個人同意，其中兩人是專科醫師認定生命已無力回天，第三人是病人的生前預立同意書。

如果本人意識不清且無預立同意書時，由代理人代行決定，無家屬者可由照顧醫師會診安寧療護醫師後，撤除不必要的侵入處置。

另外有規定，如果是在病危時，由家屬代簽意願書，在代簽前已經加裝的維生裝備則不能移除，但是醫生不會再加上其他的儀器或急救措施。

所以，健保 IC 卡加註不急救，並不能阻止醫護人員的措施；註記後還要隨身攜帶意願書，才有法律效力。

目前政府推出「安寧心願卡」以取代意願書，必須隨身攜

帶這張卡，才能彌補 IC 卡加註不足的問題。

有人會問，完全不想氣管插管，有沒有可能？

目前統計，台灣預立安寧緩和醫療意願書的人約有二十萬人，實際上得到善終的只有將近一萬人而已。

醫師很怕被家屬控告見死不救，醫療法也不管健保卡有沒有加註，等於賦予家屬決定病患臨終處置的權力。

或許有一天醫療法修改，人們才能獲得應有的善終；建議大家平時多向家屬闡述自己的意願並獲得他們的同意，才是根本之道。

再談 CAS 1

人在瀕死恍惚之際，可能在 CAS 1 階段出現惡夢；那麼，如何視負面體驗為幻覺，以減輕痛苦？

我個人認為，先學會在夢中知道自己在做夢（清醒夢、清明夢、lucid dream），然後認定夢境為幻覺，就是解決之道。

首先，想做清醒夢的前提是記得夢，如果不記得夢，就無法得知是否在夢中清醒，所以有些人會建議一些記夢的方法。

但記夢的技巧會妨礙睡眠的品質，譬如半夜醒來立刻以枕頭旁的紙筆記夢，等於睡眠中斷，對身心健康有不良影響。

我曾經在一個晚上醒來五次，記下五個夢，等於沒睡什麼覺，相當淒慘，大家千萬別學。

如果一個人宣稱從不記得夢，或很少記得夢，我建議不要使用記夢的技巧，除非想「嘗鮮」，小試一下當然無妨。

CAS 1 可能大多是惡夢，不記得不是更好？但記不得夢，不代表 CAS 1 就沒事，因為腦部缺氧可是大事，腦部不太可

能沒有任何主觀經驗。

最佳的建議是：有夢者不必記夢，無夢者可試幾次，若不成功就算了，健康還是最重要的，記得了夢，卻賠了健康，划不來。

有人的夢境總是模糊，有人總是清晰，其實都沒關係，只要知道在做夢就行了，因為沒有人知道 CAS 第一階段的體驗清晰度如何。

如果攤開瀕死體驗的報告，負面體驗總是比較昏暗，不若正面體驗那樣的明亮耀眼，或許 CAS 1 的混亂腦波也代表著不明亮的體驗。

總之，夢境總是昏暗的人不用灰心，別以為自己沒有慧根，無法克服 CAS 第一階段，有沒有在夢中清醒才是最重要的。

夢的基本問題

人的一生有近三分之一的時間在睡眠中度過，如果不徹底了解睡眠與做夢，將很難明白生命的終極意義是什麼，況且靈學家將做夢視為異次元或靈界的遊歷，大家願意相信嗎？先釐清幾個基本問題：

1. 人為什麼會做夢？

曾有人研究子宮內的胎兒，發現其 REM 睡眠期（就是做夢期）的時間佔睡眠總量的比例極高，在妊娠二十四至三十週時，95% 的時間在睡覺，而且大多在做夢。

但這個時候的胎兒夢，應該沒有我們所謂的影像，頂多只有母體的聲音與氣味，以及一些觸感，我們可藉此檢驗各種夢學說的正確與否。

大家想想看，從未見過世界的胎兒，與才出生沒幾天的新生兒，心中哪有什麼衝突或壓抑，也沒有什麼訊息上的垃圾，何必花這麼多時間在做夢上面呢？

所以，REM 睡眠代表的基本意義，只是一種神經線路的演習，以便於在清醒時保持原有的生存技能，因為如果睡太久的 NREM 期（無夢期），腦部將變得遲鈍與健忘，不利生存。所以夢的意義是附加的，非夢的原始面貌。

2. 做夢要怎麼除去？

夢不能除去，只能少記得，遵守睡眠衛生守則即可，大家可以參考：http://www.uho.com.tw/health.asp?aid=2145

3. 可以只做美夢嗎？

一般人在做夢時，會減少分泌幾種與記憶力有關的物質，特別是正腎上腺素（norepinephrine）與血清張力素（serotonin），以至於無法有良好的注意力與記憶力，醒來後就忘光了。

常做夢的人，其腦部未完全關閉上述物質的分泌，於是在醒來後仍記得夢境，但腦部的分泌量有限，在清醒時需要的分量反而不夠用，很容易影響到記憶力與注意力，常感到疲累。

所以，多夢的人常抱怨記性不好或不夠專心，便是在睡夢中佔用了在清醒時需要的化學物質，如果情況嚴重，甚至會影響到免疫系統的健全。

解夢不如無夢，希望問夢者有這樣的認識，不要以為做好夢是最佳狀態，不記得夢才是真正的福氣。二次世界大戰期間，關在集中營裡的人常做自由享用大餐夢，大家想做這種夢嗎？

我個人認為美夢的背後，其實是欲求不滿，真正幸福的人是一覺到天明的。只做美夢是不可能的。

為何我們會夢到怪異景象？

我有個三個解釋：

一、臨時編劇：

人在睡覺時，腦幹也就是腦的底部，每九十分鐘會向上發出電訊，這些電訊隨機通過腦部各區引發反應，便是夢的起源。

而大腦在清醒時，會主動激發適當的記憶區塊，編成合乎邏輯的思考，但在睡夢時面對突如其來的隨機混亂電訊，只好臨時硬掰出劇情，很容易流於荒謬與不合邏輯，張冠李戴的情節就常常出現了。

二、視覺缺乏：

每個人在清醒時都會胡思亂想，但眼睛是張開的，視覺訊息可以提醒我們胡思亂想都是假的。睡著了就不一樣，沒有視覺訊息在旁提醒，就會荒腔走板。

譬如我們在清醒時想到美國，視覺訊息卻提醒我們還在台灣，不可能突然轉換場景從台灣變成美國。

但是夢到美國就不一樣，由於沒有視覺訊息上的提醒，可以從台灣突然變成美國，瞬間轉換場景不成問題。

三、記憶減弱：

睡夢中的腦部，已被發現記憶力減弱，原因是某些化學物質的分泌關閉，譬如正腎上腺素。所以，夢見死去的親人卻不覺得奇怪，便是遺忘去世的事實所造成的。

做夢時眼球為何會快速移動？

胎兒大部分的時間在 REM 期（*眼球快速移動*），但胎兒

沒張眼，不可能有視覺夢，所以 REM 與夢中影像無關。

夢的電訊起源在腦幹，而 REM 眼球的運動是由側膝核（LGN）產生的，LGN 位於丘腦上，丘腦（尤其是網狀核區）也接受由腦幹發出的調節訊號。也就是說，眼球運動只是電訊經過的附加現象而已。

當然，成人的夢中若有影像移動，也會回過來影響 REM 的方向，但畢竟是少數的情況。

嬰兒會感應周遭光線的變化，但不會影響 REM 的方向，因為嬰兒夢可能多靜態（兩三歲幼童的夢已知多靜態）。

先天盲人的夢沒有視覺影像，都是觸覺、嗅覺、聽覺的混合。眼球一樣也會快速移動。

REM 與 NREM

任何人在剛入睡時，眼球在眼皮中緩慢游移，謂之「非快速動眼期（NREM, nonrapid eye movement）」；大約經過九十分鐘之後，眼球變成快速水平與垂直移動，謂之「快速動眼期（REM, rapid eye movement）」；快速動眼期與非快速動眼期兩種狀態通常不斷地交替進行。

已有研究發現，NREM 的腦皮質〔額葉除外〕與邊緣系統〔掌管情緒〕比較不活躍，所以 NREM 的夢通常不像夢，有些人會說成「思考」，或心裡飄過一些東西，所以沒有影像是很有可能的，與 REM 的夢那般具有視覺或情緒的特性不同，譬如有人聽見同一個頻率的狗吠聲，或風吹拂樹梢的聲音。

睡眠中可以學習或催眠嗎？

在快速動眼的時候，代表正在做夢，聽覺完全關閉，根本無法進行催眠。

只有在剛入睡時，睡眠深度還很淺，或許可進行簡單的暗示，但後果很不好，許多進行睡眠學習的人，譬如邊睡邊聽錄音帶，雖然真的可記得一些內容，但在清醒時會頭痛疲倦，等於沒睡好，我個人不推薦。

REM 與記憶

曾有人研究十八名因腦部受傷而變成「失語症」的病人，他們必須重新學習說或了解語文的能力，在評估他們復元的情況時，同時測量他們 REM 睡眠的量，結果發現「沒有改善」的病人，其 REM 睡眠的比率平均為 13%，而「迅速復元」的病人，平均則在 20% 以上。這似乎表示，REM 睡眠（又稱為做夢期）與消化與記憶我們白天的東西有某種程度的關係。

所以，英國有個研究，發現可從 REM 得到靈感，以為在清醒時多做 REM，可增強記憶，據說可改善一成。

可是球類比賽的裁判或觀眾的眼睛常常要做類似 REM 的動作，譬如網球與桌球，他們的記憶比較好嗎？我很懷疑。

為何有人在做夢後，宣稱有新的洞察力，我覺得跟放棄鑽牛角尖有關，當過度思考一項主題時，等於強化固定的神經線路，其他線路就弱化了。

所以，靈感常出現在一覺醒來後，或故意不想那個主題一段時間後，因為其他神經線路被激發了。

我個人對睡眠的態度是，不記得夢最佳，做清醒夢次之，做好夢再次之，做惡夢最差。

只要做夢，就代表沒睡飽？

真正優質的睡眠是做夢而不記得夢，一個晚上應該做四到五個夢，醒來後會感到神清氣爽有睡飽。

一夜共出現四到五次 REM sleep，第一次的 REM 睡眠期最短，通常少於十分鐘，但越後面則越長，最後一次的 REM 睡眠期可長達四十分鐘（醒來之前所做的夢通常最長）。

對夢的剝奪，會導致人體一系列的生理異常。如脈搏、血壓、體溫以及皮膚電壓均增加，自主神經系統機能有所減弱。同時還會引起人心理上一系列不良反應，如緊張、焦慮、易怒、記憶障礙、出現幻覺、定向障礙等。（參考來源：http://www.xljk.cdut.edu.cn/show.php?nid=20）

如果一個人宣稱自己做惡夢，代表已經記得夢了，睡眠品質一定不好，當然感覺沒睡飽。

每個人一個晚上做四到五個夢，可鞏固學習與記憶，若記得太多夢，將佔用清醒時需要的記憶化學物質，導致記憶力下滑。

為何賴床就會做夢？

任何人都會做夢，差別在於記不記得，在做夢的時候，腦部會自動關閉正腎上腺素與血清素的分泌，這兩個物質與記憶力、注意力有關。

在該起床的時間張開眼睛，等於清醒，這時腦部就恢復這兩種物質的分泌，然後在睡回籠覺的時候派上用場，便記得夢了。

有些老人常常睡回籠覺，也就是打瞌睡，卻記不得什麼夢，代表腦部老化了。而年輕人的腦部的恢復分泌能力很快，才能記得夢。

如果睡太少，夢就不夠，腦部會在補睡的時候補做回來，這是腦部本有的機制，以維持記憶與學習的功能。大家還是早點睡吧！

半夜睡到一半，突然咬到舌頭（側邊），這是壓力過大嗎？

一般人在入睡時，肌肉會慢慢鬆弛，若太快鬆弛，譬如下顎肌肉，就會因刺激而微醒，導致下顎快速收縮而咬到舌頭。

過度疲累或睡眠不足時，肌肉會立刻在入睡時癱軟，所以請不要熬夜，最好每天睡超過八小時，可用午睡來補足，就可以減少咬到舌頭的次數。

吃飽後立刻睡覺容易做夢？

吃完飯後立刻睡覺會做夢的原因如下：

1. 吃得過飽：由於腹脹的訊息傳至腦部，或胃脹氣上湧至鼻腔，導致做夢，譬如夢見噁心的東西。
2. 腰帶太緊：趴在桌上睡，應該放鬆腰帶，否則很容易產生上面提到的作用，導致發夢。

3. 溫度偏高：用餐環境較熱，很容易使腦部興奮活化，導致做夢。

4. 食物辛辣：原理同上。

我的建議是七分飽就好，只喝一小碗湯，以免身體溫度升高，然後鬆開腰帶，睡前不要聊興奮的話題，應該可以減少做夢。

無線網路接受器或分享器放在房間會導致多夢嗎？

除非將分享器放在枕頭旁，否則其電磁波不可能影響頭腦，一些誇張的說法也被踢爆。（*參考來源*：http://www. epochtimes.com/b5/7/1/18/n1594858.htm）

應該增加白天的運動，夜晚提早上床睡覺，不要在睡前看刺激性內容，或許可減少多夢的次數。

說夢話的時候到底有沒有做夢？

人在睡覺時有兩個階段在交替循環，一是 REM 期，又叫做夢期，另一是 NREM 期，通常無夢。

說夢話可以發生在任何一期，但做夢時的肌肉呈現癱瘓狀態，包括喉部肌肉，所以說出來的話通常含糊不清；無夢期的肌肉就有張力了，說出來的話比較清晰正常。

我曾遇過老婆說夢話，但通常語焉不詳，譬如有一次明明在夢裡喊「救命呀！」我聽起來卻像是「陳英啊！」

所以，癱瘓的肌肉使得夢話很少發生在 REM 期，有人誤解為只發生在 NREM 期，這是必須澄清的一點。

既視感或似曾相識

既視感（法語：Déjà vu），是人類在現實環境中，突然感到自己「曾於某處親歷某個畫面或者經歷一些事情」的感覺，依據人們多數憶述，好像於夢境中見過某景象，但已忘了，後來在現實中遇上該景象時，便浮現出「似曾相識」的感覺。

以下列出了一切可能引致既視感出現的可能或原因，真正成因至今仍未被證實。以下是可能的原因：

1. 當我們遇到一個與過去經歷相類似的情境，腦內處理過去那段經歷的神經元可能同時產生衝動，造成既視感。
2. 因腦部處理錯誤，將眼前訊息錯誤地當成或判斷為「記憶當中的畫面」。
3. 從醫學角度中，成因為由於左右腦的信息處理突然不協調所致。
4. 在長達數秒的視覺過程中，誤認幾個毫秒前曾見過的東西為過去曾見物的一種錯覺。（參考來源：http://zh.wikipedia.org/wiki/%E4%BC%BC%E6%9B%BE%E7%9B%B8%E8%AD%98）

增加睡眠時數，可以減少這類問題，所以請勿熬夜。

閉上眼睛要睡覺時，看到瀑布水流在岩石上，為什麼？

這種情況叫做入眠期幻覺（hypnagogic hallucination），腦電波有時出現 alpha 波，有時進入常型睡眠第一期（NREM 初期），也就是真的睡著了。在睡眠實驗室裡被叫醒的受試者都有描述這種體驗，一般人在家裡睡就不易記得。

目前已發現一般人在比較疲倦後閉眼，就會出現各種視覺、聽覺、運動覺方面的幻覺，譬如曾有人看見一隻大蜘蛛，在想起身打下去的時候，蜘蛛就消失了。

其中的視覺性幻覺可分為：

1. 幾何形狀，譬如光點
2. 臉與人影
3. 風景器物，如瀑布

所以，瀑布水流在岩石上並非什麼隱喻或神示，純粹是腦部的正常現象，下次在睡得很飽的情形下閉眼看看，應該就很難看到這些景象了。（參考來源：《睡眠及其障礙》，洪祖培、林克明著，水牛出版，p127~128）

夢中的時間跟實際的時間是一樣的嗎？

夢中的時間跟實際的時間差不多！

根據腦波圖與眼電圖的研究顯示，夢中所做的事，與現實世界差不多，那所謂的「黃粱一夢」或「南柯一夢」又是怎麼回事？

不少人甚至夢見自己的一生，醒來後才發覺只睡了一會兒，好像印證夢中時間特別快，但科學家不這麼想，他們把快速的夢境比喻成電影情節，因為只播出重要的部分，細節都省略了，以至於不到兩小時的劇節，會讓人恍如隔世。

我覺得科學家的說法有理，想想看，在夢中移位，跟電影換場景一樣，根本比飛行還快，時間當然變快了，但夢中真正進行的事，與現實還是差不多的。

有的時候，明明只做了很短的夢，醒來後卻發現已睡了一、

兩個鐘頭，原因是遺忘了部分夢境，或在將醒的時候才做夢。

所以，在主觀上，夢中時間比起現實時間，有時多、有時少、有時差不多，那麼，要怎麼解釋呢？

水牛出版社出版的《睡眠及其障礙》一書，在 p.96、97 有詳細說明，證明科學家講的比較有理。

在客觀上，兩者時間差不多，在主觀上，兩者時間未必一致，是最合理的說法。

可明確知道自己入睡的時間嗎？

根據腦部的功能性磁振造影（fMRI） 顯示，左腦總是比右腦先睡著，也就是左腦先停止活動，才輪到右腦。

而大多數人的意識中心在左腦，所以在入眠時清醒意識（**左腦**）先消失，潛意識（**右腦與腦深處**）仍在進行，有時會出現所謂入眠期幻覺，以至於無法明確知道何時完全睡著。

但有時明明打鼾聲被旁人聽到了，卻覺得根本沒睡，那是因為左腦在進入微睡之後又醒來，未察覺睡著的時間，以為一直沒睡，這種情況常發生在比較興奮的睡前腦部狀態。

當舌頭鬆弛往下接近氣道，出現類似打鼾的呼吸聲時，就是身體睡著了，但在意識上沒有明確的睡著時間點。

任何人都無法在思考中睡著，譬如數羊，從一隻、兩隻、三隻開始數，保證在睡著後醒來，絕對記不得數到第幾隻才睡著……

既然沒有辦法靠自己知道何時明確入睡與清醒，唯有測量腦波了：

在剛入睡與剛清醒時的腦波，通常都是 NREM 第一期，

其特徵是 α 波降低至 50% 以下，並出現頻率更低的 θ 波（4~6Hz）。

所以，若在入眠時，腦波圖上出現以上特性，便代表入睡了。

說夢話與夢遊

說夢話通常是在無意識狀態下進行的，所以無須叫醒，但有少數例外，譬如大喊大叫或顯示害怕的聲音，可能處於惡夢中，就應該叫醒，以免驚嚇過度，損及心臟與心理的健康。

至於夢遊，都發生在深度睡眠中的第三和第四階段，在這兩個階段，大腦發出 δ 波，同時幾乎不會做夢。

叫醒一個正在夢遊的人，確實可能讓他們產生困擾，但從來沒有聽說有確切文件記載過有人因此而被嚇死或魂飛魄散。譬如一名十多歲的瘦小女孩，曾在一次夢遊中把臥室的房門整個給扯了下來，而她在清醒時很難出現這麼大的氣力。當時若有人在場，可能因而受傷。

所以當你看見其他人夢遊時，最好的辦法就是輕聲把他領回床上睡覺，以免自己受傷，也防止夢遊者摔倒。

夢遊的原因為何？

有六個因素與夢遊有關：

一、遺傳：父母幼時常夢遊，小孩也會有此傾向。

二、臥室：床褥溫度太高或蚊子叮咬，會導致腦部活動提高，增加夢遊的機會。

三、情緒：睡前情緒太激昂，會增加夢遊的機率。

四、壓力：壓力太大會導致腦部無法完全進入睡眠，引發夢遊。

五、食物：睡前吃下過多食物或喝了有興奮性成分的飲料，也有可能。

六、年齡：兒童的腦部未完全穩定，容易夢遊，長大後會減少。

一般人認為夢遊者的腦海裡有夢，其實是錯的，夢遊總是發生於無夢期，可以說是腦中一片空白，即所謂沉睡或熟睡。

而無夢期又被稱為 NREM（非快速眼球運動期），已有科學家建議，夢遊應改為【睡遊】或【睡行】比較恰當。

夢遊者可以叫得醒嗎？

因為夢遊者處於睡眠的最深沉階段：非快速動眼期的第三、四期。

人的睡眠是兩個階段交替進行，快速動眼期（REM）與非快速動眼期（NREM），而 NREM 由淺入深分成四期。

如果別人呼喚夢者的名字便醒過來，通常發生在 NREM 的第一、二期，也就是剛入睡或將醒時，因為是最淺的睡眠。如果在 NREM 的第三、四期或 REM 期叫名字，是很難喚醒的。如果強行喚醒，會造成夢遊者的困惑，最好的方法是，保護夢遊者以免受傷，輕聲細語扶著他走回房間，無須大聲喧嚷。

REM 期又名做夢期，如果太投入夢境，喚醒的困難度有時高於 NREM 期的第三、四期，所以兩者的「深沉度」很難比較。

為何有人睡覺難以喚醒？

人在睡覺時有兩個階段在交替循環，一是做夢期（REM），另一是非夢期（NREM），做夢期每九十分鐘出現一次，第一次只有數分鐘，最後一次可達一小時。

非夢期又可分為四期，第一期最淺，逐步進入最深的第四期，然後進入做夢期，再逐步回到第一期，一個晚上可產生四、五個循環。

喚醒一個睡覺的人，從最簡單到最難的順序如下：

1. 非夢期第一、二個階段，睡眠最淺，最容易被喚醒。
2. 非夢期第三、四個階段，睡眠最深，不容易被喚醒。
3. 做夢期特別是清晨前的長夢，由於專注於夢中，最不容易被喚醒。

不過，喚醒的方式也有差別，一般人對自己的名字最敏感，若以名字呼喚睡眠者，就是最有效的方式，照顧嬰兒的母親則對嬰兒的哭聲敏感，很容易被哭鬧聲驚醒。

下次請注意一下，若看到一個人的眼球在眼皮內急速移動，就代表他在做夢，除非他剛好做完夢，被你逮個正著叫醒，否則喚醒他是不容易的。

人為何會在早晨突然醒來？

因為在清晨時，腦部常處於做夢期的活化狀態，甚至可高達四十分鐘，腦部的電生化活動過於活躍，很容易刺激腦部清醒作用系統〔例如：上行性網狀賦活系統（reticular activity system, RAS）、下視丘的興奮系統和廣泛性視丘刺激系統等，

也就是所謂的甦醒中心〕，使做夢者清醒。

如果在非夢期醒來，可能是環境的聲光、身體內的信號、或上視交叉核（日鐘）（suprachiasmatic nucleus）的刺激而引起的。

為何總是記得惡夢？

有一種說法，人類在遠古時期常常處於被獵食的危險，腦部必須常常演習來求得生存勝算。不過尚未得到證實。

由於日常經驗有好有壞，夢境自然有美夢與惡夢，其實還有中性夢，內容沒什麼情緒起伏。

我覺得年紀愈大，惡夢可能比較多，除了煩惱壓力變多以外，身體的狀況變差也是因素之一，曾有一篇報導，女性做惡夢的次數是男性的二到四倍，可能與女性荷爾蒙週期變化有關，也可能與社會禮俗對女性的限制較多有關，因為壓抑愈多，惡夢出現的機會就愈多。

身心狀態較好的人，通常記不得夢，較差的人就常記得惡夢，至於做好夢的人，通常與生活單調有關，譬如很少玩樂的人，可能會做遊樂場之夢，以補償其欲求。夢中成分最多來自於六或七天前的經驗，已有統計證實，請見《夢的新解析》一書，J. Allan Hobson（霍布森）著，天下文化 2005 年出版。

所以，每次做夢都是夢到那天有想的事情，是因為對當天的經驗比較有記憶，如果將前七天的經歷用筆記下來，就會有不一樣的發現了。

為何一直做惡夢？

網友這樣問，我回答如下：

有三個原因：

1. 身心狀況不佳，自然會誘發惡夢。
2. 惡夢本來就比較容易記得，好夢可能在夢過後就繼續睡，難以記住。
3. 如果你是女性，惡夢會多一些。實驗的女性中有 30% 做惡夢，男性則只有 19%。

所以，你應該注意規律的作息，適度的運動，均衡的飲食，減輕緊張壓力，不在睡前喝過多水，或玩線上遊戲，或看驚悚的東西。

做夢與運動

已有研究顯示，運動可使睡眠深沉，減少記夢的次數，我提供自己的經驗給大家參考：

將上班或下班的通車改成走路，或一段路通車，一段路走路，最好每天走路三十分鐘，風雨無阻，無須節食或吃減肥藥，就可以達到沒有副作用與心理負擔的減肥，且不再做惡夢，何樂而不為呢？

請注意，只有上下班才能使走路堅持到底，因為不能不去工作，其他使用運動器材的方法就無法持續下去，因為很快就會放棄。

在夜間運動，容易使身體的新陳代謝太快，腦部的興奮程度太高，導致入睡不易，或容易醒來，所以任何睡眠專家都鼓

吹不要在睡前運動，以免失眠，我的建議是在睡前三小時不做激烈運動。

地球暖化變得愈來愈嚴重，如果在上下班時走路不使用石油，等於在環保方面盡了一份力量，又省了車錢、獲得健康，這樣不是更有意義嗎？

另一項以將近 6,000 名十八到六十五歲的美國婦女為對象的研究，發現經常運動的人，罹患癌症的機率比較低，不過運動的效用，會因為睡眠不足而打折扣。

研究人員把調查對象，依照運動量多少分成兩組，然後對運動比較多的那一組進行睡眠分析，結果發現，每天睡眠不到七小時的人，罹癌的機率比睡眠超過七小時的人，高了將近 50%。

目前的醫學發現，睡眠不足有以下後果：

一、容易得到高血壓。

二、使流感疫苗的保護力降至不到一半。

三、發炎情形增加。

四、生長激素降低，皮膚與肌力變差。

五、壓力激素（**皮質醇與腎上腺素**）升高，容易憂鬱。

六、認知力與專注力降低，影響道德判斷。

七、會產生飢餓感的多肽激素增多，容易發胖。

八、降低胰島素的敏感度，容易得到糖尿病。

九、容易養成吸菸和酗酒等不良習慣。

十、降低乳癌、大腸癌等多種癌症的罹患率。

記憶力很好的人，每次做完夢醒來也會忘記嗎？

記憶能力與記夢無關，我曾遇過每夜必記得夢的人，其記性與常人無異，反而逼問世界記憶比賽冠軍昨夜夢見什麼，可能支支吾吾答不上來。

曾有人號稱從不做夢，腦波顯示其實是不記得夢，其記性與一般人也差不多，可見兩者無關。

不過，如果在睡前叮嚀自己要記得夢，通常可以增加記夢的次數。

睡覺時聽不到聲音也沒有感覺，做的夢都是片段，為什麼？

這樣的人可能有以下特質：

外向、不喜歡做白日夢、睡前沒想到做夢、剛睡醒沒回憶夢、內心衝突很少、情緒起伏不大等。

這樣的特質不利於記夢，對身體健康有正面的作用。

當然，如果一碰到枕頭就睡著，代表太晚睡、太累了，也會減少做夢的次數。

不常做夢的原因

不常記得夢的原因有幾個：

1. 煩惱與憂慮很少，難以記夢。
2. 賴床時間短，無法回憶夢境。
3. 身心比較健全，很少因病痛而引發夢境。

4. 個性外向，較少關注內心的想法。

5. 心像能力不強，或白日夢較少，難以記夢。

不記夢是最佳狀況，表示睡眠良好，值得恭喜。

夢是異次元或靈界的經歷嗎？

目前沒有證據可以證明夢是異次元，卻有證據否定夢是異次元，以下全是我的親身經歷：

一、夢見虛構小說人物：我曾夢見孫悟空，正好證明夢是虛構的，非異次元。

二、夢見窒息：結果醒來後發現是鼻塞，正好證明夢是生理引起的，非異次元。也曾夢見冷得要命，醒來發現沒蓋被子，更是非異次元的證明。

三、夢見人聲鼎沸：結果醒來後發現五隻嗡嗡叫的蚊子圍攻我，正好證明夢是環境引發的，非異次元。

四、夢見摔落懸崖：結果醒來後發現我在床沿，將跌落床下，正好證明是重心不穩引起的，非異次元。

還有人夢見口渴，原來是前一晚吃了鹹魚，夢見找廁所，原來是前一晚喝太多水，這種證據太多了。

所以，即使夢境很古怪荒唐，也不能證明是異次元，因為物理學家發明這個名詞，卻從未描述過裡面有什麼居民，更甭提如何驗證了。我寧可相信夢境古怪的原因是記憶的胡亂拼湊，導致艱澀難解，而非異次元。

兩人夢見同一夢，必須證明是同樣場合同樣對話，才有意義，譬如 A 夢見 B 在廣場，B 夢見 A 卻在房間內，就只是巧合而已。

如果真的是同一夢，也只代表心電感應而已，不是異次元。

什麼是夢中夢？

維基百科裡關於夢中夢（假清醒）（False awakening, double dream, or a dream within a dream）的描述：

> 「假清醒現象發生時，造夢者會突然夢到自己從睡眠中醒過來。通常在假清醒夢境中出現的房間，跟造夢者真正身處的房間是相同的。假如造夢者獲得了清醒狀態，他很多時候會相信自己已經不再在夢中，並開始離開該房間。由於造夢者的而且確仍然身處夢中，這個現象被稱為『假清醒』。很多時候這是清醒夢的一個後遺症，因為它使人們在夢中失去了警覺性，但假如造夢者進行了現實測試，那他很快會獲得清醒狀態。有寫夢誌的人會因為這種現象而重複記下這個夢很多次。」

外國曾有一個人說，他在麻醉甦醒後，做了一百次的夢中夢！不過，他是怎麼計算的？尚待證實。目前沒有研究可解釋原因，但與身體疲勞有關，提早上床增加睡眠、解除疲勞，比較不會出現夢中夢。（參考來源：http://zh.wikipedia.org/wiki/%E6%B8%85%E9%86%92%E5%A4%A2）

假清醒常出現於身體疲累之際，再加上心中有懸念之事所致。

譬如在清晨聽到鬧鐘響起，在無意識的情況下真的按掉鬧鈴，但身體仍處於做夢期的癱軟，以至於無法起床，潛意識遂

編造起床梳洗上班的情節，接續原來的夢境，等到真的從夢中醒來，才發現遲到了，也就是心裡很想清醒，身體卻無能為力，潛意識乃編織夢境以滿足欲望，形成夢中夢。

所以夢中夢的原因是身體太疲累，無法因醒來而動彈，潛意識乃繼續編造夢境。當然，一、兩層的夢中夢可能只是單純的夢境情節而已。

睡眠一定要規律嗎？

我們的生理節奏是從眼睛獲得線索的，當光線進入眼睛後，部分神經訊息會傳至上視交叉神經核（suprachiasmatic nuclei），也就是所謂的日鐘（circadian clock），再傳出訊息使身體各部位同步運作。

1. 剛去美國住的人，當然是日夜顛倒，但日光訊息會改變上述流程，漸漸使身體各部位習慣新的節奏。

2. 腦部既然以日光作為依據，長期顛倒作息的人，身體各部位會產生紊亂。除非夜晚的光線夠強，模擬白天，而白天的光線完全阻隔，模擬夜晚，日鐘才會正常運作，但很難。

3. 腦部在清醒時需要大量能量與物質，如果在該睡的時候不睡，又不找時間補睡，將使肝臟過度工作以維持清醒所需，在負擔沉重之下，功能會漸漸下降。長期夜班比較容易得到心臟病與胃病，已獲得證實。

如果有補睡，光線線索仍使日鐘發出錯誤的命令，導致身體各部位不協調，依然會損害健康。正確的說法是肝臟在剛入睡的時候活動較旺，當然不一定在晚上 11 點到凌晨 3 點，視

個人的睡眠習慣而定。

在入睡後，大量血液從大腦湧入肝臟，所以肝活動就較旺了。

在百歲人瑞之中，找不到一位長期熬夜者，可見規則作息有多重要。

為何在公車上有人入睡時，嘴巴會打開？

剛入睡的階段，又叫做非快速動眼期（NREM）第一階段，特徵就是肌肉逐漸鬆弛，這時很容易驚醒，一旦進入第二階段以後，就不容易醒了。

張嘴呼吸，代表臉部肌肉鬆弛，無法控制下巴，因而被地心引力往下拉，這就是剛入睡的肌肉鬆弛徵象，不是睡熟了。

入睡多久才會熟睡？

一般人躺在床上約十分鐘後睡著，然後進入非快速動眼期（NREM），持續約四十五到六十分鐘，然後進入快速動眼期（REM）。

很難叫起來，通常是在 NREM 的第三、四期，也就是最深沉的睡眠，依照統計來看，應該在上床後四十到四十五分鐘，進入 NREM 第三期，這就是答案。

睡眠不足的人就不一樣，一躺下去可能立刻進入 REM，也就是做夢期，這時很難叫起來，必須等到做完夢，才有可能叫起來，時間就不一定了。

睡到一半為何會抖醒？

睡眠分成兩個階段在交替進行，一是做夢期（REM），另一是非夢期（NREM）。

正常的睡眠會先進入 NREM，才進入 REM。NREM 時的肌肉比較緊張，REM 時的肌肉幾乎癱瘓。

如果睡眠不足，通常在入睡後很快就進入 REM，甚至立刻進入 REM，這是腦部的一個特性，可以減少 NREM 量，卻不能減少 REM 量。

這時，肌肉從緊張狀態立刻變成癱瘓，來得太突然，很容易驚醒，叫做肌肉抽躍（myoclonus or jerks），有時會伴有短夢，譬如摔落或跌倒。

有人建議去收驚，其實只要增加睡眠時數，不要熬夜，就不會再發生了。

為何記下來的夢不再重複出現？

每天的生活經驗不同，導致腦部的記憶庫常常在更新，所以夢境這種臨時編成的故事也很難一樣，即使大略相同，也總是有一些細節不一樣。

有人說：「重複出現的會是曾經有少許印象，但當時沒寫下來很快就忘了，或者是以前夢過而忘記了的東西。」，那是因為沒記下細節，下次相似的夢境會有重複的感覺。

又有人說「寫下來後卻又忘記的夢境不會重複」，那是因為用寫的會記錄更多的細節，當然很難重複。

夢到一半，懷疑是夢，夢境就變成全白，然後醒來，為什麼？

網友這樣問，我的回答：

可能是清醒夢的前兆，如果繼續夢下去就是清醒夢。畫面會變白且醒過來，是因為夢者很少脫離現實做白日夢，這種務實特性在夢中就是畫面消失、回歸現實而醒來。喜歡做白日夢的人會繼續夢下去。

記不得的夢，都是不重要的，只有記得起來的，才是比較有意義的，但所謂有意義，是指可以幫助認清自己，不代表可以邁向成功或延長壽命，因為許多人完全不了解自己的夢，照樣可成為富翁、成功者、人瑞。

在夢中笑到醒來，是怎麼回事？

夢境總是與身心狀態的解讀有關，至少涉及兩個因素，一是身心狀態不佳，才會誘發印象深刻的夢，二是腦部正好在夢完後醒來，及時記得夢。

所以，身心狀態良好的人，應該是一夜到天明，不會記得夢，譬如無憂無慮的幼童，只要記得夢，就不是最佳狀態。

惡夢就是脫離最佳狀態的象徵，有些解夢師往好的方向解釋，其實只是一種心理安慰而已，與真相無關。

至於記得好夢，當然比惡夢好，因為身心狀態太差的人，譬如重症患者，很難笑到醒來。

做這種夢的人的生活通常有點單調或沉悶，或許有些無聊，需要一些幽默來調適，所以腦部創造哈哈大笑的劇情來滿

足，許多在生活中缺乏刺激的人，會夢見遊樂場或說笑話，便是明證。大家參考看看。

做夢與壽命

日本山梨大學的研究人員發現，大腦中存在著兩種作用相反的催眠肽（peptide），一種會導致無夢睡眠，另一種是誘發有夢睡眠，後者施用於動物身上，可使其睡眠的做夢期延長，沒想到也使牠們的平均壽命大為提高。

人類若服用催眠肽，可能延長壽命嗎？目前尚未證實，不過剝奪夢的實驗顯示，可能會導致當事人出現易怒的情緒，也容易變得憤世嫉俗，將無法適應壓力，導致焦慮，甚至想自殺。顯然，做夢是有益身心的。

當然，記太多夢就不太好了，會影響清醒時的效率。做夢而不記夢，才是一種長壽之道。

解夢有法則嗎？

解夢沒有法則，但有一些心理專家提出以下各點：

一、儘可能的把夢詳記下來。因為夠詳細才可以找到比較合理的解釋。

二、想想在夢裡是什麼情緒。情緒是最重要的線索，也是自己最在乎的地方。如果整個夢完全沒有情緒，可能是非夢期（NREM）的胡思亂想而已。

三、再看看夢裡出現了什麼。通常和情緒同時出現的夢境最要緊，因為那才是解夢關鍵，其他只是陪襯。

四、試想想跟生活中的關係。找出那夢境與現實生活的關聯，必須想到目前最在意之事。睡眠中的尿急、心悸、腹脹也須列入誘夢的原因。

五、可以跟別人分享你的夢。所謂當局者迷，旁觀者清，找人詢問，或可看出自己不敢面對的地方。

解夢不是科學的領域，大家參考即可。

解夢這種事是否有其科學根據在？

Hobson 與 McCarley 在 1977 年提出「活化─合成」理論：腦幹中的橋腦即使在睡眠中也會不斷發出訊號（PGO 波），這些訊號刺激、活化了腦的意識部分，使它合成一段有意義的夢。（參考來源：http://zh.wikipedia.org/wiki/%E5%A4%A2）

所以，大腦有意識的部分並非主動發夢，而是在被動接收到訊號刺激後，才聯想亂編成夢，因而常常顯得荒誕不經。

既然是臨時亂編的，解夢就無法進入科學的殿堂，曾有人做實驗，將蠟燭放在某人（入睡時）的手中，他第一次夢見自己在打高爾夫球；第二次則夢見自己在健身房中舉起一根鐵棒。解夢者難以解讀這樣的夢。（參考來源：http://wildgoose1950.pixnet.net/blog/post/36827929-%E5%8F%A4%E4%BB%8A%E4%B8%AD%E5%A4%96%E7%9A%84%E5%8D%81%E5%A4%A7%E5%A4%A2%E8%A7%80）

目前主流科學界並非認定夢境沒有意義，因為不同文化的人會做不同的夢，不可能沒有意義，而是「解夢」沒有科學意義，因為很難確證解釋得對不對，即使是做夢者贊同解夢者的見解，也無法排除瞎說矇中的可能，何況是大腦皮質亂編的內

容，根本不需要深究，所以只好「信者恆信，不信者恆不信」了。

依據心理學家對記憶的研究發現，人永遠只有選擇性記憶，所以任何夢裡的東西不可能對當事人毫無意義，如果沒有一點意義就不會留存於記憶中了。

當然，想證明夢的每個部分都是過去的經歷，根本不太可能，因為已被排列組合或胡亂拼湊得面目全非了。

譬如夢見被蟑螂追，如果夢者不怕蟑螂，根本就不會出現這種夢，只是許多解夢者牽強附會亂槍打鳥，甚至扯上怪力亂神，唉！

所以解夢並非全錯，從上面的夢例看來，解夢師只能說：你怕蟑螂喔！然後不要再扯下去，頂多問一問夢者有無身體問題，譬如心悸會誘發緊張夢，關心一下夢者的心臟健康，當然是有益無害的。

我的眩暈曾多次發作，其中有兩個與做夢有關：

一個是一架直升機即將墜落，最後我在墜落地點看到駕駛員的屍體，急叫旁人打給 119，卻無人理我。

另一個是我與家人坐遊覽車，在中途我下車小便，回頭一看車子卻開走了，我拿出手機撥號，卻總是撥錯號。

如果要解夢，絕對可以天南地北想出一大堆，其實我沒什麼心理壓力或煩惱，只有單純的眩暈而已。結果在服藥與多睡後，夢就少多了。

所以奉勸所有解夢師們，身體不適一定要列入解夢的最優先項目，心理問題只能當成次要項目，如果讓問夢者注意到重大的隱疾而就醫，不就是功德一件嗎？

維基百科有一段文章非常有意思：

「人清醒心跳過速時產生的似乎被追趕的心悸感，在夢

中變成了被人追趕的離奇恐懼的惡夢，人清醒心跳過慢或早搏時引起的心懸空、心下沉的心悸感，在夢中變成了人懸空、人下落的離奇恐懼的惡夢。」

這樣的解釋非常驚人，所有被追趕、懸空、下沉的夢，都可能與心臟問題有關！而短暫的心跳不規則通常與咖啡因或菸酒有關。

大家想想看，含有咖啡因的飲料在世上大行其道，很少人完全不喝，不碰菸酒的人就比較多，只要做了這類夢，都無法排除是咖啡因或菸酒引起的。

所以只能這麼說，只要在清醒時，有短暫心跳不規律的經驗，一旦做了以上的夢，就有可能是咖啡因或菸酒作祟，不能完全相信解夢師的說法。

其實尿急也會出現被追趕的夢，但尿急的時間通常比心跳不規律的時間久，夢境應該比較長且複雜。

但夢境的時間是無法定義的，長夢或許與尿急有關，但短夢就不一定了，沒有判斷的準則。

只有在醒來後才知道尿急不急，短暫的心跳不規律也可能在醒來後恢復正常，我們可能永遠不知道這類夢的真相為何，只好少喝一點興奮性飲料與少碰菸酒，並於睡前三小時少喝水了。

做夢中的大腦真的比較睿智嗎？

許多解夢學派認為，夢常常代表一種隱喻或啟示，沒受過訓練的人是無法破解的，真的是如此嗎？我昨夜做了一個夢，說給大家看看：

「夢中我的女兒打我兒子的背部，相當用力，我覺得相當生氣，苦勸她不能這樣，可是她不太理我……」

夢到此就結束了，先說個往事：

「我女兒在小時候，有時會因發怒而重擊我兒子一拳，做父親的我當然會訓誡一番，這種習慣未因警告而消失，仍會偶爾出現，但已很少了。

有一天晚上我在外面吃麵，突然看見女兒與同班的男生走在一起，有說有笑，心中很不是滋味。後來她回家後，經詢問之下，才知道只是巧遇而已，但我仍擔心那位已有女友的男生的企圖，想劈腿嗎？說起來是爸爸們的通病，沒辦法，哈哈哈！」

前一天入睡前，我回答了網友的問題，相當花腦筋，沒想到活化了腦部，導致做了以上的夢。

這個夢似乎不合常理，明明很少出現的問題，怎會變成劇情呢？細想之下，我豁然開朗，大家看看吧：

我在睡前曾擔心女兒被劈腿，在睡夢中的腦卻不太清楚，只殘留一些擔心她的情緒，至於是什麼原因就遺忘了。被劈腿與動手打人，兩件事似乎不相干，卻同樣是做錯事，讓人擔心，我在睡夢中的腦，將模糊的擔心誤解成她打人。

所以，做夢中的腦，常常誤解清醒時的情緒，張冠李戴、移花接木的劇情就出現了，並非什麼高深的隱喻或啟示。

不能因為極少數預知成功的夢，就認為所有的夢都是啟示錄，而且那些預知夢又有可能是巧合，解夢師們必須認清這樣的事實，不能認定做夢中的大腦比較睿智，就以超能力觀點來解夢。

一點心得，給大家參考，希望有些幫助。

夢見掉牙有意義嗎？

有人說，掉牙夢代表親人將死亡，也有人說正好相反，可以為父母添壽，真的嗎？

我曾身體不好，連續輕微發燒五天，就在最後一天，我夢見牙齒被我摳下來，因而驚醒。

夢中的牙齒，其實是現實世界中曾拔掉牙的位置，目前是一座牙橋，我有時候會擔心位於橋墩的兩邊牙齒出問題，導致垮橋。

所以，我的夢很簡單，清醒時對於發燒的擔心，在夢中依然殘留，但對於發燒的原因卻忘了。於是腦部對這樣的擔心試圖解釋，在翻閱記憶資料庫時，找到對牙齒的擔憂，將兩者湊在一起。

當然，不是每個掉牙夢都可以解釋成身體不好，但不可能與親人的生死有關，即使一覺醒來後，真有親人去世，也純屬偶然。

最近有個經歷，可以證明掉牙夢與牙齒真的有關係，一位護士問我，她常常夢見掉牙，是怎麼回事？

有人說，牙齒是門面的象徵，所以掉牙象徵擔心沒面子？這位護士否認有這種心態，在我追問之下，才承認非常討厭洗牙，已一年多沒去牙科了。

一般人的牙齒最好每半年洗一次牙，以免牙結石生成，影響牙齒健康，我曾有超過一年沒洗牙的紀錄，結果在洗牙的時候痠痛難耐。

這位護士否認有牙齒問題，但在吃冰的時候會痠，顯然是敏感性牙齒，而且從不在睡前刷牙，所以在睡覺的時候，牙齒可能有不適，導致夢見掉牙。

夢見掉牙就是擔心掉牙，至少在潛意識裡是這樣想的，即使清醒意識沒知覺，大家可以參考看看，不要相信一些沒有根據的說法。

如果牙齒都很健康，且有定期洗牙刷牙，我就不知如何解釋了，也許只是敏感性牙齒，在張口打鼾時，被進入嘴巴的冷空氣刺激而發夢吧？

夢見蛇有意義嗎？

曾有網友夢見蛇，然後因尿急醒來，大家應該有這樣的疑問：因為有心理問題而夢見蛇，還是因為尿急緊張而夢見蛇？如果都有可能，如何以夢境的線索來判斷原因？

說實話，我也找不到判斷的方法，只有當事人在醒來後去上廁所，才能真相大白。

問題又來了，許多問夢者將多年前的夢拿來問，根本不記得有沒有尿急，就算有上廁所，在恍惚之際恐怕也不記得尿有多少。

尿意是很主觀的，有時候尿很少卻很急，有時候尿很多卻不急，即使做夢者在醒來後解了一大堆尿，有可能不認為很「急」。

這兩種情況我都遇過，在惡夢驚醒後去上廁所，明明尿很多卻沒有急迫感，上廁所純粹為了解除性器官的勃起而已。但有時是真的因為尿急而上廁所。

當然，夢見蛇總是與比較怕蛇有關，我比較怕獅子老虎，就曾夢見牠們，卻從未夢見蛇。也就是說，夢蛇的人比其他人還怕蛇，或對蛇的印象深刻而已，其他心理上的說法只能當參考。

所以一個高明的解夢者，應將生理與心理因素都說出來，所以幾乎所有的緊張夢，都有尿急的可能。

可惜的是，在網路上解夢，解夢者未必會回應發問者之詢問，以至於常常有有亂槍打鳥的情形發生。

更可笑的是，發問者經常不回應各種回答，真相很可能就石沉大海了。

不過，問夢者可能只想聽好話，真相或許就沒那麼重要了。

YAHOO 知識＋超自然區不應淪為解夢區

看到許多問夢者在 YAHOO 知識＋超自然區，就覺得很無奈！

知識＋還有心理學區、心理健康區、煩惱區，那些才是問夢的正確地方，問夢者喜歡自己的夢有未卜先知的能力，使我這種心理分析式的回答不吃香，所以最近也懶得回答了。

根據各種統計，有預知效力的夢少之又少，如果將巧合列入原因，真正的預知恐怕更少了，大家卻一味寄望自己有超能力，只能這麼說，問夢者都對現狀不滿吧？

愈對生活不滿，就愈嚮往超能力，企圖瞬間扭轉乾坤。問夢者應該反躬自省，好好著力於改善生活，不應幻想自己有預知力以趨吉避凶，因為很可能於事無補，甚至治絲益棼，腳踏實地面對問題才是最重要的。

相信不少人做過春夢，大家知道原因是什麼嗎？

愈接近青春期的人，愈容易做春夢，所以年齡是春夢的一個因素，無庸置疑。至於體內的性荷爾蒙濃度，與春夢次數的關係，可能是個值得探討的科學主題。

靈學家可能會認為是靈魂出竅到靈界去玩，除了這個無法查證的說法以外，日有所思、夜有所夢是最有可能被大家接受的，但有些人在做春夢前一天沒看 A 片，有些人卻在看了 A 片後沒做春夢，又是怎麼回事？

記得恆述法師在受訪時，說出驚人之語，她在剃度後狂做春夢，後來隨著時間的流逝而漸漸變少，我個人提出一個解釋：做春夢的人，應該有一些煩悶或空虛感，藉由春夢這種虛擬性愛來舒緩。出家是個重大的衝擊，恆述法師的大腦用這樣的方式來減輕壓力或排遣無聊，似乎是很自然的。

另外，許多當過兵的人都知道，在最緊張的新兵訓練時刻或在成功嶺上，幾乎每個人都會夢遺，暱稱在床單上【畫地圖】，連沒有女友或自慰的人也會，顯然我提到的減輕壓力或排遣無聊說，應該是不離譜的解釋。

心理學家常常建議沉溺於自慰的人，多找一些有興趣的事情來做，就是企圖擺脫或轉移煩悶空虛，來減少自慰的次數，如果這些招式對清醒時的大腦有用，對睡夢中的大腦應該也有用，所以我對所有做春夢的人，都建議去找減壓的方法，而非一概以日有所思夜有所夢來【嘲笑】。

大家也跟著減壓了吧？

為什麼一直做情人背叛的惡夢？

網友這樣問，我回答如下：

有一種解釋是男友言行不一，說的比做的多，讓你的下意識不安，因而做重複的夢。不過，我比較相信是以下因素所致：

內心有一種不安全感，在睡眠中忘了現實原因，不安的情緒卻仍殘存，腦部誤判成男友背叛。

請仔細想想是什麼不安感，就知道答案了。

睡著時會不自覺的一直夢著類似的東西，兩邊太陽穴跳動也很劇烈？

兩邊太陽穴都跳，顯示頭皮血流增加，腦部的血流可能也增加，可謂之用腦過度，嚴重時可能有高血壓。

請不要在睡前看耗費腦力的東西，可換成不感興趣的內容，正好可以催眠。

如果常常發生，到醫院量個血壓是可行之道。

為什麼每一次夢裡的腳踏車騎起來總是超級吃力？

一般人在做夢時，全身肌肉呈現癱瘓狀態，這是身體的自然保護機制，防止出現激烈動作而傷了自己。

你的意識在夢境中下令腿部踩踏，卻收到動不了的訊息，於是解釋成：腳踏車就像是被定住一樣，超難踩的。

有時候我在夢中奔跑好像慢動作，明明使了很大的勁也跑不快，便是同樣道理。

如何夢見想要夢見的人？

夢不到想要夢見的人，原因有以下幾種：

一、本來就記不得夢：每個人每晚都會做四到五個夢，但大多數都忘了，如果又很少記夢，就更夢不到了。

二、身心狀態不錯：多夢是身心狀態不好的特徵之一，不記得夢是一種幸福，值得恭喜。

三、生活獨立自主：如果在精神或經濟上沒依賴想夢見的人，夢裡就不會出現。如果有倚靠那個人，他不在身邊會使生活大亂而懷念起過去的歲月，就有可能夢見他了。

有人在房間的牆壁上，到處貼滿想夢見的人的照片，或許有用，但如果很少做夢，也未必會夢見，所以不必抱太大希望。

夢見家中有病貓被迫交配，父母也不阻止，為什麼？

網友夢見家中有隻陌生的病貓被一隻公貓強迫交配，父母都默許，為什麼？

我的回答如下：

說實話，解夢是很困難的，因為我不知道你最近的生活經歷，想憑一小段文章來猜測，有點像亂槍打鳥，說對了只是運氣好而已。

不過，可以向你保證，夢到貓絕不是壞兆頭，解夢不該走向怪力亂神的方向。

一般的說法是你在清醒時遇上類似的事件，因有所感而做夢，但我覺得這樣的可能不高，因為劇情發生在你家，應該與

你家的情況有關。

懷孕的病貓還被迫交配，是一種無奈，而你爸爸不說話，你媽媽默許，代表在生活中有一些無法改變的事，只能無奈地接受，你媽媽是否曾向你說過某個無奈的事？

請仔細想想就明白了，睡眠中的腦部比較混亂，對於清醒時的情緒會解讀錯誤，不要想成預知，就是比較正確的解釋方向了。

為何不是夢見病狗呢？因為你可能見過嚴重的病貓，沒見過嚴重的病狗吧。

夢見自己介入別人的感情，怎麼辦？

其實無庸擔憂，只要檢視問夢者當時夢中的情緒，就會明白了，譬如：

1. 介入得理直氣壯：代表想取代情敵，從第三者變成正宮。
2. 介入得偷偷摸摸：代表只想當個小三而已。
3. 介入過程沒感覺：代表只是仰慕那個人而已。

我也曾夢見與其他女人（非妻子）親熱，甚至與同性同學結婚，但都沒真的實現，難道我也應該自責嗎？

夢本來就是胡亂拼湊的內容，亂倫、不倫、邪惡、噁心的內容總是會出現，實在無須以道德眼光看待。

睡覺時胸前莫名其妙被類似美工刀刮傷？

網友這樣問，我回答：

請在睡前，以鮮艷的蠟筆在指甲邊緣塗色，然後看看第二

天的胸前，有無蠟筆的顏色，若有，就是在做夢的時候自傷的；如果找不到顏色，再來想想其他更好的顏料做實驗。

以科學的態度調查，讓證據說話，不要自己嚇自己，才是王道。金屬飾物也可能傷到胸前皮膚，須取下再睡，才能求證。

夢見鬼，喊阿彌陀佛有用嗎？

請大家看一個案例：

「一位女藝人在電視上描述自己的經歷，她在沙發上看電視，發覺電視畫面忽明忽暗，旁邊突有一個無頭鬼在打電動，還邊打邊搖，她想尖叫逃離，卻發覺動彈不得，也叫不出聲。

於是靈機一動，不停的唸阿彌陀佛，結果沒用，於是各種神明被她唸光了，譬如耶穌、阿拉、觀音菩薩、釋迦牟尼……等，還是沒用，最後大叫一聲：幹 X 娘！

突然，她可以移動身體了，馬上跳起來向旁邊的朋友叫道：為什麼不理我？我快嚇死了！

沒想到，朋友說：我只聽到妳在嗚嗚叫，想說在做夢，就繼續看電視，怎麼，做惡夢啊？」

鬼壓床又稱為睡眠麻痺（sleep paralysis），總是發生於在睡眠中的快速眼球運動期（REM），也就是肌肉張力完全消失之際，此時醒來，腦部未能控制肌肉，便將癱瘓的身體誤解成鬼壓床或被外星人綁架。

根據統計，在 REM 期被叫醒的，有 80% 的人在做夢，所以睡眠麻痺者不是 100% 有夢，而是 80% 有夢。

所以，所謂鬼壓床者，80% 有夢，20% 只覺得動彈不得而已。我遇過的經驗將近十次，以前相信鬼的存在，曾看到黑色怪物壓在身上，後來不信鬼，就變成單純不能動而已。我從不唸佛號或神明，現在還不是活得好好的？

總之，充足的睡眠，加上輕鬆應對的態度，就可以減少鬼壓床的發作次數。

如果一定要唸什麼驅邪鎮魔的咒語或聖號，請確定是否夠專注？因為唯有專注，才能使腦部構築的畫面消失，所謂注意力轉移嘛。如果平時唸的時候漫不經心，說實話，還不如一句兇狠的三字經，因為很少人在罵人的時候還處於精神散漫的分心狀態。

我的怪夢

某天清晨我做了一個夢：

> 「我看到一個人騎一匹馬，在山坡上摔落，馬似乎昏倒或死亡，那個人卻跑了不管，我心想不行，必須檢舉他，然後就醒了。」

我有回想夢的習慣，但百思不得其解，也就不以為意，起床出門吃飯。回來後打開電視一看，竟然看到新聞播出有個人騎白馬在分隔島上漫步，被人檢舉的影片。

打開電視看到馬是不稀奇的，但看到同樣是「檢舉」的內容，還真是巧！

不過，我夢的是棕馬，非白馬，而且馬已倒下，現實裡的馬沒事，地點也不一樣，說是巧合也很合理。

關鍵的地方不是預知與否，而是我醒來後右耳發脹，加上已眩暈兩天，梅尼爾氏症發作了，通常要兩天才會好，唉！

為何不是夢見頭彩號碼呢？夢見檢舉騎馬的人，一點意義都沒有，還換來一場病，呵呵！

另有一次我的眩暈發作了，夜間一直多夢，其中有兩個是這樣：

> 「一個是一架直升機即將墜落，最後我在墜落地點看到駕駛員的屍體，急叫旁人打給 119，卻無人理我……」

> 「另一個是我與家人坐遊覽車，在中途我下車小便，回頭一看車子卻開走了，我拿出手機撥號，卻總是撥錯號。」

如果要解夢，絕對可以天南地北想出一大堆，其實我沒什麼心理壓力或煩惱，只有單純的眩暈而已。結果在服藥與多睡後，夢就少多了。

所以奉勸所有解夢師們，身體不適一定要列入解夢的最優先項目，心理問題只能當成次要項目，如果讓問夢者注意到重大的隱疾而就醫，不就是功德一件嗎？而且解夢如同亂槍打鳥，想一舉治好問夢者的心理問題，恐怕很難喔。

經常夢到車子不見，是什麼原因？

以前我常常夢見車子不見，後來終於搞清楚是怎麼回事了，提供給大家參考。

夢的形成，源自於腦幹的發訊活化，經過掌管情緒的邊緣系統，再於皮質區合成故事，謂之活化合成假說。

所以，在生活中遇上麻煩事，擔心失去原來擁有的東西，

在進入睡眠時，感覺還在，原因卻忘了（睡夢中的腦常常有記憶不佳的情況）。

於是腦部搜尋記憶庫，試圖對這種感覺進行解釋，找到了最符合的狀況：「車子不見了」，再胡亂編成故事，情緒是真，故事是假。

車子不見的夢，其情緒主軸就是緊張慌亂；只要仔細想想在清醒時，有無擔心出錯或遺漏的心情？每次我夢見車子不見，只是反應某些煩憂的心境，準得很，不是預言車子會被偷走，大家應該也一樣。

一直夢見自己殺人，是怎麼回事？

在清醒時應該有不小的怒氣，做夢時腦部忘了原因，便誤解成殺人，我也有類似的經驗，只是比較輕微，夢見痛罵別人而已。

找出憤怒的原因並解決，這樣的夢就會比較少了。

不過，解夢者的意見僅供參考，最佳解夢者是自己。

夢見大便噴到嘴裡，怎麼回事？

我的猜想是，夢者在夜間可能有胃食道逆流或嘔氣，當胃酸或脹氣上溢到咽喉時，腦部誤將這種噁心感，解讀成被大便噴到嘴裡，以及噴得到處都是。

所以，在睡前四小時內不要吃喝食物，就不會再出現這種夢了。

已戒菸卻常夢見抽菸，為什麼？

網友這樣問，我反問他：每次做抽菸夢的前一天或前幾天，是否比較緊張或壓力大？

很有可能是腦部在接收到清醒時的情緒後，以抽菸的放鬆畫面來紓解壓力，不是潛意識裡很想抽菸。

多多進行休閒娛樂，就會減少這種夢了。

夢見父親對自己性侵害，事實卻沒有，為什麼？

網友提出這樣的問題，我回答如下：

有個嚴厲的父親，然後夢見他暴力相向，這是簡單的日有所思夜有所夢，沒什麼好分析的。

問題關鍵是性侵害，以我的經驗為例，若半夜尿急，會出現兩種夢，一是找廁所夢，二是春夢。但問題又來了，什麼情況會出現與性有關的夢？

我個人的經驗是在清醒時的緊張，會誘發夜夢的性內容來舒緩緊張，因為性是一種非常有效的放鬆方式。在新兵訓練的人常常在春夢後夢遺，便是這個道理。如果沒有什麼壓力，通常就只會夢見尿急找廁所而已。

所以，這種夢融合了兩種元素，一是父親的嚴厲，二是在清醒時的壓力或緊張，就變成父親對自己性侵害的荒謬劇情，而家中的事務或許就是壓力源。

改變心情或調適自己的方法就是找親朋好友來討論，如何妥當處理家中事務，不要孤軍奮戰，一人計短兩人計長嘛。

當然，半夜尿意也是發夢的因素之一，身體若有疾患，也

可算是壓力源。

夢見另一半出軌，事實卻沒有，怎麼解釋？

我對自己的老婆一向非常信任，毫不懷疑，卻也做過她出軌的夢，所以很適合回答這樣的問題。

若依照我的親身體驗，夢者與另一半曾發生爭執，那種不愉快的情緒仍殘存於睡眠中，爭執的原因卻忘了，這是腦部的記憶力在睡眠中較差的緣故。

在做夢的時候，腦部有個特性，會對殘存的情緒提出解釋，於是就將不愉快誤判成另一半不忠，所以，不必想太多，只是與另一半吵架的後遺症而已，不是他出軌的預言，也不是自己渴望或害怕什麼。

無論多麼恩愛的夫妻，都有可能做對方出軌的夢，這是腦部善於聯想的關係，譬如許多不可能發生於現實的可怕情節，都有可能出現於夢中，便是明證。

常常夢見被追著跑，是怎麼回事？

前面曾提過，常常夢見被追著跑，可能要注意心臟問題以外，還須少碰咖啡因食物，譬如茶、咖啡、可樂、巧克力等，因為這些會使心悸加重。

當然，過度刺激的小說或影集也不要看，特別在睡前，以免過度興奮腦部。

做夢的過程是這樣，腦深處先放電，通往大腦表面，意識對突如其來的電訊，必須加以解釋。

這時，視覺聽覺都已關閉了，無法進行比對，只好找出過去記憶來解釋。

平時在跑步的時候，景物的變換加上心悸對意識而言，可以確認是跑步，但睡夢時沒有景物的變換，只有心悸，意識只能胡亂猜測成跑步。

如何簡單的做夢，或一睡著就可以做夢？

一睡著就可以做夢？不可能，不過，以下睡前的方法可以增加做夢的機會，但不鼓勵：

1. 看刺激性書籍、驚悚性影片，或玩電動、線上遊戲。
2. 做激烈運動。
3. 吃辛辣、過鹹，或過多食物。
4. 大量喝水。
5. 穿一大堆衣服睡覺。
6. 寫一篇困難的作文。
7. 強烈自我暗示一定要記得夢。

一覺到天明才是王道，何苦犧牲睡眠品質來記得夢呢？

夢到的夢可以說嗎？說出來會不準嗎？還是會破解？

夢見他人怎樣怎樣，都是自己大腦的推論揣測而已，與他人無關，絕非什麼預兆或先知，即使命中未來也只是巧合而已。

所以把夢說出來，是沒什麼差別的，譬如夢見別人增壽，說出來頂多讓他高興一下，對壽命的增長沒什麼幫助。

但說出壞夢，就要看對方相信與否，如果是很相信預知夢

的人，聽到將出車禍，恐怕會心神不寧，而出現自我應驗預言（self-fulfilling prophecy），真的出事，參考資料如下：http://zh.wikipedia.org/wiki/%E8%87%AA%E6%88%91%E5%BA%94%E9%AA%8C%E9%A2%84%E8%A8%80

一般人總是喜歡聽到好話，好夢就說出來吧，反正有利無害，壞夢就少提，以免造成暗示作用。

對不相信的人說夢，沒差，對相信的人說夢，就有差了。

網友 Lin 的問題

Lin 提出以下疑問：

1. 常常夢到一模一樣的夢，但是是隔了好幾年才再夢到。是怎麼回事？

2. 有時候夢到討厭的內容，心裡想著「不要做這個夢！不要做這個夢！」然後就跳到另外一個夢了！為什麼會這樣??

3. 夢到手被砍斷……醒來後還有刺痛的感覺……是發生什麼事嗎!?

4. 對於在夢裡心痛的事，醒來後真的有點難過。夢會影響情緒??

5. 有些夢醒來後記得很清楚，有些連大概都不知道。為什麼會有差？

6. 曾經有完全沒有做夢便醒來的經驗！感覺很舒服精神很好！原因是什麼？有可能造成嗎？

7. 有可能會越睡越累嗎？如果有，為什麼？

我回答：

1. 同樣的夢代表當天有同樣的情緒，譬如無力無助感會一再引發考試不會寫的夢。

2. 控制夢境代表清醒夢（lucid dream），也就是接近清醒，或你有冷眼旁觀人事物的習慣。

3. 那就是手部真的有問題，若一再發夢，必須就醫。

4. 正好顛倒，是清醒時殘留在睡眠中的情緒，影響了夢境。

5. 記得很清楚的夢，通常是你最在意的事情或情緒，或剛做完夢就驚醒，也會記憶深刻。

6. 因為醒來的時候，已脫離做夢期（REM），進入非夢期（NREM）第一階段，睡眠結構完整，精神獲得完全休息。

7. 長期睡眠不足，然後在短期內想大量彌補，就會造成越睡越累的情形，也有可能是罹患憂鬱症。

已有新男友，對前男友沒感覺了，卻常常夢見，還有說有笑，為什麼？

網友提出以上問題，我回答：

做夢的時候，腦部的電訊是從腦幹出發，先到達掌管情緒的邊緣系統，再跑到大腦皮質，這是目前心理學界最流行的活化合成假說。

所以，先有情緒，才被大腦皮質硬掰成故事，妳先有類似有說有笑的情緒，腦部才找到與前男友相處的記憶來解讀。

大腦皮質在睡夢中很容易忘記現實，只好拿出以前的記憶來解釋，這是很正常的事。

請想想看，目前妳喜歡的人，與妳是不是有說有笑但沒甜蜜？大腦誤判成前男友而已，別煩惱。

不過，最佳解夢者是你自己，我的意見僅供參考。

夢見被人刮傷，醒來時出現了同樣的傷口？

網友這樣問，我回答：

可能因皮膚過敏或蚊蟲叮咬而發癢，在不自覺中用手去搔抓，形成傷口，同時這個癢感或痛感傳入大腦，大腦因沒有視覺校對，只能胡亂猜測解讀，變成被人刮傷的夢了。

若沒有過敏或蚊蟲叮咬，請縮短洗澡時間與降低水溫，使用嬰兒沐浴乳，以減少皮膚乾癢，就可以減少這些夢的產生了。

為何夢中出現的人總是不認識的？

夢中會出現的人，一定是自己本身遇過的，詳析如下：

一、下意識的記憶：譬如在路上遇到或在電影中看到的陌生人、物、景，未進入意識範圍內，卻在夢中出現。

二、早期的記憶：譬如以前親友同學的容貌，現在已忘了，突然出現在夢中。

三、拼湊的記憶：譬如某位朋友的眼睛鼻子，與另一位同學的嘴巴湊在一起，形成一個陌生人。

所以，不要將夢中人、物、景想成是前世遭遇，光是現世的經歷就夠多、夠複雜，令人無法參透了。

更不要想成是某靈魂跑進自己的夢中，那是無法證實的。

夢見自己死亡，會成真嗎？

夢見自己死亡，在雅虎知識＋的問題中，高達三千多則，很明顯，那麼多的問題版主，後來真的掛掉的應該極少，而且「巧合」必須列入考慮。

如果不採取嚴格的審查，那三千多則問題的解夢都變成「你可能真的死去」，豈不是太離譜了？

一般夢見自己死亡，除了本來的健康不佳、日有所思夜有所夢外，也和孤獨、冷漠的心情有關，若一個人與周遭朋友疏遠、隔絕，就有可能夢見自己死亡，因為腦部會將「與世隔絕」的心境誤判成死亡。

就算有人真的夢見自己死亡的畫面，後來成真，也還是與疏離心情或日有所思夜有所夢有關，所謂預知夢的解讀與一般夢是一樣的。

惡夢醒來直冒冷汗又心悸，為什麼？

以科學的角度來看，全身冒冷汗是最重要的線索，應該是生理上的急迫感，誘發了這個追趕夢。

可以追溯前一晚是否喝了不少水，因為膀胱脹滿，會影響鄰近的性器，導致思春，如果夢境裡有一段情色劇情，顯示尿急應是原因之一。而冒冷汗的原因可能是心悸，可以想一想是否喝了咖啡、茶、可樂、可可，或吃了巧克力等興奮性食物。

為什麼有人只夢到不會動的圖片？

實驗發現，稚齡的幼童在描述夢境的時候，大多是靜態的內容，所以成年人若只夢到不會動的圖片，代表心智功能仍停在幼年階段。

只夢到黑白影像的人，多是年長者、很少記夢者、藝術天分缺少者，與反應很慢無關。

問題是，真的只會夢到不會動的圖片嗎？還是偶爾發生而已？

如果真的這樣，只要日常生活沒問題就可以了，夢境是不重要的，無須擔憂，也不必訓練。

醒來後看見夢境數十秒，怎麼回事？

如果睡覺時關燈，連小夜燈也沒開，突然在做夢期中醒來，就有可能看見短暫的夢境。

大多數人醒來的時候會有清晨曙光，房間的影像會進入眼裡，干擾原來的夢境，不太可能繼續夢下去。

而且，大多在做完夢後或夢的後期醒來，睜開眼就看不到什麼，如果突然在做夢期中醒來，加上房間全黑，就有可能在睜眼後繼續夢個幾十秒。

至於為何會突然醒來？街道的喇叭聲、鄰居製造的噪音、蚊子的嗡嗡干擾都有可能使人驚醒，原因尚待追查。

我的經驗也很神奇，曾睜眼看到視野一半是夢境，一半是房間，當時是睡眠不足所致，所以清醒看見夢境的人恐怕也應該多睡一點了。

清醒夢的腦區

夢的資料，我已盡量收集，現在開始談談清醒夢，也就是在夢裡，就知道自己在做夢。

研究發現，冥想與掌管注意力以及定力的左前額葉皮質有關，而清醒夢類似一種冥想。

目前已知清醒夢時，部分腦區的活動增強，這些增強的腦區多與自我意識有關，例如右腦背外側前額葉（right dorsolateral prefrontal cortex），這區域功能與自我評價（self-assessment）有關；楔前葉（Precuneus），這個區域與自我知覺（self-perception）、主體支配感（sense of agency）以及自我反思（self reflection）有關；前額極皮層（frontopolar），與評價自我思緒與感受有關。

清醒夢期間，腦額葉會出現了一波高頻約 40 Hz 的電活動。相反地，杏仁核和海馬旁迴等與情緒有關的區域，以及負責視覺的區域則呈現減弱的趨勢。（參考來源：http://zh.wikipedia.org/wiki/%E6%B8%85%E9%86%92%E5%A4%A2）

以上資料曾讓我興起一個疑問，在瀕死的時候，這些腦區若率先缺氧而無法運作，就對負面體驗沒有自覺了，對嗎？

我個人覺得，這三個區域同時「停機」的可能性應該不高，只要有一個功能尚存，就多少有些自覺吧？

不過，平時清醒時的鍛鍊，應該可以維護這些腦區的功能強大，換句話說，常常冥想的人的前額腦，應該比一般人更禁得起缺氧的衝擊。

另外還有個疑問，CAS 3 是腦部大放電的階段，這些腦區應該也運作良好，會不會影響美好正面經驗的強度？

有人或許會問，CAS 3 是美好的體驗，若知道自己在做夢，豈不大大掃興，造成樂趣盡失？

　　太有自覺，會不會將正面體驗也當成假象，而覺得無聊呢？這是一個假設性問題，因為從未有人在描述自己的瀕死體驗時，會當成幻覺。

　　所以，將正面體驗當成幻覺，是不存在的問題，也許有一些得道高僧到達這樣驚人的認知，但沒有報導出現過，我就略過不談。

清醒夢是一種白日夢嗎？

　　一些科學家認為，清醒夢根本是躺在床上做白日夢而已，不是什麼特異技能，真的是這樣嗎？

　　在我認識的好友以及陌生的網友中，曾看過四位宣稱，每個夢都是清醒夢，令人頗感震驚、不可思議。

　　大家想想看，每人每晚至少做四、五個夢，有學者甚至說有十幾個夢，怎麼可能每個都是清醒夢？

　　其實，不記得夢佔了絕大多數，只有少數夢記得，而這四位應該說的是這少數夢處於清醒狀態。

　　但也是非常驚人了，難道他們的前額腦部都不用休息，可以在夢中常常現身？不會疲累損耗嗎？

　　無怪乎許多科學家認為，睡到一半做出清醒夢，等於躺在床上做深度的白日夢，兩者雷同。

　　這兩者沒有任何差異嗎？我提到的四位清醒夢高手可當成反駁的證明，因為他們幾乎沒有一般夢，只記得清醒夢，怎麼可能？

既然可以記得許多清醒夢，理論上，記得一般夢應該也沒有困難，為何他們都不記得呢？

　　更重要的是，這四位高手一定是從記得一般夢開始，漸漸變成只有清醒夢，顯示他們的前額腦部慢慢變得強大了，可以常常介入夢境。

　　如果常常躺在床上做深度的白日夢，可能比較容易做出真正的清醒夢，但不可能沒有一般夢吧？

　　況且，白日夢是主動、有意識的出現「想要」的畫面，清醒夢卻是被動、無意識的出現「未必想要」的畫面，不太一樣。

　　我舉一個自己的清醒夢例給大家看看：

　　我在夢中遇上親人，很興奮的告訴他，我們在夢中耶！他半信半疑，然後走到一部鋼琴前，坐下來彈奏。

　　突然，鋼琴連人一起飛到空中急速旋轉，我在驚嚇之餘，試圖立刻醒來。當時我相信夢境可能是靈界。

　　結果沒辦法醒來，我以為自己死定了，永遠在靈界裡了，於是在夢裡狂奔、大喊救命，突然想到印第安巫師唐望（Don Juan）的「凝視醒來」技巧，盯住夢中一個點，才真的醒來。

　　如果清醒夢是做白日夢或已醒來，我怎會卡在夢中、無法感覺在床上呢？

　　所以，我不認為清醒夢是一種躺在床上的白日夢，部分科學家或許有不同的看法，大家自行決定相信與否吧。

清醒夢是在 REM 或 NREM ？

　　我在維基百科做了一些編輯：

　　「當快速動眼睡眠（rapid-eye-movement sleep, REM

sleep）由橋腦（pons）活化所啟動時，和意識有關的大腦網路接受橋腦刺激訊號也呈現活化狀態，因而大腦將這些由下而上的刺激訊號（PGO 訊號）混合整理後即為夢的展現。由於此時大腦的活化是處於被動型式且訊息來源為隨機、封閉（由橋腦產生），因此缺乏清醒狀態時的自覺及反省，展現於夢境內容也因而有怪異、不合邏輯的特性。在非快速動眼睡眠（non-rapid-eye-movement sleep, NREM sleep）的各期（1~4 期）被喚醒後，即使有做夢的報告，其夢境也很平淡，生動性差，但概念和思維性較強，睡眠者常常報告在思考某些問題，而不是在做什麼。」（參考來源：http://zh.wikipedia.org/wiki/%E5%A4%A2）

睡眠週期通常呈現以下順序：

入睡 NREM 1－NREM 2－NREM 3－NREM 4－NREM 3－NREM 2－NREM 1－REM－NREM 1……（交替進行）

NREM 最淺的第一期被叫醒，會說在思考，或心中飄過一些內容，不認為是夢；NREM 較深的二、三、四期被叫醒，就沒有夢了。

大家看得懂嗎？簡而言之：

一般的 REM 夢通常有強烈的情緒表現，而清醒夢有個明顯的特徵，情緒反應比較少，原因是杏仁核和海馬旁迴等與情緒有關的區域，活動比較弱。

所以，清醒夢可能常常出現在 NREM，也就是所謂的思考期，甚至可發揮邏輯推理的能力。

不過，一些清醒夢的報告也出現強烈的情緒，譬如飛行得很愉快，或與怪獸激烈的對戰，這就是 REM 夢的特徵了。

目前研究顯示，清醒夢在 REM 的比例，高於 NREM，這樣的知識，對想做清醒夢的人有什麼幫助嗎？

NREM 是入睡時先遇上的階段，目前有一種方法，利用入睡之際，誘發清醒夢，顯然是有效的，因為有利於 NREM 清醒夢的出現。

如果入睡時先遇上 REM，入睡的誘導法就無效了；而極度缺乏睡眠的人，有可能一躺下去就開始做 REM 夢，但不多見。

我會在後面的文章，介紹這種入睡誘導法。

心理學知識

主流心理學沒有討論清醒夢，但關於意識方面的研究，與清醒夢有些許關聯，給大家參考看看。

目前的研究顯示，意識有三個不同的覺知或覺察（awareness）水平：

1. 基本水平，對內部和外部世界的覺知；譬如對外覺察到聲音、影像、美食，對內覺察到自己的情緒、想法、意念。
2. 中間水平，對你所覺知的一個反應或反省；譬如察覺到紅色刺激代表的意義，自己成績不好是因為努力不夠。
3. 高級水平，對你自己作為一個有意識的、會思考的個體的覺知；也就是「覺察到自己能夠覺察」。

人類活在這個世上，正確的方向應該是朝高級水平前進；維持高級水平愈久，愈能擺脫情緒的糾纏。清醒夢與此相關。

曾有心理學家試圖維持高級水平，假想自己的意識本體飛在肉體上方，看著肉體進行日常活動。

結果，進行不到一分鐘就失敗了，意識本體又回到頭部，很難持續下去。這種方法有點像所謂的靈魂出竅。

我個人認為出竅是一種幻覺，根本沒有靈魂可以脫離軀殼，所以那位心理學家使用的方法錯了。

只有在睡夢中，知道自己在做夢，才是名副其實的高級水平，清醒時做的任何努力都是幻覺而已。

此外，清醒意識通常在左大腦的一部分，潛意識則包括其他區域，加上小腦與腦幹。

神經學家有所謂心腦（心臟神經系統）與腹腦（腸胃神經系統），只是強調它們很重要，足以左右意識的運作，並非科學上的意識定義。

所以，大腦仍是意識的唯一中心。

心臟有四萬個神經細胞，腸胃則有一億個，訊息總是往上傳到大腦，從大腦往下傳的比較少，所以大腦雖有一千億個神經細胞，卻總是受制於腸胃與心臟。

潛意識裡面有極大的部分就是以上兩者的訊息，稱之為無意識亦可。

夢境為何總是荒謬的？

絕大多數人在做夢的時候，前額腦區的活動較差，邏輯推理的能力變弱，加上血清素與正腎上腺素的分泌關閉，這兩者與記憶、學習、注意力有關，使得夢境荒謬破碎而不自覺，譬如：

1. 時空錯置：從現代變成古代。
2. 人物拼湊：活人與死者一起聊天。
3. 荒唐不合理：動物開口說話、唱歌。

4. 違反社會規範：拿刀殺人，甚至分屍。

5. 變換頻繁：從一個時空，立刻跳躍成另一個時空。

人在睡覺時，腦幹也就是腦的底部，每九十分鐘會向上發出電訊，這些電訊隨機通過腦部各區引發反應，便是夢的起源。

而大腦在清醒時，會主動激發適當的記憶區塊，編成合乎邏輯的思考，但在睡夢時面對突如其來的隨機混亂電訊，只好臨時硬掰出劇情，很容易流於荒謬與不合邏輯，張冠李戴的情節就常常出現了。

荒謬的另一個原因是視覺缺乏：每個人在清醒時都會胡思亂想，但眼睛是張開的，視覺訊息可以提醒我們胡思亂想都是假的。睡著了就不一樣，沒有視覺訊息在正前方提醒，就會荒腔走板。

譬如我們在清醒時想到美國，視覺訊息卻提醒我們還在台灣，不可能突然轉換場景從台灣變成美國。

但是夢到美國就不一樣，由於沒有視覺訊息上的提醒，可以從台灣突然變成美國，瞬間轉換場景不成問題。

既然荒唐凌亂又破碎，想解夢是很困難的，所以奉勸大家，不必找人破譯自己的夢，因為誰敢 100% 保證是正確的？

真正應該追查的線索是睡前的狀態，譬如喝太多水或吃太多東西，可能導致尿急與腹脹，進而誘發緊張夢，然後「知錯能改」，以後不再犯同樣的錯誤。

或者，睡前飲用一些咖啡因液體，導致心悸，而誘發壓迫夢。這是我曾遇過的情況。

臥室與棉被不適宜，導致溫度太高或太低，也可能誘發驚悚夢，這些是可以改進的地方

大家有看過百歲人瑞擅長解析自己的夢嗎？沒有嘛，人瑞

總是一夜無夢，才能活得健康，我們應該改善睡前狀態，確保記不得夢，才是正途。

多夢的人，應該遵守睡眠衛生原則，這是另一個主題，大家自行找答案，這裡不再贅述。

清醒夢的技巧 1

維基百科有詳細資料：http://zh.wikipedia.org/wiki/ 清醒夢
這裡我做一些簡單的整理：

1. 習慣從現實抽離的人，容易做此夢，譬如在一般人四、五歲時，應該常常幻想，而且知道自己在幻想，這樣的習慣帶到夢中，就變成清明夢了。小時候的生活比較單純，許多事不用負責、投入，常常冷眼旁觀，在夢裡也容易袖手旁觀、發現在做夢，長大就不行了。

2. 常記得夢的人，容易偶發清明夢，因為連夢都不記得，就不太可能出現清明夢了。有人甚至建議一天睡十小時，清醒與睡眠的分野變得模糊，就很容易在夢中知夢。

3. 常常自省的人，比較容易獲得清明夢，常常在夢中質疑真假，就容易出現清明狀態了。

4. 在日常生活中隨時保持放鬆心態，心情比較不容易隨著環境變化而起伏，睡夢時就不容易隨著夢境而起伏，進而清明。

最常做清明夢的人，是經常冥想者，譬如一些人進行打坐、氣功、瑜伽、放鬆術後，在面對夢境時，容易以旁觀立場觀看，便出現清明狀態了。

有人做清醒夢醒來後，會有頭痛的感覺，可能是在夢中思考太久，耗費太多腦力，有些做這種夢的人，反而會說醒來精神百倍。

從睡眠衛生的原則來看，不記得夢是最佳的睡眠，做太多夢反而不好，我曾在夢中知夢許多次，甚至自由自在、翱翔於天際，即使很爽，醒來還是很累。

所以，想做清醒夢的人，應該增加運動以減少做夢次數，然後提早上床睡覺、運用上述網址的技巧以增加夢中清醒的次數，但不要強求，搞得無法安眠。

別忘了，連做夢都不記得才是王道。

網友的提問

網友描述自己的清醒夢經驗如下：

「假日睡到自然醒，週休兩天很常有一天都是做清醒夢，也有兩天都做清醒夢；不是假日時也會做，不是假日幾乎是做記憶推導法，從現實去推導自己在夢境裡。」（參考來源：https://tw.knowledge.yahoo.com/question/question?qid=1514060105836）

他提出以下問題，我一一答覆：

1. 很容易做到清醒夢嗎？還是會做到清醒夢但是機率很少？

 答：睡得夠多才容易做清醒夢，因為清醒意識侵入了夢中。你的經驗就是證據。

 大多數人做夢時不知道自己在做夢，可能是沒有

「從現實抽離」的習慣所致，研究發現，在清醒時常常對自己說：「等等，我是不是在做夢？」就可以增加清醒夢的次數。

2. 常做夢會對精神有什麼危害嗎？

答：每個人一個晚上至少做四到五個夢，可鞏固學習與記憶，若記得太多夢，將佔用清醒時需要的記憶化學物質，導致記憶力下滑，因為這些物質本來應使用在現實生活中。

3. 有人說是壓力太大或者漫畫看太多？

答：這兩項因素容易增加做夢的機會，但無法誘發清醒夢。必須加上多睡才有用，前面提過，一位日本學者甚至建議每天睡十小時。

曾有人每夜必夢，連午睡也不例外，卻與一般人無異，照常工作旅遊、結婚生子，難道需要矯正嗎？

如果不影響日常生活，當然不必刻意改變，但我個人認為，多夢者原來可以更靈光的，因為記夢需要耗費腦內化學物質，拿來用在日常生活不是更好？

我曾對著多夢的同事開玩笑說，本來你可以變成天才的，現在卻與我一樣，只是平凡人而已，哈哈！

以下是別的網友的發問，也值得探討：

1. 枕邊人說夢話怎麼辦？

答：如果身旁友人睡覺會說夢話或有動作，不一定是在夢裡遇困，因為說夢話可發生在做夢期（REM），也可發生在非夢期（NREM）。

做夢期的喉部肌肉癱瘓，很難發出正常聲音，所以夢話清晰可聞、如正常說話者，通常是無意識的；

夢話含糊不清、支支吾吾者，通常是在惡夢中。前者不需要叫醒，後者最好叫醒以脫離困境，縮短痛苦的時間。

2. 枕邊人夢遊怎麼辦？

答：夢遊大多發生在深度睡眠中的第三和第四階段，在這兩個階段，大腦發出 δ 波，同時幾乎不會做夢。叫醒一個正在夢遊的人，確實可能讓他們產生困擾、嚇一跳、無所適從，但從來沒有聽說有確切文件記載過有人因此而被嚇死或魂飛魄散。

曾有一名十多歲的瘦小女孩，在一次夢遊中把臥室的房門整個扯下來，而她在清醒時根本沒有這麼大的力氣。

所以當你看見其他人夢遊時，最好的辦法就是輕聲把他領回床上睡覺，以免受傷。

3. 睡覺常咬到舌頭怎麼辦？

答：一般人在入睡時，肌肉會慢慢鬆弛，若太快鬆弛，譬如下顎肌肉，就會因刺激而微醒，導致下顎快速收縮而咬到舌頭。

過度疲累或睡眠不足時，肌肉會立刻在入睡時癱軟，所以不要熬夜，最好每天睡超過八小時，可用午睡來補足，就可以減少咬到舌頭的次數。

4. 惡夢為何比較多？

答：有三個原因：

(1) 身心狀況不佳，自然會誘發惡夢。

(2) 惡夢本來就比較容易記得，好夢可能在夢過後就繼續睡，難以記住。

(3) 如果你是女性，惡夢會多一些。某個統計顯示，女
性有 30% 常作惡夢，男性則只有 19%。

我的一個清醒夢 1

有一位網友說，他常常做清醒夢，且在夢中為所欲為，做
清醒時不敢做的事。我回答他：

「您必須注意『為所欲為』的心態，因為代表您的生活拘
束太多，欲突破困境，請想一想是什麼狀況吧。不過，話說回
來，夢境都是假的，即使為所欲為也是假的，沒什麼意義，下
次在夢中靜觀其變即可。」

我寫出自己的一個「半」清醒夢，讓大家知道修改夢境是
不宜的：

夢中不知在什麼地方，我突然覺得自己的右邊嘴角歪了。
這個病症叫做顏面神經麻痺，我是耳鼻喉科醫師，非常熟悉。

夢中的畫面很奇怪，我竟然在沒有鏡子的情形下，看見自
己的面貌，嘴角歪斜到外側。

這時畫面切換到我的大學同學的模樣，他曾得過這種病，
及時治療而痊癒了，我心想，難道我也得病？

可是，心裡又想，我怎麼可能得到這種病，生活作息已經
非常良好規律了，又吃得很健康，病毒難以入侵。

難道是夢？我起了懷疑，但嘴角歪斜的感覺無法消除，因
為「扳」不回來，不太可能是幻覺。

只有一個辦法驗證真假，就是試圖醒來。

結果真的醒來，立刻知道為什麼了，原來是我側臥，左手
背壓在右邊嘴角上，產生歪斜的錯覺。

姿勢的問題，真是始料未及。

如果我堅持在夢中修改夢境，會發生什麼事？

我的嘴角會不會被壓得太久，而真的產生神經麻痺呢？這是不能忽視的可能性，也是不該犯下的錯誤。

所以，修改夢境是不智之舉，大家千萬牢記這點，若造成身體的損傷，就得不償失了。

維基百科的清醒夢 1

我在維基百科做了一些編輯：

「若有精神病、癲癇等腦疾或嚴重的心理問題者，通常不鼓勵做清醒夢。然而，要分辨究竟清醒夢會否阻止人從正常睡夢中得到好處也是十分困難的，唯一例外是若睡前飲用過多水，不宜沉迷於清醒夢中，應如正常夢一般醒來上廁所，以免因憋尿而損害腎臟。嚴格的清醒夢訓練是很消耗精力的一件事，它會在白天分散你的注意力，也會擾亂你的睡眠，尤其是如果你需要半夜起來記錄夢或者使用『醒來再回去睡』的技巧。」（參考來源：http://zh.wikipedia.org/wiki/ 清醒夢）

醒來再回去睡，是清醒夢者最常推薦的方法，原理是讓自己提早起床，保持清醒再入睡，等於將清醒意識帶入夢中，誘發清醒夢。

但中斷完整的睡眠，等於破壞夜間的深度睡眠，將導致免疫力與癒合力的下降，非常不好。

另外，做清醒（明）夢，據說可以改善情緒，譬如在惡夢

中扭轉情勢，變成好夢，真的有用嗎？

當然有用，這是毫無疑問的，但過度耽溺於修改夢境，會有自戀之虞，反而不利於現實生活的改進。

所以，應該自問做清明夢的動機是什麼？

如果想獲得超人一等的能力，就不應該嘗試，因為很容易陷入怪力亂神的漩渦中，不再腳踏實地的過日子。

最佳的態度應該是不逃避、不修改夢境，直接勇敢面對，譬如當夢境中的敵人或怪物攻擊自己時，完全不反擊，因為將更認清自己創造的困境是什麼，有益於現實生活的改進。

梭利的清醒夢

在清醒夢中面對可怕的東西並征服它，這個方法受到許多心理學家的詬病，大家知道為什麼嗎？

曾有人在夢中變化出機關槍或火箭筒，對著夢中怪物一陣猛轟，將之打成蜂窩，然後洋洋得意，有用嗎？

夢多半揭露我們的潛意識，也可以說成下意識，一直嘗試與我們溝通，我們卻不太理會。

一旦我們沒有解決潛意識要告知我們的問題，不管我們怎麼消滅夢中惡魔，它都會以不同的形式在夢中出現，而我們意識深層的問題也一直存在著。

有人提議以溝通理解，而不是對抗的方式面對惡夢。其中心理學家梭利（Paul Tholey）舉出本身的例子：

> 梭利的父親去世之後，他經常夢見父親化成各種形象來威脅他、侮辱他。每次梭利都會狠狠反擊，把父親化成的對象打得落花流水。可是問題並沒有徹底解決，他依然

不停做類似的惡夢。有一次，他在夢中改變了態度，結果給他的人生帶來巨大的影響。那次，他夢到一隻老虎在追他，他想逃跑，可是靈光一閃，他轉身面對老虎，問道：「你是誰？」老虎變成他的父親，說「我是你父親，你必須聽我的話」！ 這次，梭利沒有揍他父親，在夢中他嘗試與父親溝通交談，接受父親對他的其中一些批評，告知他願意接受和改過。結果，父親變得親切起來，在夢的最後兩人放棄前嫌得以和解。

梭利說，從此以後在夢中父親再也沒有威脅他，更重要的是，在日常生活中，他對權威型人物的恐懼與壓抑也消失了。（出處：http://series888.blogspot.tw/2013/04/blog-post.html）

所以，接受夢中可怕的影像，而不是試圖消滅它，才是解決情緒困擾的根本之道，希望大家認清這樣的事實。

然而，迷信的人就有問題，譬如相信夢是靈界或異次元，將無法平和的接受鬼怪的挑戰，驚心動魄的追殺過程將免不了。

我會再談論這個主題。

如何記夢

有些人號稱從不做夢，想嘗試記夢，有何好方法呢？不過，我不太鼓勵這種破壞睡眠的事，大家看看就好。

以下睡前的方法可以增加做夢的機會：

1. 看刺激性書籍、驚悚性影片，或玩電動、線上遊戲。
2. 做激烈運動。
3. 吃辛辣、過鹹，或過多食物。

4. 大量喝水。

5. 穿一大堆衣服睡覺。

6. 寫一篇困難的作文。

7. 強烈自我暗示一定要記得夢。

一覺到天明才是王道，何苦犧牲睡眠品質來記得夢呢？

另外，最多人建議的是保留一本夢境日記，有人認為這也許是做清醒夢最重要的一個步驟。

我以前也做過，將一本日記放在床頭附近，並在醒來後立即記錄做過的夢。但不能開燈記錄，因為會忘掉，怎麼辦呢？

有人使用一個錄音機，因為不用動筆，不怕寫的不清不楚，但也有問題，按鍵在哪裡必須搞清楚，否則等到摸清按鍵後，夢已忘光了。

如果比較喜歡口述，又很清楚按鍵位置，錄音機可以幫助發現最常夢見的東西，譬如過去的人事物，或特定的地點。

我個人比較喜歡塗鴉，因為比較簡單，不像按鍵那麼複雜，而且無須寫的太詳細，簡單描述即可，甚至可畫圖。醒來後再補充細節。

寫的太多，可能在中途就忘了夢境，這是務必牢記的地方。

清醒時必須告訴你的大腦，很嚴肅地想要記住自己的夢，這樣才有可能發現一些不常在夢裡出現的元素。

更進一步，可能認識到自己的「做夢象徵」，也就是那些不斷發生的事情、現象、地點。

當然，找到最適合做清醒夢的時間，是很重要的，通常是賴床時的睡眠，最容易記夢，因為此時接近清醒。

所以，了解自己的睡眠規律後，可以調整睡眠習慣來幫助做夢。最好不要犧牲睡眠，或破壞睡眠結構。

清醒夢一詞的起源與研究

據說在古代，一些得道高僧通過一定的練習後，可以進入了類似清醒夢的狀態，熟悉古籍的人應該比較了解。

古羅馬也有關於清醒夢的記載，當時的人們認為是夢見死後的生活。我個人並不這麼認為。

清醒夢的說法，最早是由荷蘭精神病學家弗雷德里克·威廉·凡·伊登（Frederick Van Eeden）提出的，他記載了自己的一次經歷：

> 「我夢見自己飄浮在野外，下面是光禿禿的樹。我知道那是在 4 月，我能覺察到枝枒的透視效果很自然。然後我在夢中想，我的想像力不可能想出樹枝這麼複雜的動態透視效果。」（參考來源：http://beauty.nownews.com/news/news.php?msg=n-5-158-15734）

清醒夢有兩種，第一種是夢到一半才發現是在夢中；第二種是一開始做夢就知道在夢中。伊登的夢屬於前者。

我曾在維基百科的清醒夢單元做了一些科學編輯，簡而言之，大腦負責自我覺察能力的部分在前額腦皮層，在睡眠時活性下降，清醒夢時有部分區域的活性反而增加。

美國哈佛大學醫學院心理學家黛笛兒·芭瑞特（Deirdre Barrett）博士研究發現，在聲稱能做清醒夢的人之中，不到四分之一符合「清醒」的四項條件：

1. 知道自己在做夢。
2. 知道夢見的東西在醒後會消失。
3. 知道物理規律不再適用。

4. 對現實世界有清楚的記憶。

這些項目符合得越多，清醒度就越高，但一般人往往缺少了以上第一項。第四項很困難，因為夢中的邏輯與記憶總是比較差。

譬如我曾在夢中回想一位同學的名字，卻怎麼也想不起來，但在清醒後，立刻想到。這是千真萬確的。

此外，根據我個人的經驗，在夢中知夢也不是一直持續著，有時也會「掉線」，變成一般夢，忘記在夢中了。

清醒夢可以增進心理健康嗎？

曾有網友在清醒夢中為所欲為、尋找樂子，譬如像鳥一般飛行，有些心理學家認為可以減少做惡夢的次數，甚至解決憂鬱問題。

當然，最常見的是希望得到「心靈成長」，在夢中理解自己的性格，掃除心中的陰暗面。

英國藝術家卡洛琳‧麥克格雷迪（Caroline Mcgrady）是一名清醒夢玩家，她曾說：「你可以在夢中向自己問一些深刻的問題並得到答案。我開始理解很多自己內心的恐懼，因為我能夠在夢中直面它們。」

目前的主流醫學界不認同清醒夢的真實性，譬如暨南大學醫學院附屬腦科醫院睡眠障礙診療中心主任郭沈昌教授認為，所謂的夢控制可能是幻覺，用所謂清醒夢來獲得「心靈成長」是不科學的。

美國哈佛大學醫學院神經科學家阿蘭‧霍布森（J. Allan Hobson）也表示，清醒夢對心理健康是否有益處仍未明，但

具有巨大的娛樂效果，相當於免費看電影。

　　大多數人必須從正常做夢開始，然後逐漸意識到這是一場夢。少數案例可以從清醒狀態直接進入清醒夢，中間沒有明顯的意識消失。

　　誘導清醒夢需要以特殊方法訓練，關鍵在於快速分辨夢境與現實，譬如可進行一項「現實測試」：屏息閉口，然後嘗試呼吸，如果可以吸氣，說明已經在夢中，可以控制夢境了。

　　不過，郭沈昌認為，這些清醒夢誘導方法沒有科學根據，也不能讓人在夢中為所欲為。霍布森也認為清醒夢是很難誘導的，也不是人人都能誘導，即使那些曾有清醒夢經歷的人成功率也不高。

　　經由訓練後常常出現清醒夢的人，常常是睡得很飽、又有極大毅力與決心的人，可謂「不瘋魔不能活」，朝思暮想清醒夢才能成功。

　　但是，常常做夢又有害健康，我個人認為隨緣就好，做夢很少又幾乎都是清醒夢，才是正確的方向。

維基百科的清醒夢 2

　　我在維基百科做了一些編輯：

　　「很多人報告他們在生活中嘗試過清醒夢，而且不少在童年中發生。縱使清醒夢是一種需要條件的技巧，即使在有訓練的大前提下，在固定基礎上實現清醒夢仍很困難，也並不常見。縱使有著這些困難，有意圖地實現清醒夢的技巧已經有了一定發展。以下是一些可以影響清醒夢經驗能力的些許因素：

1. 有些人「天生的」比其他人更容易擁有清醒夢。

2. 冥想，以及任何涉及神智集中的行為能夠強化經驗清醒夢的能力。擁有清醒夢，孩子比起成人好像容易一點。原因可能是睡得比較久，清醒意識侵入了夢中（入睡的能力看起來隨著人的年齡而下降）。

3. 催眠是引導出清醒狀態的妙極方法。很多人學習如何催眠自己，當使用了那些技巧，實現清醒夢就變得可能。造夢者可以經由自我催眠加強夢中創造感覺的能力。

4. 各種引導技巧可以幫助引導出清醒狀態。容後再談。

5. 清醒時常常自問：「等等，是不是做夢？」，可以增加睡眠時清醒夢的機會。

6. 夢境回顧，練習記憶自己夢境的能力經常與學習清醒夢拉上關係。良好的夢境回顧能力能使人對於他們的夢境更加警覺，同時使他們記得自己進行了清醒夢。」（參考來源：http://zh.wikipedia.org/wiki/ 清醒夢）

　　如果使用了以上所有的方法，依然得不到一次清醒夢，建議不必再嘗試清醒夢了，因為這些方法無法保證 100% 出現清醒夢。我會再詳述這些方法。

　　誠如前面提過，瀕死第一階段雖然可能是負面的經驗，但有可能很短，甚至不會存入記憶層面，好像普通夢一般記不得。

　　如果不記得可怕的夢，就不需要學習清醒夢來對付，這是我的良心建議，畢竟為了瀕死第一階段，把自己搞得夜不成眠，是划不來的。

　　現代社會的工作很耗費時間，壓縮睡眠時間到了極限，

曾有清醒夢玩家建議，睡飽八小時的人，才比較有可能出現清醒夢。

如果大家的睡眠時間不多，請等到換工作或退休時，再來試試清醒夢吧，若得不到清醒夢，又搞得精神不濟，影響了自己的健康與生計，就非常不宜了。這不是我提倡清醒夢的初衷。

我在做夢嗎？

這是最常被推薦的清醒夢技巧：在清醒時，必須不斷地問自己「我在做夢嗎？」，同時做一些事情來檢查自己是否在現實中。

譬如捏一捏臉部或大腿，若不會痛就是夢境；若會痛，就有可能是現實，但非 100% 正確。

堅持到底、發揮毅力，透過不斷的練習，很有可能會在做夢時想起做這件事，進而發現在做夢。

當然，還有其他檢驗夢境的方法，我會再探討，這裡強調的是「我在做夢嗎？」為何有效？

所謂日有所思、夜有所夢，清醒時最常想的事，最容易在夢中出現，不過，通常不會在第二天的夢裡出現。

目前的研究顯示，長約六天的回溯記憶可以表現在夢境。但是，大部分的夢並無可以辨識的前驅經驗，只有少數夢可找到源頭。

另有研究發現，可回溯到七天前的記憶，學者尼爾森曾放了一部令人不安的影片給一組自願者觀看，內容是印尼村民舉行儀式屠殺水牛。

這部影片首次反應在自願者夢中，最常見的是播放後第三

天，然後腦內的重播則相隔一週，也就是在放映後第十天。

換句話說，最常在夢裡出現的是三、十天前的記憶，不是一般人以為的前一天，讓人大吃一驚。

這個模式符合一項針對跳傘新手的研究結果，他們的驚悚體驗在第一次跳傘後三天才從夢裡冒出來，然後在跳傘後第十天重現。

所以，每天常常心想「我在做夢嗎？」，大約第三天或第十天，就可以在夢中出現這樣的疑惑，進而出現清醒夢的機會。

檢查自己是否在夢中，最有名的是 Stephen LaBerge 記憶術歸納法（MILD），或 DILD（做夢誘發型清醒夢）：

> 「為了記得在夢裡做現實檢查，你需要養成一個在現實中做現實檢查的習慣。有一種方法就是找『做夢特徵』（一些經常在你夢裡出現的因素，在你的夢日誌裡找），或者一些通常在現實中不會存在的東西，然後實施現實檢查。做夢特徵可能簡單到只是你的後院，或者所有的夢都有粉絲。當這些變成習慣後，你就會在夢裡也記得做然後會發現你在做夢。」（參考來源：http://blog.xuite.net/smallyu18/blog/mosaic-view/139018691）

還有一個特殊辦法，就是在皮包裡放一樣東西，如果你找不到它，你會發現你在做夢。當然，不見得有效。

另有人建議，戴一些你通常不會戴著去睡覺的東西，譬如面具或者帽子，在夢裡你通常不會戴著這些。這可能影響睡眠，大家參考看看。

夢屏法

　　網路上有一位清醒夢老師「螞蟻」，提出所謂的「夢屏」
法，建議在入睡或剛睡醒時，閉眼注意眼前的東西，彷彿一面
屏幕上的影像，可增加清醒夢的機會，這裡節錄一些給大家看：

　　「訓練前，必須明確一點：如果從夢屏中看到平常看不
到的影像，一定是夢境。 要熟記夢屏口訣：『夢屏有像，
必是夢境』，『閉眼視物，必是夢境』。

　　在訓練過程中，可能有下面的經歷：

1. 什麼都看不到一開始大多是這樣，醒了後第一時間看
   夢屏，結果是黑黑的什麼都看不到。 原因也很簡單，
   因為反應慢，從顯意識出現到玩家有意識去看夢屏的
   時候，夢境已經完全消失。

2. 看到雪花、光點、光譜、膠片。經過一陣子訓練，也
   許幾天，也許幾週，知夢反應會變快，或許就比以前
   快了零點幾秒，你將在夢屏中看到一些東西，大多是
   雪花，光點，光譜或膠片等，就像趕上了電影劇終的
   尾巴，說明現在你有了突破，已經能在夢境消失之前
   截獲並調用顯意識。

3. 模糊的影像或白色的屏幕。如果能看到模糊的影像或
   白色的屏幕，更強了，又提高了零點幾秒，說明你夢
   裡的顯意識剛一出現就能瞬間把握住了。 到這一階
   段，你的知夢點將顯著降低，平時比較容易在半夢半
   醒的狀態下知夢。

4. 清晰的影像。如果看到清晰的影像，人物風景文字等
   等，這表示你的夢屏條件反射已經建立，在夢裡不知

不覺也開始應用起夢屏技巧，就如同咬指如泥，扳指貼臂一樣，夢屏清晰就是一次成功的驗夢，這時你完全是在夢中，而且也應該夢中知夢了。

5. 全角成像。這是最理想的情況，從夢屏中看到的不止是一塊小屏幕，而是全視角，這種情況很像半明夢的狀態，本尊是處在畫外的，應用『本尊入境』法：注意力集中在夢屏中的景象，伸手去抓夢裡的物件，如樹，門，車等，或者跳到街上，或看自己的手，都可以帶出本尊，本尊入夢境，就是清明夢了。

6. 假醒知夢。假醒，就是夢見自己睡覺然後醒了，是夢裡醒了，不是真的醒了，這種夢是相當普通的，經常做夢屏訓練的玩家在假醒的時刻會按習慣看夢屏，這時他將可能發現自己閉眼還能看到影像，這種不尋常導致玩家識別出是一次假醒，從而直接知夢。

夢醒抓屏，每次的訓練只需要十秒鐘，非常簡單，十秒之內，該看到的就看到了，看不到的也就看不到了，只要記得第一時間去看就已經達到訓練的目的，當然，如果想看長一些，看個幾分鐘都是可以的。」（出處：http://tieba.baidu.com/p/1049217761）

大家可能看不太懂以上的內容，其實說穿了，就是利用入睡或剛醒時的幻覺，學得清醒夢的技巧。

但必須注意的是，這些幻覺可能不是夢，多屬於非快速動眼期（NREM）的產物，而夢屬於快速動眼期（REM）的產物，兩者不一樣，知覺前者，不代表一定可以知覺後者。

夢屏法適用於睡得很飽的人，譬如一天八小時以上，有餘裕時間者，但那位螞蟻老師強調，有精神疾病者忌玩，我非常認同。

WBTB（醒來再睡）技巧或 WILD（醒後開始清醒夢）技巧

許多清醒夢玩家認為，早晨醒來後打瞌睡的幾個小時，是大多數人最合適做清醒夢的時間。為什麼呢？

原因就是 REM 動眼睡眠。REM 頻繁發生的時候就是在清晨快要醒來的時候，甚至可高達一個半小時。

這時若被叫醒，再入睡時極易進入 REM。但入睡時的快速眼動也是發作性睡病的癥狀，所以入睡後馬上開始做清醒夢，代表有問題，必須就醫了。

不過，有一些研究顯示，人們可以在 NREM 非眼動睡眠被叫醒後，記得自己的夢。清醒夢也可以在此發生。

目前開發清醒夢，在床上最常推薦的技巧就是 WBTB（醒來再睡）或 WILD（醒後開始清醒夢），有好幾種，描述如下。

首先，調整鬧鐘好在入睡後四個半鐘頭、五個、六個、或七個半鐘頭以後叫醒你，然後：

一、被鬧鐘叫醒後，試著儘可能的回憶前一個夢。不要離開床鋪，回想越逼真越好，並不斷告訴自己「我會知道我在做夢」，或者其他類似的，直到這些話深深進入了大腦。據說冥想的時間越長，這些暗示就越有可能「沉入」腦海，也越有可能做清醒夢。

二、醒來後，用一個小時只集中注意力在清醒上。有人建議起床洗把臉，讓自己更警醒，再用前面的技巧睡回頭覺。目的是在入睡後直接帶著清醒時的意識進入眼動睡眠，作為清醒夢的開始。

三、當自然醒來時，就是在沒有鬧鐘的情況下，把目光集

中至醒來後看到的第一樣東西，看著它，集中在它身上。這個東西可能與前一個夢模糊地聯繫在一起。一個門把，燈泡，一串車鑰匙，或者牆上的釘子，這些可以壓抑立刻開始新的一天的衝動，然後幫助回憶夢裡的經歷。（參考來源：http://zh.wikihow.com/%E5%81%9A%E6%B8%85%E9%86%92%E6%A2%A6）

醒來再夢或再睡的技巧，還有許多「變形」，說穿了都是將清醒意識，帶入睡夢中，並用前一個夢當跳板，以獲取清醒夢。

不過，自然醒來再睡的技巧，比較不會影響睡眠，我個人樂於推薦，用鬧鐘擾人的技巧，大家自行考量運用與否了。

還是那句老話，當你有充足的時間可以睡覺，想用幾個鬧鐘都可以，但大多數人沒那麼多閒功夫，不可能在半夜裡清醒那麼久。

得到清醒夢，卻犧牲健康，因為睡眠不足很可能影響免疫力，導致百病叢生，非常不好吧？請大家務必看清這一點。

改良後的「看你的手」方法

介紹一個改良版的 Gritz 的「看你的手」方法，給大家看看。這個方法可能源自於印第安巫師的技巧。

每晚準備睡覺時，坐或躺在床上，花一分鐘全身放鬆。然後用半個小時看著手心，不斷重複「我會夢見手」、「你在做夢」兩句話。

然後在感覺睏的時候，關燈上床睡覺。如果在半夜醒來時，再看你的手，也要重複這些話。

如果在做夢的時候沒看見手，提醒自己在下一個夢裡會看到手。只要在每晚睡前不斷的練習這段話，有可能在做夢時突然有手出現在面前，然後意識到「我的手！」於是，清醒夢就開始了。

也有另一招，常常用一隻手在另一隻手心劃下「A」（意思是清醒，awake）。每次在清醒時注意到「A」時，觀察自己是在做夢還是醒著。

慢慢地，就會在夢裡看見這個「A」，然後變得清醒，知道自己在做夢。當然，常常在手上劃A，必須不要被別人看過，否則會被當成神經病，影響了正常的人際關係。

至於放鬆方法，以下文章可以試試：

　　「試著冥想進入一個平靜但注意力集中的狀態。你可以試著數呼吸的次數，想像下降或上升的階梯，下降穿過太陽系，在一個安靜的隔音的環境裡等等。一個簡單得讓你的身體到達睡眠邊緣的方法就是躺在床上，然後把你的意識集中在你的後腦勺接觸枕頭的地方。等到你腦海裡的聲音停止後，想像你沉入枕頭裡，越深越好。儘可能的跟隨你的意識。這就意味著你的身體會睡著，但你的意識會帶著清醒的部分到夢裡去。」（參考來源：http://zh.wikihow.com/%E5%81%9A%E6%B8%85%E9%86%92%E6%A2%A6）

沉入枕頭與床墊，是非常重要的冥想技巧，可說是放鬆的超級法門，大家務必牢記這點。

維基百科的清醒夢 3

以下是維基百科的內容：

「現實測試是人們用以分辨自己是否身處夢中的一種常見方法。

閱讀一些文字，望向別處，再次閱讀那些文字；或望著手錶緊記當時時間，望向別處再次望向手錶。觀察者發現，那些文字或時間在睡夢中經常會轉變。

按一下電燈開關或望向鏡子。燈掣在夢中很少會運作正常，而鏡中影像通常看起來十分模糊、扭曲或不正確，有時鏡子中照出則為非現實中的樣子，或樣子不斷改變。

其他類型的現實測試牽涉辨認一個人的夢徵象（dream signs），為他身處夢中提供線索。夢徵象通常分為以下各種：

行動——造夢者、其他夢中角色或一些物件做出一些在清醒生活中不尋常甚至不可能的事，例如雜誌或報章中的圖片變成了活動的三維圖像，牆壁或顏色會移動等。

背景——夢中的地方或情況十分奇怪。

形狀——造夢者、其他夢中角色或物件會改變形狀，或者本身的形狀已十分古怪。這可能包括不尋常的衣著或頭髮的出現，甚至以第三者視點去觀看造夢者本人。

警覺性——一個奇怪的思想，一種不尋常的官感，或一種修改了的認知。在一些情況下當造夢者把頭由一邊轉向另一邊，他可能會留意到景象的一種奇怪閃動或斷續。

連貫性——有時候造夢者會在毫無過渡時期的情況下，被『瞬間轉移』到夢境中另一個完全不同的地方。 縱使

在清醒生活中這些情況的發生十分不適合並且怪異，它們在夢中思維看起來就是完美地尋常，學習留心這些夢徵象對於明白自己身處夢中十分有幫助。」（參考來源：http://zh.wikipedia.org/wiki/ 清醒夢）

另有一些方法給大家看看：
1. 看鏡子。在夢裡，你的鏡像通常會顯得模糊或者根本沒有，或嚴重變形。
2. 看自己的手。你通常會看見多過五個或少過五個手指。
3. 跳一跳。在夢裡你通常會飛起來。
4. 戳自己。做夢時，你的「肉」通常會比在現實中更有彈性；一個常用的現實檢查就是用手指穿過手心，或扳彎手指，通常不會痛。
4. 試著靠牆站。在夢裡你通常會穿過那面牆。
（參考來源：http://zh.wikihow.com/%E5%81%9A%E6%B8%85%E9%86%92%E6%A2%A6）

誠如維基百科所言：有時候會失敗，以上各種方法即使都倒背如流，也未必可以運用在夢中，因為在現實中很難一心兩用，夢中也一樣。

大家想想看，在日常活動中，是否總是注意一些細節，譬如一個東西、一個人、一件事，而忽略整個四周環境？

夢中的世界通常不如現實世界那麼逼真完整，做夢者卻不會注意到，因為很難一邊注意細節，一邊想著整體環境。

譬如在夢中看著一顆蘋果，它是紅色的，鮮豔的，沒問題，夢者不會懷疑是做夢，卻沒注意到四周環境灰濛濛的。這是許多人的夢特徵。

換句話說，能夠一心兩用的人，真的比較容易在夢中知

夢，卻不利於將現實事情做好。

　　所以，很難在成功者之中，找到一位常做清醒夢的人，如何在一心兩用與全神貫注之間取得平衡，端視大家的智慧了。

讓清醒夢持續穩定？

　　網路上有好幾篇文章，教人讓清醒夢穩定清晰而不「掉線」，掉線的意思是醒來或變成普通夢，給大家看看：

1. 聚焦於一個單獨的細節

   如果夢見在黑暗的走廊中，靠近並仔細觀察牆壁的質地、盯著自己的鞋帶、查看手指甲，就像珠寶專家在鑑定一顆鑽石。這種集中注意力的方法可以帶來穩定和長時間的清醒夢。

2. 兩手合在一起摩擦

   一種具有傳奇性的成功率的嘗試性和真實的把戲。您的手掌互相摩擦所產生的一些觸感，似乎幫助很多做夢者強化了清醒。

3. 旋轉一個圈

   這是一個多目的工具，可以被用於為褪去的夢想場景帶來穩定，但是也可以被用於強制「改變」一個正失去控制的場景。

4. 向後倒

   向後倒時提醒自己，即使摔跤了都是在做夢，因為可能在倒地後發現自己在一個完全不同的地方，然後失去清醒度。

5. 看地面

如果感覺一個夢在「搖」或者快消失了，低頭看地面然後想像周圍的環境，提醒自己你在做夢。

6. 閉眼

當做夢時所有東西都在變暗時，閉眼讓它變亮，這樣夢就不會停。（參考來源：http://cn.sleepwithremee.com/luciddreaming.html）

大家可能會看不懂以上的原理是什麼，其實我也不甚了了。

不過，我個人不太認同這些技巧，因為在清醒夢中靜觀其變，不干預、不介入，才是正確態度，何必將清醒夢變成躺在床上做白日夢呢？

科學界一直懷疑清醒夢可能是躺在床上做白日夢，如果依照以上方法維持清醒夢，很有可能就是進入自己的想像世界，豈不自欺欺人？

清醒意識介入越多，越像白日夢、幻想或妄想，萬一有精神病體質，恐怕會誘發出來，這是必須慎防的。

況且，身體不舒服譬如寒冷、過熱、胃脹、尿急、心悸等，都必須立刻醒來才有可能舒緩，不會一直在夢魘中打轉。

讓清醒夢穩定的唯一好處是，在瀕死之際遇上可怕的幻境時，可能醒不過來，只能以自己變出來的武器來消滅幻境。

但問題來了，因身體病痛殘弱而產生的幻境，沒那麼容易被消滅，會一再出現，即使是清醒夢老手，擅長變換夢境，恐怕也窮於應付。

所以，放鬆的心態很重要，在面臨不好的幻境時，依然「作壁上觀」，無視於任何痛苦，才是有效的應對之道。

我個人認為，一輩子從不吃藥解除痛苦的人，才有可能完全無視於瀕死的痛苦，但很困難，需要極為徹底的冥想訓練才行。

什麼食物可以增加清醒夢次數？

網路上有一些建議：

「褪黑激素讓夢變得很真而且通常只關於一個主題。

有些人覺得在睡前服一點點咖啡因（比如含咖啡因的茶）會有幫助。他們說這讓他們意識清醒但身體睡著。對其他人咖啡因可能推遲睡眠或影響睡眠。

補充劑也能幫你。維他命B6可以讓夢顯得更真實（例如香蕉、魚類）。

以 2,000 毫克天門冬氨酸，4,000 毫克左旋谷醯胺 和 3,000 毫克茶氨酸組成的胺基酸混合劑可以大大提高做清醒夢的機率。

加藍他敏和酒石酸氫膽鹼能大量提高清醒的可能。

色氨酸是血清素的前驅體，也可以提高你做清醒夢的機率。

魚肝油幫助你回憶夢境。白果有與B6類似的作用。

喝艾蒿茶也能加強夢的記憶和真實度，連喝三晚後就能有所成效。」（參考來源：http://zh.wikihow.com/%E5%81%9A%E6%B8%85%E9%86%92%E6%A2%A6）

以上文章的內容大多沒有什麼科學根據，只有維他命B6，真的有助於做夢時夢境清晰，還可以幫助人們清晨醒來時更好地記住昨晚的夢境。

根據英國的研究，維生素B6能夠將胺基酸轉化為血清素，有利於記夢，香蕉、蔬菜和堅果中富含這個物質。

研究人員也強調，過多食用含有維生素B6的食物，容易

引起失眠等症狀。

不過，記夢不等於清醒夢，大家還是要按照前面提到的各種技巧進行，世上沒有什麼神奇的清醒夢必成食物。

在清醒夢裡要做什麼？

我曾提過，在清醒夢裡什麼都不必做，靜觀其變即可；但有時候會太無聊，有人建議以下嘗試，大家參考看看：

「在清醒夢裡飛是很好玩的。試著越跳越高來讓自己飛起來，（當你在夢裡『走路時』）有些人覺得得訓練自己，有些人可以直接想自己要飛，然後離開地面，開始飛翔。你也可以試著飛簷走壁，因為如果你不是完全認為自己在做夢，第一次飛可能有些嚇人。很多人經歷過飛翔都感覺很自然很激動。

如果你害怕某樣東西，比如說蜘蛛，你可以在夢裡克服這種恐懼。只要想像牠變成某種搞笑的東西。如果你練習得夠久，你就可以克服這種恐懼。

你可以想像某樣東西在你手裡，或者在背包裡。試著感覺它的重量，形狀和質感，會有所幫助。如果做惡夢了，或者其他恐怖的夢，隨著練習，這可以變成一個自我保護機制來應付那些危險。當然，它們不可能真的傷到你，但是用一個火箭突然消滅一個超級恐怖的怪獸是很好玩的。

試著不要去擔心夢裡會發生什麼。試著記住這只是一個夢，而且什麼都傷不到你。比如說，如果你太擔心夢裡的人會攻擊你，他們通常都會。

一個大部分時間清醒的人會繼續遇到在夢裡一些心理上

和發展上的挑戰。愉快的和失落的，簡單的和困難的，美麗的和恐怖的，出現的頻率都和普通的夢一樣。」（參考來源：http://zh.wikihow.com/%E5%81%9A%E6%B8%85%E9%86%92%E6%A2%A6）

說實話，愉快的夢境人人皆嚮往之，不愉快的夢境人人避之唯恐不及，但是沒那麼容易完全躲開。

消滅夢中的怪獸很爽，但以後的夢裡還是會出現類似的東西，因為沒有去除心中恐懼，恐懼就會如影隨形、伺機出現。

前面曾提過梭利的夢，那是心中的糾結，還可以想辦法化解，身體上的病痛，就很難以心理方法消除了。

飲食不適當、喝水不足、睡眠不規律、缺乏運動、久坐不動、沒定期體檢與洗牙，都有可能導致身體不適。

這些不適很有可能誘發惡夢，在病因沒去除之前，會一再以象徵形式出現在夢中，使用心理武器譬如夢中火箭，可能打敗一時的夢魔，卻不能永遠有效。

清醒夢不是解決清醒難題的唯一妙方，許多健康快樂的百歲人瑞，都不會做清醒夢，大家務必認清這點。

我的一個清醒夢 2

我曾做了一個特別的夢，夢中我躺著沉入水中，我知道在做夢，就放任不管繼續下去。

此時左手突然有一股下拉的力量，加速下沉，我感到害怕，以為會溺水，突然驚醒。

醒來後懊悔不已，我在清醒的情形下居然會害怕虛假的夢境，顯然在清醒時要養成隨時放鬆的習慣，才能及時運用，克

服睡夢中的恐懼。

克服恐懼是畢生的課題，即使是一帆風順的人，也會在瀕死時遇到這個問題，不得不面對。

不過，瀕死的恐懼，常常是因為身體的疾病，心理上的對抗有時也無法成功，所以醫學上的藥物緩解是很重要的。

譬如倦怠、疼痛、痠麻、發癢、眩暈、畏寒、呼吸困難、噁心嘔吐、便秘、腹瀉、失眠、腹脹等，心理上的強健只能阻擋部分症狀，或暫時舒緩一下，病因未除，痛苦不會停。

我曾在夢中想擺脫驚慌，卻無法完全去除這種感覺，有時消失後又很快出現，等到醒來才發覺，原來是尿急了。

膀胱的緊繃，會引發腦部出現慌張夢，如果已知道做夢卻不願醒來解決問題，光憑夢中的方法是很難消除那種壓迫感的。

的確有些末期癌症的病患，以超強的意志力克服疼痛，甚至與親友聊天，看不出有任何苦楚。

但一般人沒有鋼鐵意志，沒有辦法像特種部隊的戰士那樣，能忍受超乎尋常的苦難，建議還是以藥物緩解吧。

前面曾提過的安寧療護，就是以紓解痛苦為目標，即使使用嗎啡也可以，不必忌諱，統計發現，幾乎沒有臨終病人使用嗎啡而上癮。

讓病人忍受疼痛，當痛到極點時才用藥，反而會加重劑量才壓得住症狀。有時須加上其他藥物譬如抗痙攣藥及抗抑鬱劑才能有效止痛。

現代癌症的止痛原則已變成「痛前用藥」，在病人還沒有痛的時候就用藥，使病人消除疼痛的記憶以及焦慮，結果藥物的劑量不增反減。

身體使用藥物，心理使用清醒夢，雙管齊下，才能解決大多數的苦惱，大家務必認清真相。

清明夢相關名人

網路上轉貼的文章，請大家看看：

「尼古拉・特斯拉：歷史上最偉大的科學家，最傑出的天才，最強的清明夢者，很多超前實驗就是在清明夢中完成。

1. 特斯拉每天睡眠只有兩小時。一般人如果這樣的話，估計非死即瘋，之所以特斯拉沒死也沒瘋，是因為深度思考狀態類似於清明夢狀態，不僅是思考，也是對睡眠的彌補，也就是很多人說清明夢後，精神更好了。

2. 特斯拉說他可以主動控制進入這種狀態。當然，只要他開始深度思考。

3. 他說他進入了另一個世界。當然，因為是高清醒度的清明夢，他在造夢。

4. 閃速入夢＋絕對清明＋不醒之身＋超級擬真。四個都是清明夢領域的巔峰體驗，而特斯拉能集之大成，所以他是清明夢超強者，真正的天才。

諾蘭：《盜夢空間》導演，影片裡的盜夢小組基本上都是在清明夢裡活動。從諾蘭的訪談中可以明確知道他早在十六歲就有清明夢經歷了，他獲得清明夢主要是通過淺睡狀態下的半明夢技巧。盜夢空間最直接的靈感就來自於他的清明夢經驗。

拉馬努金：數學天才，號稱『一個印度人孤獨地對抗著歐洲積累百年的智慧』，此人夢記的水平極牛，在他的夢裡，數學公式自動顯示，他記下即可，由此獨立發現了3,000~4,000個公式，而且常能預見某些數學的結論，日後有許多得到了證實。

陸游：南宋著名詩人，他的『記夢詩』堪稱中國夢幻文學裡的一朵奇葩。『夢中了了知是夢，卻恐燕語來驚眠。』『西鄰好友工談笑，每見明知是夢中。樽酒不空書滿架，何時真得與君同。』從他的幾篇記夢詩中可以確定，他能夢中知夢，清明夢的水平比較高。

費曼：被譽為上世紀最聰明的科學家，有名的科學頑童，1965年諾貝爾物理獎得主，他能知夢控夢，喜歡觀察夢境，至少是清明夢夢匠級別，因為他曾將夢中遇到的三個老頭變成了三個比基尼女郎。

愛因斯坦：著名的相對論還與他小時候的一個夢有關。他做夢坐爬犁，發現其速度在還不及光速前一直在加大，星星則開始變換其形狀，變成一條條發光的線。這個夢境不知為什麼一直都記著，頭腦裡不止一次出現這個場景，可以說是他的相對論最初的靈感，愛因斯坦自稱，他的夢對他的發明幫助很大，相對論理論就是在一個類似夢境的狀態下想出來的。」（參考來源：http://blog.renren.com/share/284114304/15609282362）

請大家注意，真正確定做過清醒夢的名人，只有諾蘭、陸游、費曼三人，其餘的都是猜測而已。

在我看來，以上大多是「靈感夢」，夢者並未意識到自己在做夢；靈感夢可以唬弄成「清醒夢」嗎？當然不行。

清醒夢並非了不起的技能，歷屆諾貝爾獎得主僅有費曼一人曾做過清醒夢，若加上達賴喇嘛也只有兩位而已，大家不要被網路文章騙了。

林肯大學研究人員測試受試者「字詞聯想力」後發現，清醒夢者比起睡覺時從未意識到自己在做夢的受試者，解出的題數多四分之一。

這是目前所知，唯一科學證實過的清醒夢好處。

其實，年紀越大，字詞聯想力越好，沒有清醒夢的人只要上了年紀，這種能力也會變好，無須擔心。

費曼的清醒夢

諾貝爾物理獎得主費曼（Richard P. Feynman），寫了一本充滿幽默的書籍《別鬧了，費曼先生！》，裡面提到他做清明夢的過程，值得參考。

在他還是學生的時候，曾經要交一篇論文，主旨是在睡覺時，意識怎樣停下來。因此，他每天在入眠時，刻意觀察自己的思想，一直到睡著為止。

這就是前面提過的「夢屏法」，大家想起來了吧？如果不清楚，可再回到前面細看。

有一天晚上，他使用夢屏法而睡著，突然發現自己在夢中，於是繼續觀察夢境，過程如下：

「在夢的開始，他在火車車頂上，火車正好要開進隧道，他害怕極了，拚命趴下來，隨即火車呼嘯一聲進入隧道。

他跟自己說：『原來夢中也有害怕的感覺，而且還能聽到車聲的改變。』同時，他也注意到夢是有彩色的。

接著他在一節車廂裡面，感覺到人和車在搖晃，於是他自語道：『夢中有運動感！』

他東倒西歪往車尾走去，看到一個像櫥窗的大窗，窗子後面有三個穿泳衣的漂亮女孩子。他繼續向前走進另一節車廂，突然想起：『嘿！要是現在能生起性衝動，豈不是很有趣嗎！我應該回去剛才那節車廂。』

他發現自己轉過身走回去，意識到在夢中可以控制自己的方向。

走回到那個大窗，卻看到裡面是三個老頭在拉小提琴，但是他們立刻變回女孩子！他大為興奮，然後——醒了過來。」

當時是學術界研究夢的初期，學者對夢中感官的作用有許多不明之處，譬如夢是黑白還是彩色的；是否有味覺、聽覺、嗅覺；夢中時間與現實時間是否一致；夢中場景變換時為何不起疑【從火車頂瞬間變成車廂內】等。

費曼不愧是二十世紀最聰明的科學家，夢中的觀察非常細膩關鍵，正好是許多科學家嘗試了解的現象。在後來的實驗中，他又持續觀察了夢中感官的各種作用與程度。（出處：http://blog.xuite.net/smallyu18/blog/85983368-%E6%B8%85%E6%B8%85%E9%86%92%E9%86%92%E5%81%9A%E5%A4%A2）

其實，這個夢有「性」的意味，顯示費曼當時有這方面的需求，這是無庸置疑的。不過，需要注意一個關鍵之處。

我曾使用夢屏法，可能是使用過度，腦海裡的影像變換極快，醒來後有點疲累感，顯示這樣的方法只能以輕鬆的態度玩一玩，認真就不行。

另外，許多玩通靈的人，也使用這一招，導致前額出現脹感，甚至噁心想吐，搞到後來不得不放棄通靈。

大家都知道，過度思考會引發頭部不適，夢屏法若使用太多，等於過度思考，當然是不宜的。

將注意力放在身體內，遠比放在頭部，要舒服得多，我將在第三章的冥想，詳述其中奧妙。

為何沒有清醒夢？

曾有人試用清醒夢的各種開發方法，卻一再失敗，只能做一般夢，即使是一次也不可得。

目前已知清醒夢的教師或大師或神人，沒有一個是 100% 做清醒夢的，也就是說，不是每一個夢都是清醒夢。

相反地，沒有從事清醒夢教學的人，我知道有四位是 100% 或接近 100% 做清醒夢，幾乎每一個夢都是清醒夢。

我比較熟悉其中兩位，他們記得的夢不多，卻都是清醒夢。或許是因為夢少，才會高達 100% 吧。

仔細研究過他們的方法，發現與一般人最大的差異是「現實如夢感」，常常有這種感覺的人，清醒夢的次數才會大幅躍升。

現實如夢，不是沒睡飽的副作用，而是睡飽之後還有這樣的感覺，這不是疾病，而是勤練心法的結果。

舉例來說，在日常活動的同時，也進行放鬆與冥想，相當於「一心二用」，現實的感覺就會減弱，彷彿做夢。

大家可以做實驗看看，看著本書的同時，也注意肚子裡的腸胃，會不會覺得書裡的文字不太清晰，猶如夢境？

在過馬路或開車的時候進行放鬆與冥想，剛開始會有危險，需要長期鍛鍊，才能運用裕如，不至於引發災禍。

西藏夢瑜伽也有這樣的教導，鼓勵學生將現實當成夢境，當然那不是口號形式，而是真正的感覺體會，也就是在生活中融入冥想。

放鬆冥想越徹底，現實世界就越像夢境，進而習慣於質疑現實世界；到了真正睡覺做夢時，就可以立刻察覺不對勁而知夢，不會一頭栽入夢中而不自覺。

冥想會增強前額葉皮質的功能，而前額葉正是清醒夢的負責腦區，前面曾提過，這裡不贅述。

此外，我曾在夢中檢驗真假，居然認定不是夢、是真的現實，所以檢驗不一定有用，難以當成做清醒夢的保證。

況且，有想起在夢中檢驗，就很難，想起複雜的技巧，更難；大多數人都被夢中情節吸引住了，哪有心思進行複雜的判斷。

夢中的邏輯能力也不如清醒時，譬如在清醒時都有可能一時忘記熟悉的人、事、物，做夢時就更記不得了，怎麼區分真假？

我個人以為，在 NREM 的清醒夢，應該是一開始就知道做夢；在 REM 的清醒夢，才是夢到一半才知夢。原因是 NREM 比較接近清醒，容易知夢。當然，只是純屬猜測。

睡眠時間夠久，譬如每天睡十小時，NREM 就會比較久，導致「一開始就知道做夢」的次數變多，這是我個人的觀察結果。

大家或許不太能理解以上說法，沒關係，只要知道放鬆冥想是誘發清醒夢的最佳途徑，就行了。

清醒夢是靈界之旅嗎？ 1

網路上有所謂「清醒夢是出竅的偽裝」，意思是，清醒夢是一種靈魂出竅的「變形」，大家相信嗎？

所謂出竅，是指靈魂飄浮於身體之外，看著自己的肉體，有些人就說，清醒夢只是靈魂沒注意出竅的畫面而已，其他與出竅一樣。

當然，我完全不相信出竅是真實的，在我的其他著作中已詳細討論過，這裡不再贅述。有人說，出竅是偽裝的清醒夢，我倒是非常認同。

所以，清醒夢當然不是出竅的偽裝，與一般夢是完全一樣的，只是加上自覺而已，沒什麼特別之處。

隨便舉個例子，就可以證明清醒夢沒有玄機：

我曾在夢中自由自在的飛翔，好像是在一個超大的廣場上空，有點像羅馬競技場，玩得很高興。

飛到一半時，我想衝出廣場、飛向宇宙，便拚命往上飛，雙手還像超人一般握拳高舉。

不知飛了多久，雙手突然碰到堅硬的障礙，我開始納悶，宇宙居然有牆壁一般的邊界？真奇怪，宇宙不是無邊無界嗎？

這時，我就醒來了。沒想到我的雙手竟然頂在床頭的軟墊上，原來夢中的宇宙牆壁是——床頭！

原來，雙手碰到床頭而產生的觸覺，傳入我的大腦，再加進夢境裡，變成牆壁，就這麼簡單。

如果清醒夢是在靈界或異次元裡遊蕩，我的夢正好是反證，正好證明靈魂學家說的根本不是事實。

另外一個例子，我夢見在一個懸崖邊，即將墜入深淵，在

驚叫之際，突然醒來。

沒想到我竟在床沿，即將翻落床下，馬上伸出手撐住地面，才免於撞擊地面，好險。

如果我夢的是另一個世界，怎會剛好與現實情況雷同？

最合理的解釋當然是身體的重心不穩，平衡系統將訊息傳入腦部，卻被誤解成從懸崖摔落。

一切夢境皆大腦自己編造的。

清醒夢是靈界之旅嗎？2

相信「清醒夢是出體的偽裝」的人，還在網路上列舉幾個理由，說明是確有其事，這裡舉例如下：

1. 出體可以清晰地思考？

   真相：清醒夢也有不少案例可以清晰地思考。

2. 出體可以自由地控制自己的活動？

   真相：清醒夢也有不少案例可以做到。

3. 出體清楚知道自己已離開自己的肉體活動？

   真相：那是幻覺，我在別的拙作裡提過：請參考 http://blog.xuite.net/sy036267/twblog1/123488606-%E6%88%91%E7%9A%84%E5%87%BA%E7%AB%85%E3%80%8C%E5%8F%8D%E8%AD%89%E3%80%8D

4. 出體清楚知道自己離開肉體的過程？

   真相：加拿大安大略省滑鐵盧大學的神經學家 Allan Cheyne 認為，在清醒夢中，我們夢到了移動或飛翔，使我們有移動身體的感覺，但由於大腦是「清醒」的，它很清楚我們的身體並沒有移動。為了解決這種矛盾，

大腦便將「自我」和身體割裂開來：自我開始飛行，而身體原地不動。（**參考來源：**http://www.guokr.com/article/65552/）

5. 出體有可能可以見到自己的肉體（*自己的肉體多數在睡眠中*）？

真相：一般清醒夢的確沒有這一項，但只不過是幻覺而已，不能證明什麼。

6. 普通夢和清明夢較易被忘記，但出體經驗卻非常清晰，不易被忘記？

真相：清醒夢者常說，比真實世界還真實，印象深刻，哪來忘記？

所以，清醒夢不是出體的偽裝，出體只是一種清醒夢或普通夢而已。

夢境 vs. 預知

靈魂學家為何一口咬定，夢境是異次元或靈界呢？根據我的研究，他們的理由如下：

極少數人做了所謂的預知夢，使得靈魂學家認定，夢境就是靈界或異次元，可通往未來。其他夢境也同理可推。我並不認同這樣的邏輯。

預知夢未必是預知，可能只是巧合而已，我搜尋預知夢案例已多年，從未看過與現實100%一樣的預知夢，一個都沒有。100%一樣才叫做預知未來吧。

任何宣稱夢境與現實一模一樣的人，在我逼問細節之下，總是放棄一模一樣的說詞，改成「幾乎」一樣，實在很離譜。

所以不能證明預知夢是真的預知，巧合才是大多數案例的原因；至於少數案例發生的機率太低，不像巧合，也可以解釋，譬如我的親身體驗：

　　我的朋友曾向我透露，一名女藝人將死亡，我不當一回事，結果數日後真的有女藝人被男友殺害，1997 年媒體有大幅報導。

　　女藝人被殺是很罕見的事，朋友預言命中，不太像是巧合，因為機率真的非常非常低。

　　我跑去追問朋友，他竟然回答，完全不認識該藝人，只是一個概念閃現腦際而已。他也不當一回事，只視為巧合，生活完全不受影響。

　　我個人解釋為朋友接通「訊息」，訊息就是那女藝人在兩個月前寫下的遺囑，不是真的預知未來；我在別的拙作中已詳述了這個理論，這裡不再贅述。

　　此外，夢到已故的親人在「那邊」過得很好，真的是靈界嗎？

　　我個人認為，這種夢只代表自己的期望，希望過世親人沒受苦，也是大腦的編造，沒有證據可以證明是另一個世界。

　　如果夢到已故的親人說出你不知道的遺物藏處，然後醒來後真的找出來，才叫做另一個世界的證據，值得探討。可惜沒有這樣的夢。

　　那麼，夢境真的是日有所思、夜有所夢嗎？請看 Discovery 頻道曾播出魔術師的潛意識試驗：

　　魔術師找人坐在靠窗的餐廳椅子上，魔術師拿出一張車子圖片，請他設計車身圖案，此時故意叫一部車身都是斑點的車子從窗外疾駛而過。

結果受試者畫了一堆斑點在圖片上，問他為何如此，他竟說是靈感創意，渾然不覺受窗外車子的影響。

每天我們的視覺影像有大量進入潛意識中，卻很少出現在意識中，而夢境或所謂的「出竅」所見，大多是潛意識內容且被改頭換面（大腦本來就有這種特性），很難被意識認出。

所以，認不出來就認為自己進入異次元或神靈界，等於被潛意識耍了，請大家認清此點。

如果清醒夢就是異次元之旅，在裡面遇上所謂的妖魔鬼怪，豈不是嚇得抱頭鼠竄、淒厲慘叫？對著自己創造的幻覺閃躲、哭喊，不覺得荒唐可笑嗎？

想安然度過瀕死的第一階段，必須在面對可怕的幻覺時，放鬆自己、從容以對，絕對可減輕部分恐懼，何苦相信靈異之說，自己嚇自己？

現實與夢境一定要區分嗎？

有人說，何必區分？又沒有好處。又有人說，人生如夢，夢如人生，區分很難。

舉例來說，在現實世界裡，我遇到一隻狗衝過來，我一定採取防衛姿態；但在夢裡遇到一隻狗衝過來，需要防衛嗎？夢裡的狗咬不死人，要不要防衛就隨意了。

不過，在人瀕死的時候，就不一樣了，根據前面的資料，心跳停止的時候，腦波會呈現混亂狀態一段時間，才歸於靜止，然後突然出現大放電（三十秒到三分鐘）後，再永遠靜止。大放電可能與正面的瀕死體驗有關。

而心跳暫停可能出現許多次，甚至長達一週以上。換句話

說，瀕死的腦波可能混亂很多次。我的看法是，等於惡夢連連！

如果那些惡夢裡有狗衝過來，採取防衛姿態只是讓自己緊張過度而已，何苦呢？不如讓牠咬你，反正是假的，咬了又不會怎樣，就不會那麼緊張了。這時，狗反而會消失，或變成其他東西。

建議大家平時學會在夢裡知道在做夢，並放鬆自己，任憑惡夢的襲擊，不要緊張的反應，才不會在自己瀕死的時候，在惡夢中驚惶失措。

所以，我還是認為，現實與夢境需要區分。區分清楚後才不會過度反應。僅供大家參考。

第三章　死亡的正確觀念——減輕恐懼

既然 CAS 3 是大多數人的必經之路，有必要在健康的時候，就訓練自己、模擬出 CAS 3 嗎？平時健康的時候，擁有 CAS 3 的經驗，日子會過得比較好嗎？先從生死的意義談起。

楔子

我一直想讓螞蟻知道我的存在。我真的想過，不是亂編的。

大家想想看，我對螞蟻而言，根本就是神，可決定任何一隻的生死，想捏想踩，悉聽我便。

既然是神，當然想讓牠們知道，什麼是人類，什麼是生死的意義。

看牠們整天到處亂竄，真想告訴牠們，那種沒意義的日子不要過了。

我有許多珍貴的知識，可讓牠們大開眼界，可是，怎樣告訴牠們呢？

人類自詡為萬物之靈，自認為懂得比較多，應該對生死的意義瞭若指掌，真相恐怕是——什麼都不知道。

曾有人說，每個人有不同的生命（死）意義，自己去找答案吧。

聽起來好像有理。

可是，獨裁者與黑道幫主也說找到了他們自己的生命意義耶。

所以，上面的說法根本行不通，反而有鼓勵為非作歹之虞。

那麼，該從哪個方向尋找生死的意義呢？

說出來大家可能不信，就是前面提到的動物，螞蟻！

蝦米？那麼低賤的動物，可以當我們的老師嗎？

大家不要小看動物，我從動物身上學到的生命意義，比任何書本的內容更扎實，更腳踏實地。

在本章的前段，我會介紹大量的動物資料，保證讓大家耳目一新。

甚至對動物的印象來個大翻轉，並學會什麼是謙卑。

既然講到學校沒教的生死學，必須話說從頭，讓大家知道什麼是生死學，否則會看得霧煞煞。

已故的台大哲學系傅偉勳教授於 1993 年首創生死學一詞，英文叫做 Life-and-Death Studies。

就這樣，還要介紹什麼嗎？我看不需要了，再介紹下去會愈來愈複雜，大家只要知道創始人是誰就行了。

那麼，生死學的意思是什麼呢？

目前有兩個，一個是中華生死學會揭櫫的「廣義」生死學：探討與生死相關的主題，如：生命系統、生命倫理、生命禮儀、生死教育、養生技藝、臨終關懷、悲傷輔導、殯葬管理等。

另一個是「狹義」的生死學：從死亡看生命意義的學問（生死教育），或等於死亡學（Thanatology）。

大家可能被嚇到了，好難啊！

沒關係，本書採用狹義的生死學，就是：從死亡看生命意義啦。

沒有很難，大家繼續看下去就知道了。

蜉蝣的吶喊

宇宙長河，浩蕩悠遠，人類生命，短如蜉蝣。

在那麼短的時間，想了悟真正的生命意義，何其難呀！

沒有真正的智者可以告訴我們答案嗎？

還是，有高超的外星人，飛來啟示我們嗎？顯然沒有。

哲學家的答案太艱深了，根本看不懂，怎麼辦？

就這樣帶著問號，進入墳墓或骨灰罈嗎？想來令人悲哀又無奈。

想談生死意義，先看看一般人談論的生命意義是什麼。

我的策略是，搞清楚最有道理的生命意義是什麼，再加上死亡，或許可浮現真正的生死意義。

大家用過 Google 搜索引擎吧？

Google 有許多種類的搜索引擎，其中的「學術搜尋」，大家可以試試看。

只要將生命意義或 life meaning 兩個詞，分別鍵入，就可以得到驚人的篇數。

到 2013 年 9 月為止，中文資料高達七萬多篇，英文高達310 萬篇論文。

大家想想看，那麼多論文，其中不乏艱深難懂的內容，怎麼辦？

有些論文屬於科學上的，有些屬於宗教的，也有些屬於哲學的，還有大量難以分辨屬性的。

既然難以取捨，我建議大家，還是以科學為主要驗證基礎比較好。為什麼這麼說呢？

宗教上的生命意義，不必我提醒，大家都知道，各教有各教的內容，如果我推薦甲教的生命意義，乙教的信徒必然反駁。

甲教的信徒也不會對乙教的信仰服氣，這是很有可能的。

至於哲學就不用說了，即使沒研究哲學的普通人也知道，

每個哲學的立場相差很多，對生命意義的看法不可能一致。

別的領域對生命意義的見解也不遑多讓，沒有所謂的普世價值觀。

科學的立場就簡單多了，演化與基因已是舉世公認的科學典範，在這兩者的基礎上推論生命意義，通常沒有什麼異議。

因為每個人都是演化與基因的產物，沒有例外，大家同意吧？

有人反對演化論，但幾乎沒人忽視基因的存在，這是無可置疑的。

有些人非常反對科學，認為科學會汙衊靈性，把人變成獸性機械，其實是誤解科學了。

我從科學的資料學到的，不是獸性或冷血，反而是充滿光輝的內容，大家繼續看下去便可了解。

當然，有些人認為科學只是片面的理解，猶如瞎子摸象，應該與其他領域聯合起來，共同對生命意義進行探索。

我也想這樣做，無奈個人學識不足，不是通才，沒辦法進行這麼浩瀚的研討，對大家說聲抱歉了。

不過，科學也有很迷人的層面，足以對生命意義進行有效的一瞥，不會徒勞無功，大家拭目以待吧。

自私的基因

科學家說，我們是基因的機器，所有的自由意志皆是假象。什麼意思呀？

我們怎可能是機器？萬物之靈耶。

大多數時間，我們不是有掌控一切的感覺嗎？

還有道德、良知、良心、助人這些品行，怎麼可能被基因控制？

我們不是野獸，更不是什麼精密的機械吧？

科學家不會矮化或貶低人的高貴情操與人性光輝吧？

目前已知人體的基因有兩萬多個，控制身體功能的正常運作。

那麼，基因與生命意義有什麼關聯啊？

克林頓・李察・道金斯於 1976 年出版了名著《自私的基因》（*The Selfish Gene*）。

這本書的主旨是：我們是自己基因的「生存機器」（survival machine），負責提高基因存活與繁衍的成功率。

他指出，自然選擇的基本單位不是物種，也不是種族或者群體，而是作為遺傳物質的基本單位，即基因。

因為群體或種族都處在變動之中，只有基因是穩定的，通過「複製」或「拷貝」的形式永遠存在。動物生存的基本目標就是讓與自己相同的基因得到延續。

大家看得懂嗎？

我們活在世上，有時感到渾渾噩噩，其實下意識都是在尋求自己基因的存活。

我們會趨吉避凶，會躲開危險，都是為了自己基因的延續，這麼簡單。

換句話說，遠離痛苦的背後目的是基因的持續，人類如此，萬物也如此。

基因的設計，是為了足以完成繁衍，沒有其他目的；所以人類在更年期之後，不會有新的基因啟動。

那麼，科學家已經講完了生命意義，就是延續基因嗎？

別急，還沒完。

一位母親會犧牲自己的生命來保護她的孩子，基因就無法延續了，怎會這樣呢？

科學家說錯了嗎？

當然沒有，即使母親的基因消失，她的種族基因（小孩）仍會存活下去。

《自私的基因》這本書強調，延續種族的基因，才是真正的生存目的。

有人或許會懷疑，有些父母非常狠毒，棄子女於不顧，又是怎麼回事？

請大家注意，科學家描述的是正常的心智，也就是大多數人的行為，病態的父母當然不是生命意義的探討對象。

腦部生病的人，不在我們的研究範圍裡。

可是，延續種族基因，似乎是非常偉大的行為，彷彿救世主，一般人怎麼可能辦得到？

我告訴大家，絕對辦得到，只是時機未到而已。

在 921 大地震發生的時候，我覺得天花板將掉下來，立刻將自己的身體壓在旁邊的兒子身上。

當時我想，我可以死，但小孩不可以死，天花板只能壓在我身上。

我不是吹噓自己有多偉大，這是任何父母都有可能做的舉動。

但是，人類為了爭取自己的存活，進行那麼多的瘋狂殺戮，甚至同室操戈、同類相殘，顯然在認知上出了問題，請大家繼續看下去吧。

生命意義的科學觀

目前已知的生命意義的科學觀，是延續自己種族的基因。

除了物競天擇、弱肉強食以外，利他行為是重要的手段，特別是人類，透過團結合作而稱霸全球。

此外，滅絕其他動物影響了生態平衡，有時反而無法延續自己種族的基因，所以保育也很重要。這是比較新的觀念。

我為人人，人人為我，人類的昌盛卻成為破壞生態的第一殺手。

那麼，生命意義是讓人類越來越多，徹底破壞環境嗎？還是減少人口，讓地球萬物獲得喘息的機會？

怎麼樣使人類繁榮昌盛，卻不會荼毒地球呢？

甚至有人說，人類全部消失，地球才有救！

如果人類沒有擴散到全球，如癌症一般轉移到全身，地球怎會有環境浩劫？

好矛盾呀，誰有解決之道？我認為可以從利他行為找到答案。

如果搜尋利他（Altruism）的學術資料，到 2013 年 9 月為止，中文資料高達兩萬篇，英文高達二十一萬篇。

利他行為（Altruistic behavior、Altruists）是指動物體在本身危急時或有損己身利益的情況下，幫助其他個體的行為。

我個人認為，如果人們的欲望降低，不再拚命追求物質虛榮，地球才能獲得喘息，人類才得以永續。

只有自己的欲望降低，彷彿聖人隱士，並不能解決人類與地球的重大問題，唯有影響他人也降低欲望，才是真正的利他，真正的愛護地球生態。

降低欲望並非過著貧苦的生活，而是快樂不假外求，自得其樂，無須追求過多的物質享受，就不會過度消費地球，這點容後再談。

由於人類的利他行為，有太多背後的動機譬如宗教、道德，難以釐清，動物的研究就比較單純，我特別找到這方面的資料，讓大家開開眼界。

動物的行為有時彷彿充滿獸性，其實也可以找到牠們充滿光輝的一面，而且還有很多資料可看，大家拭目以待吧。

物種的利他行為

動物的利他俯拾皆是，以下是我找到的，已非常驚人：

1. 雄蜘蛛和雄螳螂
2. 魑蝠（Vampire bats）
3. 裸鼴鼠、黃蜂、白蟻、工蟻或工蜂
4. 草原犬鼠、土撥鼠
5. 雀魚
6. 海葵與寄居蟹
7. 山鶯、鴨嘴雞、牧牛鳥與牛
8. 小雞 jiao － ji jiao － ji － ji － ji
9. 小魚和大魚牙縫
10. 黑猩猩和猿猴
11. 貝丁地松鼠
12. 清潔蝦、海洋生物
13. 海葵、小丑魚
14. 白蟻、鞭毛蟲

15. 珊瑚、蟲黃藻

16. 螞蟻和蚜蟲

17. 鴕鳥和斑馬

18. 鳥和鱷魚

19. 蝦虎魚和槍蝦

20. 綠色開花植物、傳粉昆蟲

21. 松樹、外生菌根

22. 地衣：藻類、真菌

23. 豆科植物、根瘤菌（根瘤菌目）

其實還有許多物種有利他行為，實在太多無法盡列，隨後我將詳細介紹上面提到的物種行為模式。

人類與貓狗之間，也是一種互利關係，人們飼養貓狗，貓狗幫人們看家、打獵、捕鼠，這是人盡皆知的事。

或許有人批評，人類飼養貓狗是學來的，不是天生自然的；因此，我選擇動物與動物之間的關係來解釋利他，夠自然了吧？

如果動物的利他行為是如此普遍，人類號稱優於動物，豈可棄利他於不顧，只強調獸性的行為？

那麼，我們要如何解釋利他行為呢？

為什麼利他行為可以在族群中存活下來，而不會被演化的物競天擇淘汰呢？顯然動物的利他行為可以提升其他個體的生存機率。

演化生物學家漢彌爾頓（William Hamilton）認為，近親之間的利他行為，可以增加動物本身在下一代中的遺傳代表性，卻不需要自己去產生子代。

換句話說，一個個體可以利用自己的後代來增加自己的基因，也可以對近親產生利他行為，來增加其他後代的數量。反

正基因類似，效果一樣。

互利共生

互利共生，英文叫做 Mutualism，專指在生物界中兩個物種間的一種雙方獲利、互相依賴的共生關係。

這些關係包括物質接觸，或生化聯繫，可以分成好幾種：

一、**專性互利共生**

意思是若共生的兩方分開了，其中一方，或兩方都無法生存。顯然，必死的一方更依賴對方。

舉例來說，白蟻和腸內鞭毛蟲的關係，便是一種互利共生的關係。白蟻啃木材為食，但不能消化其中的纖維素，須仰賴腸內的鞭毛蟲分泌的酶，才能將纖維素分解。分解後的產物供兩方使用。

螞蟻和蚜蟲也是一樣，螞蟻保護蚜蟲不受攻擊，蚜蟲則分泌糖汁給螞蟻食用，雙方互蒙其利。

二、**兼性互利共生**

意思是共生兩方之間的關係為投機性，可有可無，也就是說，可以不互相依賴而存在，沒有一方會死亡。譬如豆類與根瘤菌。

三、**防禦性互利共生**

其中一方提供防禦性措施，讓另一方免於被捕食。譬如黑麥草與麥角真菌。

四、**偏利共生（commensalism）**

又稱為共棲。意思是兩種都能獨立生存的生物，以可有可無的關係得利。通常對其中一方有利，另一方無關緊要，不一

定得利。

譬如色彩鮮豔的雙鋸魚（Amphiprion），常在海葵的觸手間游動，牠不怕有毒的海葵觸手，等於受到海葵的保護，不會被大魚攻擊；而其他種類的小魚可能受到雙鋸魚的吸引而靠近海葵，被觸手抓住而吃掉。

鮣魚的游泳能力很差，頭部演化出類似吸盤的構造，然後附著在其他生物身上，對被附著的動物完全無害處，對象包括了鯊魚、鯨魚、魟魚，甚至潛水者。

五、原始協作（protocooperation）

意思是兩種獨立生存的生物，以一種合作關係，使得雙方都有利。

譬如鴕鳥的視覺奇佳，斑馬的嗅覺很好，牠們常常生活在一起，可以及早發現天敵。

海葵有另一個共生對象：寄居蟹，海葵常常在寄居蟹的貝殼上附著，其有毒的刺絲胞可以保護寄居蟹，而寄居蟹的活動又擴張了海葵的覓食範圍。

靈長類的利他行為

我先從與我們相近的靈長類談起。

黑猩猩是與人類血緣最接近的動物，也很願意幫助其他同類，一項實驗顯示，當一隻黑猩猩進入一個裝滿了食物的房間後，其他黑猩猩只要敲門，提出想要食物的「申請」，便可獲准進入享用。

我們一直自詡為萬物之靈，其實一項新的實驗發現，即便在沒有可能獲得報酬的條件下，猴猴，一種比較原始的猴子，

也會把食物分給沒血緣關係的同類。

瑞士蘇黎世大學的 Judith Burkhart 領導的一個研究團隊，將兩隻狨猴分別關在兩個鄰近的籠子中。

研究人員發現，當兩隻猴子同時在場時，其中一隻將裝有食物的碟子推到同伴面前的機率增加了 20%。

牠們都知道這樣做只會使自己少吃一點，沒有任何好處，牠們仍然有提供食物給陌生同類的動機。

狨猴在幼小的時候，祖父母、姑媽、舅舅輩的狨猴參與撫養的情形很常見，美國麥迪遜市威斯康辛大學的 Charles Snowdon 進行過類似的試驗，證明利他行為很普遍。

日本猴也是一樣，當母猴走失後，其幼仔就由猴群中地位較高的雄猴照顧，令人驚訝吧？

此外，有的猿猴或猩猩，會將愛關注在不是自己親生的幼仔身上，譬如背負或擁抱同類的幼仔，甚至帶領牠們玩耍，或梳理身上的毛，簡直像是親生的父母一般，與人類行為無異。

最為人熟知的是狒狒的利他行為，地位最高的雄性狒狒遇到掠食者，會發出大叫，一邊向同伴示警，一邊以勇敢的姿態衝向掠食者，使自己暴露於最危險之境地，讓其他同類趁隙逃離。

當然，靈長類的黑暗行為也很多，但不容否認的，都有明顯的利他行為，而且是壯大族群的最有效方法，勝過物競天擇。

海豚的利他行為

「弱肉強食」、「適者生存」是動物世界裡的殘酷真相，連海豚也不例外，請看一份資料：

「英國蘇格蘭的聖安德魯斯大學（St Andrews University）海洋哺乳生物研究機構（Sea Mammal Research Unit）的科學家，就見識過瓶鼻海豚（bottlenose dolphin）的暴力面——牠們會孤立體型小的港灣鼠海豚，再將牠們殺死，而目的並非為了攝食。

　　澳大利亞也有研究發現，公海豚為了展現權威，會壓在其他同性身上，造成血腥鬥毆，也會逼迫同性彼此交配，或是聯合其他公海豚，性侵一隻母海豚，行為有如『黑社會』。」（出處：中國新聞網）

　　海豚的負面行為看起來很可怕，與人類的惡劣行徑差不了多少，不過，牠們的利他行為也有許多報導，請看一個影片：https://www.youtube.com/watch?v=fB3FT3t6_sE

　　加拿大一組攝影團隊發布這段被剪輯成 2 分 29 秒的影片，裡面的可憐小海豹難以抵擋強勁的洋流，一直被沖往密布礁石的危險海岸，這時，三隻寬吻海豚（bottlenose dolphin）接近小海豹，先是繞著牠轉圈，溫柔的碰觸牠，引導牠遠離海岸，等於拯救牠。

　　研究海豚行為的神經科學家 Lori Marino 表明，海豚在群體的生活中，表現出的溝通方式與智能行為，與猿猴、人類如出一轍。

　　2004 年 11 月，紐西蘭的四名救生員處於被鯊魚攻擊的危險，沒想到有一群海豚出現，擋在鯊魚和救生員中間形成阻擋，長達四十分鐘，讓救生員可以安全回到岸上，資料如下：http://www.nzherald.co.nz/nz/news/article.cfm?c_id=1&objectid=3613343

　　另外，2008 年，一隻叫「莫科」(Moko) 的寬吻海豚，幫

助救援人員帶領抹香鯨母子，從擱淺的沙灘回到大海，影片如下：https://www.youtube.com/watch?v=RAqewZ41MKs

老鼠的利他行為

比靈長類低等的哺乳動物，譬如小鼠，也會分享食物，但牠們只有在之前接受過其他同類的施捨後才會這樣做。

美國有一種鼠類，叫做貝丁地松鼠（Belding's ground squirrels），牠們的天敵是鷹與土狼。當天敵靠近時，其中一隻地松鼠會發出尖銳的聲音來警告其他地松鼠，使牠們快速的逃回洞穴中躲避。

但是，發出警戒聲音的地松鼠等於暴露了自己的行蹤，反而增加了自己成為天敵掠食的機會。

土撥鼠遭遇掠食者時，也會尖聲大叫，同樣幫助族群中其他個體脫逃，但增加了自身被吃掉的危險。

草原犬鼠是一種群居性動物，在發現天敵時，也會發出警示聲。研究發現，生活領域內有親屬的犬鼠，發出警報的次數，遠多於領域內沒有親屬的警報次數。

此外，高度社會性的地底洞穴生活者「裸鼴鼠」（Heterocephalus glaber），也有類似行為。裸鼴鼠生活在地穴，無毛、眼盲，通常有七十五至二百五十隻共同生活。

每一個鼴鼠族群，只有一隻能生殖的鼠后，鼠后與兩至三隻雄鼴鼠（鼠王）交配後，建立起龐大的族群，可謂「鼠朝」。

沒有生殖能力的成熟裸鼴鼠則負責照顧鼠后、鼠王和新生子代；有時甚至會因蛇類或其他掠食者的入侵，挺身禦敵而被吃了。

一項研究顯示，老鼠會出於同理心（empathy），拯救被困哀鳴的同伴。在同伴受困時，可抵抗巧克力的引誘，以拯救同伴為優先。

　　老鼠被認為是骯髒的動物，人人喊打，沒想到有這麼多利他的舉動，可見牠們在人類活動領域中繁榮壯大，不是沒有原因的。

　　互助合作才是族群強大的主要因素，自私自利的強取豪奪，只利於自身的存活，無益於同族的興旺。

鳥類的利他行為

　　不少鳥類在捕食飛禽譬如巨鷹出現時，為了同伴的安全，發出叫聲讓同伴逃離危險，自己卻引起捕食者的注意而陷入麻煩的處境。

　　杜鵑在鳥類中可謂是「臭名遠播」。牠們不會自己築巢，也不會耗費大量的精力哺育雛鳥。

　　牠們為後代做的事情，就是去尋找其他鳥類的巢以及養父母，也就是寄主，譬如森林裡的大山雀。

　　杜鵑的卵與大山雀的卵非常相似，可以矇騙牠們，當成自己的卵而甘願孵育，不會察覺。

　　杜鵑卵的孵化時間較短，等到小杜鵑破殼而出，就大開殺戒，將其他山雀的「弟妹」──寄主的卵全推出巢外。

　　而寄主似乎無動於衷，仍然將小杜鵑當作自己的孩子，照料到長大為止。大山雀無意中表現出利他的行為。

　　世界上約有八千六百多種鳥，已知當助手的約三百多種。助手圍著與自己無血緣關係的鳥幫忙，顯示利他的行為。

基爾迪爾母鳥（killdeer）遇見掠食者時，會故意偽裝翅膀折斷而飛不動，吸引掠食者攻擊，以遠離牠巢穴中的雛鳥。

　　老鷹也會互助合作獵食，當地面上的野兔躲在灌木叢中，而無法捕食時，幾隻鷹便會臨時組成合作小組。

　　通常由其中一隻或兩隻鷹在野兔的藏身處徘徊，將野兔趕出；此時其他成員便會從空中俯衝下來，將野兔擒獲。即使這幾隻鷹之間並無血緣關係。

　　動物學家發現，當小雞找到食物時，不管自己是否飢餓，或食物有多少，都會一邊採食一邊發出"jiao－ji jiao－ji－ji－ji"的聲音，邀請同伴們分享食物。

　　可能是因為牠們太弱小，必須依靠群體來壯聲勢，以降低被掠食者捕食的機會。也算是另類的利牠行為。

　　但是隨著小雞的長大，這種食物召喚的利他行為就慢慢消失了，取而代之的當然是安靜的吃東西，避免吸引同伴，甚至還以武力驅逐其他搶食者，完全是自私的行為。

其他的利他行為

　　動物的利他行為太多了。

　　湯姆森瞪羚發現掠食者，通常以跳躍方式向同伴發出資訊，而使自己暴露在危險的地方，增加被捕食的機會。

　　在膜翅目（蜜蜂、黃蜂、白蟻）社會性昆蟲中，有為數眾多的不孕者，擔任築巢修巢、採粉採蜜、哺幼護王等任務。

　　在食物不足時，不孕者忍受飢餓餵養王后的子女；遇到掠奪者，牠們以奮不顧身的方式保證王后和兄弟姐妹們的安全。

　　以蜂為例，工蜂是不孕的，沒日沒夜的工作，只為了照顧

可孕的蜂后及同母異父的弟弟妹妹，完全沒有退休的可能。

如果遇到入侵的天敵，工蜂甚至會螫咬入侵者而瘋狂戰鬥，有時造成自己的死亡。

雌蜘蛛和雌螳螂是很有名的，在「洞房之夜」就殘忍地將自己的「先生」吃掉，而雄蜘蛛和雄螳螂為了傳宗接代，即使頭部被吃了，尾部的交配動作依然持續，相當驚人吧？

其實，雄蜘蛛和雄螳螂的犧牲是值得的，因為可保證幼仔的營養無缺，等於雌蜘蛛和雌螳螂另類的坐月子。

在尼加拉瓜的基洛亞湖中，有一種雀魚，會將其他種群內的小魚吸引到自己的魚群中。加入的小魚可以壯大自己的魚群，讓自己孩子被捕食的概率變小。等於是變相的利牠行為。

魃蝠是一種以吸食其他動物的血為生的蝙蝠，若有連續三夜吸不到血，就會餓死。

研究發現，吸到血的魃蝠，會把血吐給另外一隻正在挨餓的魃蝠，而兩隻魃蝠可能沒有血緣關係。

細菌的共生

提到細菌，必須探討與人類利益有關的細菌，目前關於益生菌的研究蓬勃發展，已知人體與動物體內有益的細菌或真菌主要有：酪酸梭菌、乳酸菌、雙歧桿菌、嗜酸乳桿菌、放線菌、酵母菌等。

以下資料請大家看看：

「益生菌在腸中會製造維生素 B1、B2、B6、B12、E、
K、生物素、泛酸、葉酸及菸鹼酸。益生菌會分解牛乳蛋
白質。生成特殊胜肽，能幫助鈣吸收。抗老化，預防老人

癡呆。益生菌能清除自由基，吸收重金屬等各種腸內毒素，並且改善排便，避免體內毒素累積，有效延緩老化。」（參考來源：http://zh.wikipedia.org/wiki/%E7%9B%8A%E7%94%9F%E8%8F%8C）

提到排毒，一般人總是想到多喝水，其實益生菌是另一項選擇，目前黑心食品非常猖獗，這兩項是必須重視的一生課題。

我個人每天必喝 2,000 CC 的水（**包括湯**），以及一小瓶優酪乳，排毒又補充鈣質，一舉兩得，推薦給大家。

當然，癌症的發生，不一定都是毒素害的，年紀到了，也會增加癌症的機率，但多一項預防措施總是好的。

我個人的建議是，不要到罹患癌症的時候，才後悔沒做什麼保健措施；做了必要的預防仍得病，也不會怨恨自己的無知或懶惰。

再介紹一種奇特物質：質粒（plasmids），又稱為質體，是一種類似於病毒的 DNA 物質（**去氧核糖核酸**），可在細菌體內，隨著細菌的繁殖而複製。

質粒相當於細菌中的一種基因結構，而細菌變成了質粒的基因載體。目前基因工程常常用質粒做實驗。

曾有人研究，將某種質粒導入特定的細菌體內，並與不含質粒的其他細菌在一起培養，發現了有趣的結果。

當細菌密度夠大時，也就是生存空間過分擁擠時，有些細菌中的質粒會破裂，細菌本身也跟著破裂，釋放大量的毒素。

這些釋放的毒素可以殺死其他不含相同質粒的細菌，但對有相同質粒的細菌則毫髮未傷。

可以這麼說，質粒的自我犧牲的行為，使其他含有相同質粒細菌的生存空間與營養資源獲得保障，算是一種利他行為。

完全無私，可能嗎？

美國人口遺傳學家喬治・普萊斯（George R. Price）發現，在自然界中，動物會因為瀕臨死亡的狀況之下，而出現自保的行為，甚至不惜犧牲同伴，讓自己獲得安全。

普萊斯是芝加哥大學的化學博士，在哈佛大學教過化學，在貝爾實驗室研究過化學三極管，在 IBM 玩過圖像數據處理。

後來，他找到牛津大學的著名遺傳學家安德魯・漢密爾頓（Andrew D. Hamilton），兩人共同合作進行研究。

後來他研究出一個公式 W △ Z，試圖說明動物的自私現象：

W 代表適應性，繁衍後代的能力，Z 代表某種特徵，△是自保基因。

公式可見於：http://oakwoodlife.blogspot.tw/2010_09_01_archive.html

也就是說，動物行為只有自保基因，沒有真正「無私的愛」的存在。

普萊斯下半輩子都在拚命想證明自己的理論是錯的，因為他認為人類不是野獸，一定有無私的愛存在。

後來他散盡了財產去濟弱扶貧，卻導致自己無家可歸，1975 年 1 月 6 日只好在倫敦的一間破房子裡用指甲刀自殺了！

我覺得他死得很冤枉，根本不必親身去證明，只要做一些簡單的實驗就可以了，請看看以下內容：

科學家設計讓笨手笨腳的人員搞砸簡單的工作，譬如把夾子弄掉了，或把書堆撞倒了，滿一歲半的嬰兒們會手腳並用的爬過去，拿起夾子，推到研究員的腳邊。

如果研究員故意把書撞倒，或把夾子擲到地上，嬰兒們通常不會伸出援手。

　　許多救人英雄都是在瞬間決定出手，有時在半途就後悔了。譬如陷在火中車子裡的人拍窗求救，一位路人不經思考就施救，但車體太燙，施救者因燙傷而曾後悔，卻繼續進行，最後成功救出遇難者。

　　此外，在第一次和第二次世界大戰、朝鮮、越南戰爭時，英雄勳章常常頒給那些在戰鬥中的英雄，那些英雄以自己的身體壓住手榴彈，企圖保護戰友的生命，或在戰場上營救受傷的同伴，不顧槍林彈雨。

　　最近還有一位美國工人，竟然跳下鐵路軌道，壓在跌落者的身上企圖保護，任憑火車急駛過去，最後毫髮無傷，因而被讚揚為英雄。

　　所以，完全無私的利他行為，在嬰兒與瞬間決定出手施救的人身上，可以看到，若稍一猶豫，就可能有自私的動機存在。

利他基因

　　漢密爾頓在 1964 年提出了「親緣選擇理論」（kin selection theory），又稱漢密爾頓法則。

　　其主要內容為：親緣關係越接近，動物相互合作的傾向或利他行為就越明顯；親緣關係越遠，就比較不明顯。

　　那麼，利他行為有遺傳的基礎嗎？

　　以色列西伯萊大學理察・愛伯斯坦（Richard Ebstein）領導的研究小組，從 354 個有兄弟姐妹的家庭中，憑藉獎懲性的經濟遊戲，觀察他們是否表現出「利他主義」的行為，然後再

量測他們的基因情況。

　　研究小組先抽取血液標本，再向受測試者提問，按照他們的答案，區分無私行為的等級。

　　由於調查問答和驗血都使用匿名方式，受測試者不必想東想西，應該可以獲得比較準確的數據。

　　進行比較後發現，大約有三分之二的人攜帶有「利他主義」基因，而這個基因變異發生在十一號染色體上。

　　研究人員認為，「利他主義」基因可能是透過促進受體對神經傳遞多巴胺（dopamine）的接收，使大腦產生一種良好的感覺，表現出利他行為。

　　研究人員也認為，具有「利他主義」基因的人可以承擔比較好的工作，因為他們能夠從工作中得到更多回饋。

　　不過，研究人員指出，可能還有其他「利他主義」基因尚待發現。況且，利他行為的其他部分，應該來自於外界環境的影響，譬如家庭教育與社會教育等。

　　曾有人研究「冒險」基因，其變異情況與是否吃藥、吸菸，以及其他刺激行為有關。

　　與「利他主義」基因不同的是，「冒險」基因的變異，會減少多巴胺的吸收表現。

　　一般人以為，女人在哺乳等社會行為中表現出很多利他的行為，但研究調查沒有發現女人的「利他主義」基因比男人多。

　　加拿大的學者菲利普・拉斯頓，找了 174 對同卵雙胞胎回答一套問卷，當然，每對雙胞胎都具有同樣的基因。拉斯頓另找到 148 對異卵雙胞胎，每對只分享一半的基因，當成對照組。

　　拉斯頓要求他們對一些陳述做出判斷，衡量的等級分成五級，從 1 的極反對，到 5 的極贊成。這些陳述譬如「逃避個人

所得稅如同偷竊一樣壞」和「我是一個別人可以依靠的人」等。

結果，同卵雙生兒的回答相近率，將近是異卵雙生兒的兩倍，拉斯頓計算出結論：在個人善惡態度不同的問題上，基因有 42% 的影響力。

顯然，環境因素的影響力，高於基因，大家參考看看吧。

相由心生

曾有人質疑「相由心生」的真實性，我回答如下：

一個人在出生前是精子與卵子，而精卵的前身是父母身上的物質與能量，與所謂的「心」無關，「心」頂多與自我觀念有關。

所以我認為，相由心生只能用在自我觀念出現之後，一般科學家認為自我觀念的成形約在一歲半至兩歲之間，或許就是答案。

眼珠、軀殼種類、髮色、身體曲線等都是基因決定的，與「心」無關，「相」只能解釋成相貌，譬如在兩歲之前的長相，因思想情緒而在後來變了樣，就可以解釋成相由心生。

一個長相凶惡的人，必須看他在兩歲前是什麼樣，如果一直沒變，那是基因使然，如果原來是可愛的，現在變醜陋了，我們可以解釋成相由心生，反之亦然。

我的結論是，在兩歲之前，相由基因生，在兩歲之後，相由基因與心共同而生，與出生前無關。

在出生之前並無個性可言，頂多只有無始無終的意識本質而已，你想叫它做靈魂亦可，雖然不太恰當，而這種本質與全世界甚至全宇宙相連一氣，無你我他之別。

至於嬰兒本有的氣質，全由父母的基因配對決定，絕不是相由心生。

參與性人擇原理（participatory anthropic principle）

這個原理是指，如果沒有人類觀察者，這世界是未確定的波函數，一旦人類意識介入觀察，這世界才是確定的波函數崩塌。

這是混雜量子力學的偽科學，當然是錯誤的，不管人類有無出現在地球上，月球永遠高掛在天空中，人類不要將自己看得太偉大了。

人類的觀察不會創造出萬物，只會製造出假象，譬如賦予物質各種顏色，事實上物質只是能量的凝聚品，並將光線反射出去而已，顏色只是人類主觀的認定，非客觀的本質。

以上參考《巫毒科學》一書 p.275。

因果論與量子論有關係嗎？

人的努力與成功的部分關係可以用因果論來解釋，但必須加上運氣巧合這個因素，才能完整說明，與量子論無關。

舉例來說，有人完全沒努力工作，只是隨興買了一張彩券，竟中了高額彩金，達到一般人所謂的成功，就只能用運氣來解釋了。

量子可形容成原子裡的幽靈，其行為不符合因果，但集合成原子後，就符合因果了。

至於物質可見，是因為光子碰撞後反射至眼睛，被我們腦

子解讀出來，若幾乎沒有反射，譬如極透明的玻璃，就看不見了；物質堅硬，是因為電磁力互斥所致，若沒有這種力，兩個物質可輕易互相穿插而過。

這個世界是否由某種軟體程序運作而構成的？

網友提出以上問題，我回答：

史蒂芬・霍金說，我們可能像魚一樣透過魚缸看宇宙，所以會以非常複雜的 M 理論解釋，真相尚待釐清。

更有激進的科學家認為，時間空間根本是意識上的幻覺，或許世界只是一種虛擬的網路遊戲。網友接著提出以下問題：

1. 一切源於自我意識？

　　答：物質的本質是極為空曠的，原子核的體積微不足道，只有空洞的原子內空間與如鬼魅般的電子，照理說我們應看見萬物空空如也，結果卻看成花花世界，所以萬物「表象」才是我們的意識創造物，「本質」只是空而已。

　　　　一個生來就瞎掉的人，突然因手術而獲得視力，會看到凌亂不堪的光線，所以我們看到的世界外觀，是腦部神經網路逐漸學習創造而來的，不是生下來就看得一清二楚。

　　　　但人類尚未出現之前的世界，就不是意識創造的，所以「一切源於自我意識」改成「現在的一切表象源於自我意識」就對了。

2. 現實是一場夢？

　　答：既然我們只看到萬物的表象，當然就是一場夢，但

這是必須認真的夢，我曾在夢裡知道在做夢，讓一個傢伙拿刀捅我腰部，心想反正是假的，有什麼關係？結果當然沒事。但在現實裡，我可不敢讓別人捅我，所以現實雖然也是夢，卻是必須認真對待的夢。

3. 前世的果報決定你的今世？

答：如果改成「累世祖先的基因決定你的今世」，就不會有爭議了。

許多人夢見被車撞或摔落懸崖，結果都沒事，在現實裡就不行，證明現實世界是不能當兒戲的夢。

如何看待世界末日？

網友這樣問，我回答：

我們這幾代當然還是在地球活著比較實在，但未來子孫在被我們破壞的地球上，生活就沒那麼踏實了，必須發展外太空殖民的計畫來求生，在火星上殖民就是個辦法，但必須到更遠的地方去，才不會因太陽燃盡而沒有能源可用。

五十億年後，地球將被膨脹的太陽吞噬，人類勢必得離開太陽系才能活命，物理大師史蒂芬‧霍金建議，以目前的科技而言，建造一去不返的巨型太空船方舟，或許可保留人類的一線生機。

根據估算，即使太空船速度比現在最快的太空船快十倍，仍需要七十三年才能到達最近的恆星。

所以，這種太空船上的人類可能要繁衍好幾代，才能到達最近的可居住行星，甚至要冬眠來度過漫長的旅程。

曾有一說，地球通過光子帶會造成部分毀滅？

光子帶信徒主張，太陽系是繞昴宿（Pleiades cluster）星團的一名為阿娥西歐內（Alcyone）星系為中心，以兩萬六千年為週期運行，每一萬一千年通過光子帶一次。另有一說，太陽系繞銀河系公轉半圈約十萬年便會遇到光子帶。

除了科幻作品和該信仰相關著作外，並沒有任何科學文獻或天文觀測紀錄顯示所謂的光子帶的存在。現在已知太陽系並未繞昴宿星團任何一顆恆星公轉，而是對銀河中央公轉，一圈需兩億三千萬年的時間，以上下搖擺的方式移動。大家不要被謠言騙了。

此外，據說牛頓曾預言世界末日？

依據牛頓在 1704 年的一封書信記載，他認為在西元 800 年神聖羅馬帝國的查理曼大帝之後約一千二百六十年，就是世界的末日。

仔細計算一下，2060 年就是牛頓所謂的世界末日。

牛頓死後，在他的身體內發現了大量水銀，可能是他搞煉金術而累積的。汞中毒或許是牛頓晚年的一些怪異行徑的原因。

既然有汞中毒，牛頓的預言就不必當真了！

人性只有黑暗面嗎？

我的朋友曾與我討論這個主題，他提出以下見解，值得注意：

人的本性有三種，一是原始人性，需要修行才有辦法接觸，那是一種寧靜與甜美的感覺，一般人對此都很陌生，後面的篇章會述及；第二種是基本人性，也就是好逸惡勞強取豪奪，

在動物身上可以見到，嬰兒的某些舉止也可以證明；第三種是配合人性，也就是一些助人美德，或是一些利他的舉動，譬如在他人命危之際，不假思索就衝去拯救，或剛學會爬的嬰孩，會將陌生人掉落的東西推還或撿起交還，其實都是基因為了延續種族存活，而發展出來的策略。

黑暗面就是基本人性，不必逃避也無需否認，只要承認自己是趨吉避凶好吃懶做之徒，反而不再被假道學所困，因為還有配合人性可發揮，行有餘力，甚至可以發揮配合人性，並找回自己的原始人性，那麼人生就是圓滿無憾的。

神秘體驗的腦部活動

神秘的宗教體驗，一向是科學難以解釋的領域，目前已有假說提出。

大腦有四個聯合區：視覺、辨向、注意力、語言概念聯合區，分別分布於枕葉、頂葉後方、額葉、顳葉。

簡單的說，宗教體驗有視覺、無我、專注、認知的成分，分屬上述四個聯合區的作用。

我不認同靈魂一詞的重要性，因為以腦區分工的功能來看，足以解釋神秘體驗的內涵，不需要獨立於大腦之外的玄秘存在。

如果一定要講靈魂，我只認同全宇宙只有單一靈魂，負責萬物的主觀知覺。區分你我的自我感覺，只是單一靈魂的分身幻覺而已。

我的說法既不違背科學發現，也可解釋無我的原因，大家不妨參考看看。

大腦有 90% 未開發？

前面已介紹各種靈異現象，幾乎歸因於大腦所致，那麼，大腦還有什麼奧秘可以探討？請大家看看 1929 年《世界年鑑》的記載：

「Pelham 機構提供一些自我成長的課程，首先提到人類只使用大腦的 10%，卻沒說明是什麼研究。」

所以，10% 一直被神經科學家質疑，從未證實過。反而全世界的中風病人，共同指出一個事實：大腦的每個部分 100% 都有活動，因為沒有一個中風病人完全沒心智或身體功能上的障礙。

請參考《心智的迷思》一書 p.14~15，心理出版社，2004 年。

另有人說，愛因斯坦的大腦開發最多，號稱 20%（胡謅的數據），事實上他的大腦也是 100% 運作，只是結構異於常人，不僅左下側頂葉的膠質細胞比例偏高，頂葉構造也大得反常，比正常人大了 15%。

另外，愛因斯坦大腦表層許多區域沒有回間溝，這些凹槽如同大腦的路障，會讓神經訊號傳輸受阻，少了凹槽可以讓神經細胞更順暢聯繫，促使思路活躍。（參考來源：http://tw.news.yahoo.com/050419/195/1pwvl.html）

他的腦表面皺摺比較淺，因為被神經纖維填平了。

一般人的頂葉的 supramarginal gyrus 通常是分成上、下兩部分，然而在愛因斯坦的大腦上這兩部分卻是連著的。（參考來源：http://www.mehu.url.tw/Medical/Neuroanatomy/Cerebral%20cortex.htm）

什麼是心智直觀（mind sight）？

這是 Ron Rensink 教授提出來的，認為人的意識在判斷之前，會先察覺哪裡不對勁，與第六感的意思相近。

人眼在看東西的時候，會有一部分訊息送至大腦的扁桃體，也就是掌管恐懼與不安的地方。前扣帶皮質也有類似的作用。

即使在意識上無法判斷出問題，下意識仍會有怪怪的感覺，也就是扁桃體在作用。

Ron Rensink 的實驗顯示，只有三分之一的人在發現錯誤前數秒，會感到不對勁，這是有名的改變視盲（change blindness）實驗。

細節部分我不提了，Ron Rensink 認為其他三分之二的人可以經由訓練，產生心智直觀的能力。

當然，這種能力僅限於視覺方面，若純粹想像導致的不安感，就不屬於這個範疇了。

以上參考《當靈異遇上科學》一書 p.148、152。

大腦的各種問題

Q：如何定義大腦開發程度？
一般以腦皮質的使用面積來定義是錯的，唯有以神經的通訊密集程度來定義，才有意義，可是很難。

Q：正常人大約用了幾％的大腦？
100%。

Q：世人定義的「天才」，其天才跟大腦有何關聯？
愛因斯坦的一些腦溝消失，顯示有密集的神經通過而

填平，切片發現有大量的神經膠細胞，其作用是促進神經傳導。（參考來源：http://sa.ylib.com/read/readshow.asp?FDocNo=442&DocNo=700）

Q：大腦使用程度，與使用自身細胞程度有何關聯（人類有百分之百的使用自身細胞嗎）？

當然是百分之百，不用的就消失或變成遺跡，譬如闌尾。

Q：大腦開發程度跟所謂的超能力有關係嗎（何謂超能力）？

超能力是透視、心電感應、預知、念力的合稱，目前無法確證其存在，更找不到與腦部的關聯。若以天人合一的經驗來看，其腦部頂葉的活動反而消失。

Q：光譜可以完全詮釋宇宙的顏色嗎？有沒有人類無法用「七彩」來詮釋的顏色？

當然可以詮釋，只是人眼只能辨識可見光，紅外線與紫外線就不行。

Q：恐懼有顏色嗎？高興有顏色嗎？速度有顏色嗎？殺氣有顏色嗎？情緒有沒有顏色？

這些與顏色無關，但有聯覺的人就可以產生顏色：

http://www.dls.ym.edu.tw/neuroscience/syne_c.html

http://zh.wikipedia.org/wiki/%E8%81%94%E8% A7%89

Q：假設有，看到這些顏色跟大腦使用程度有何相關？

沒有關係，只是不同腦區產生了意外連結而已。

Q：其他動物的大腦使用程度也有使用%數的問題？

都是 100%。

Q：大腦使用程度跟潛意識的相關性？

清醒意識通常位於左腦皮質，其他部位可算是潛意識，既然每個人都是 100% 開發，潛意識都差不多，頂多在內容的細膩程度上有所差別。

Q：100% 的意思是指大腦所有區域都有活動，但是我們真的有百分之百的有效運用嗎？

所有神經都有活動，差別在於電訊通過的頻率多寡而已。

Q：宇宙何其廣大，一小段光譜可能詮釋整個宇宙的顏色嗎？有沒有人可以看到七彩之外的顏色？

可見光只佔龐大光譜的一小段而已，沒人可以看見非可見光，但某些昆蟲可看見。

Q：100%開發跟 100%使用有很大的差別，如果人類大腦已經百分之百開發，那麼為何還有許多尚未被科學解釋的大腦現象？

大腦所有部分都有電訊通過，只是科學家無法解釋所有的大腦現象而已，因為太難了，譬如思考。100%是非常確定的，因為全世界那麼多中風的人，都有某些功能缺損，毫無例外，就是明證。

任何人只要頭部受創或中風，無論是哪一腦區，都會造成嚴重的副作用，請問人腦有哪一區是備而不用的？

腦的神經元之間有極激烈的競爭，只要沒有使用，馬上萎縮掉，然後被鄰近的神經元佔領其空間，根本不容許有無用的腦區。

那為何有人比較聰明呢？其實是他們的神經元之間的通訊比較頻繁，曾有一位修女人瑞極為聰慧，在她死後腦部被解剖，雖然有類似老年失智症的腦萎縮現象，卻有密度極高的腦

細胞連線，顯示腦部的精密度才是聰明的指標，腦部縮小不是大問題。

只要我們常用腦袋，增加神經元之間的連線通訊，就是增長智慧的不二法門，與表面積的使用比例無關，因為每個人都使用了 100% 的腦區。

如果百分之幾是指神經元之間的連線程度，就是正確的說法，可是天底下沒幾人這樣認為。

以智能低下者為例，在中風後都有問題，顯示他們都是 100% 使用者，只是頻率比一般人少而已……

所謂七彩，是指可見光，非可見光沒有人眼可辨認的顏色，至於蜜蜂可見到紫外光，但無法得知牠們到底辨認成什麼色。

請看光譜（可見光的範圍非常小）：http://zh.wikipedia.org/wiki/%E5%8F%AF%E8%A7%81%E5%85%89%E8%B0%B1

主張 3% 或 5% 的人，會以為唐氏症的 % 數更少，中風應該沒感覺吧？錯了！還是有問題。我的意思就是這樣。

大腦是沒有極限，但一般所謂的 3% 或 5% 是錯的，起源如下，完全沒有科學論文支持。（http://tw.knowledge.yahoo.com/question/question?qid=1607071009758）

主張 3% 或 5% 的人，認為其他部位完全沒作用，科學界非常反對，請看洪蘭的報導：http://life.chinatimes.com/2009Cti/Channel/Life/life-article/0,5047,11051801+112009102600036,00.html

真正的潛能開發，是廣泛閱讀、多用腦筋、均衡飲食、適度運動、靜心冥想、優質睡眠，多管齊下，在現有的神經線路上增加效能，絕非開發什麼沒用的腦區。

頂葉皮質

人類異於動物之處，最重要的是有發達的腦部皮質，所以生命意義不只是延續種族基因，必須研究腦部皮質功能，才能得到真正的答案。

美國賓州大學醫學中心的紐伯格 (Andrew B. Newberg)，與已故的達達利（Eugene G. d. Aquili）發現，當一些僧侶打坐，以及三位聖方濟會的修女祈禱時，腦部掃描顯示他們頂葉後上方的活動量很低。

他們將該區域命名為「定位關係區」（orientation association area, OAA），掌管辨識方向、追蹤物體、自我界限的範圍、判斷角度與距離。

OAA 可以整合五官收到的訊息，提供身體在空間中正確位置的資料，這個部分損毀的人，會造成重疊影像、自我定位扭曲，連在家裡行走都很困難。

當 OAA 運作良好時，「自我」與「非我」之間的差別就很清楚；當 OAA 不運作時，譬如打坐或祈禱時，這種區分就會被破壞，使得身體與外界環境的分際變得模糊。

或許這可以解釋為何僧侶感受到整個宇宙原為一體，修女感覺神的存在，因為他們分不清楚自己與環境的分隔。

達達利又指出，人在進入意識轉變狀態，譬如打坐、冥想、做夢或吸食迷幻藥時，自我的藩籬瓦解，在剎那之間會感覺到與天地萬物契合，成為絕對、單一而完整的存在。

他們在無比的感動中，會認為在那瞬間瞥見了宇宙的奧秘與人間的真理。

一位接受檢測的打坐者曾如此描述：

「當心念漸漸平靜下來時，純樸的內在自我會逐漸浮現上來，所有的煩惱、恐懼、慾望及其他念頭全都不見了。這個內在自我就是人的本來面貌。那時感到時間變成永恆，而空間則無限延伸，覺得自己成為宇宙萬物的一分子。」

所以，遇上 OAA 停頓時，佛教徒的大腦會判斷成自己與萬物不再分彼此，融為一體，可謂天人合一。修女的大腦則會判斷成與天主結合在一起，感到寧靜、滿足。

若是無神論者遇上 OAA 停頓，很有可能感到天地與他並生，萬物與他為一，類似莊子的經驗。

顳葉皮質

前面提到的狂喜的神秘狀態（Ecstatic mystical states），除了可能在瀕死狀態中顯現以外，有時也會出現在顳葉癲癇（Temporal Lobe Epilepsy, TLE）中。

這種癲癇最重要的特性就是界限感的喪失（loss of boundaries），患者會分不出自己與環境的界限。

此外，空間整合是右腦的功能，因此右腦顳葉的過度活躍，會導致空間感與界限感的同時喪失。

杜思妥也夫斯基便是一位顳葉癲癇患者，他曾說：

「你們所有健康的人，均無法想像，我們癲癇患者在發作前所感受到的快樂。我不知道這種快樂持續幾分鐘或幾小時，但是相信我，我不願意把此刻的快樂，與世間所有的快樂交換。」

他又說：

「我感到天堂將要降落塵土，這種感覺把我的整個人吞
噬掉。我真的觸摸到上帝，祂進入我的身體。是的，上帝
真的存在。我哭泣，我不記得其他的事。」

那麼，這種上帝與自己的界限感喪失，是一種幻覺嗎？

前面曾提過，瀕死時的腦部大放電，彷彿瀑布一般，顳葉
自然也受到影響，等於一種癲癇狀態。

所以，瀕死的腦波激增，應該也會產生無我與狂喜，這是
非常合理的判斷，也符合眾多瀕死體驗的報導內容。

以腦部的活動看起來，顳葉活躍與頂葉停頓，似乎就足
以解釋一切，但我個人認為必須再探索下去，才能獲得真正
的答案。

值得注意的是，狂喜的合一體驗內容比較複雜多變，不同
於精神患者的重複幻覺，而且在體驗之後，仍認為是真實的，
不同於精神病患。

我曾問過一位精神病患，當時他在沒有發病的階段，他不
忌諱的說，他就是精神病患，過去的那些感覺都是幻覺。

可是，顳葉癲癇患者在非發病期間，卻不會說那些發病經
歷是假的。以下篇章將探討時空的真正本質，可釐清以上問題。

時間不存在的體驗

1996 年冬天某日清晨，美國印第安納大學醫學院女神經
解剖學家、哈佛醫學院畢業的泰勒博士（Dr. Jill Bolte Taylor）
於夢中醒來，她的顱內血管突然破裂，最初只感到左眼後部疼

痛，她的左半大腦在四個小時內逐步 shut down（被關閉），喪失了用語言進行思維的能力、語言辨識、對過往的大部分記憶和自我身分認同意識消失，也就是自我意識消失。

結果她體驗到一種極度奇特的「all knowing（全知全覺）」、與宇宙融為一體、自己與周遭一切物體不再有界線之分，只有此時此刻的當下，內心極度寧靜平和，她形容，「我進入到了涅槃」（「Nirvana！Wow, this is cool!」）。這個奇特狀態至少連續持續了五週。這是一種時間不存在的體驗。（參考來源：http://blog.udn.com/kinshing/3550860）

她的詳細經歷如下，摘錄自《奇蹟》（*My Stroke of Insight-A Brain Scientist's Personal Journey*）一書，天下文化出版：

> 「我失去了平衡，靠在牆壁上。我看著我的手臂，發現我找不到身體的界線。我不知道自己是從哪個點開始的，又到哪裡結束，因為組成我手臂的原子和分子和牆壁融合成一體了⋯⋯因為我感受不到我身體的界線，我覺得我好巨大，好像在膨脹。我覺得我和周遭所有的能量融合成一體，那個境界很美⋯⋯遇上一股愈來愈強的平和感⋯⋯在原本是腦袋饒舌的地方，那個讓我與自己的生平保持聯繫的聲音所在之處，如今卻讓我覺得有一層不尋常的安寧幸福感將自己團團圍住⋯⋯我覺得好像停留在一片奇異幸福的恍神狀態⋯⋯不像以前，一段連續的經歷可以區分為過去、現在與未來，現在每個時刻似乎都是完全獨立的⋯⋯沒有左腦來分析判斷，我完全讓這種寧靜、安全、神聖、幸福以及全知的感覺給迷住了。有一部分的我，渴望完全解放、脫離這副讓我痛得要命的軀殼⋯⋯」

一位接受檢測的打坐者曾如此描述：當心念漸漸平靜下來時，純樸的內在自我會逐漸浮現上來，所有的煩惱、恐懼、慾望及其他念頭全都不見了。這個內在自我就是人的本來面貌。那時感到時間變成永恆，而空間則無限延伸，覺得自己成為宇宙萬物的一分子。〔參考來源：http://sa.ylib.com/MagCont.aspx?Unit=columns&id=350.《科學人》（*science*）書摘〕

　　以下是一位喜好自由潛水的網友的形容：

　　「假如自由潛水是一趟禪修，大海就是道場，假如自由潛水是一段禱告，大海就是上帝的膝下。令人感到巨大而豐富的喜悅。」（參考來源：http://nuclear718.blogspot.com/2011/07/blog-post_07.html）

　　曾有人形容這是一種飄飄欲仙的神秘快感，好像自己是一塊方糖，逐漸在水裡融化，心跳趨緩，極度放鬆，深沉靜謐，想永遠留在海裡。

　　目前世界紀錄保持人，可在吸純氧後憋氣二十二分鐘，其心跳從每分鐘九十幾下，降到三十幾下，很厲害，但平時心跳九十幾下好像快了一點吧？一般人才七十幾下。

　　大部分優秀的自由潛水者可閉氣達六分鐘以上，我懷疑腦部末端會缺氧，譬如頂葉，而這個部位的活動減少，已證實可引發天人合一感。大家參考看看。

　　看起來非常迷人的描述，後面的文章會詳細探討。

時間是幻覺、錯覺嗎？

　　愛因斯坦曾說過：

「空間、時間和物質，是人類認識的錯覺。」

他又說：

「我信仰斯賓諾莎（荷蘭唯物主義哲學家）的上帝，在存在的萬物處於自然規律（法則）下的和諧時，上帝自己會出現，上帝不是控制人類命運和行為的上帝。有人說沒有上帝，但是，真的讓我生氣的是，他們用我來做支持他們這種觀點的例子。我和大多數所謂的無神論者最大的區別是，我對宇宙和諧中難於理解的奧秘保持絕對的謙卑。」（資料來源：http://big5.ycwb.com/xkb/2007-04/22/content_1457472.html）

愛因斯坦承認從來不曾見過鬼，還說：如果有其他十二個人同時看到了同樣的現象，那麼我是會相信的。（資料來源：http://book.sina.com.cn/longbook/1092036833_charleschaplin/76.shtml）

無神論者喜歡拿愛氏當例子，證明他們和愛氏一樣聰明不信神，其實愛氏從未說過自己是無神論者。愛因斯坦的意思是，他頂多相信一位創造宇宙之後，就放手不管，讓宇宙依物理法則運行的上帝。

與宇宙融為一體的和諧感覺裡，也看不到上帝的形體，或許愛因斯坦說的是真相，值得大家深思。

物理學家卡倫德（Craig Callender）在〈時間只是幻覺嗎？〉一文中指出：

「有些物理學家認為時間其實不存在，有些人則認為應該讓時間升級而非降級。在這兩種觀點之間，還有一個有

趣的想法：時間存在，但並非基本。我們察覺到的時間，是由一個靜態的世界浮現出來的……」

物理學家朱利安・巴伯（Julian Barbour）說：

「從物理學家的角度來說，時間的『流動』不存在，世上也沒有不斷前進的『現在』。『流動的時間』這種想法只是人類意識不知用什麼方法創造的幻覺。」

他又說：

「時間無法老化，一瞬間就是一瞬間。說昨天不如今天真實，其實沒有意義。」

他更說：「時間是心智犯的錯誤。」

有些修行大師說：「我從未出生，也從未死亡。」

廣欽老和尚在臨終前也說：「無來無去無代誌。」（台語）

為什麼？難道這些人都瘋了嗎？部分物理學家的時間觀，竟然與修行大師雷同，頗令人百思不解。

其實，還有一位物理大師史蒂芬・霍金（Stephen William Hawking）也說過，我們看宇宙的方式，彷彿一條金魚從魚缸內向外看，充滿了扭曲！

他在他的著作《大設計》，第三章「何為真實」（What Is Reality?）中，有一段精彩論述：

「假定有一個魚缸，裡面的金魚透過弧形的魚缸玻璃觀察外面的世界，現在牠們中的物理學家開始發展『金魚物理學』了，牠們歸納觀察到的現象，並建立起一些物理學定律，這些物理定律能夠解釋和描述金魚們透過魚缸所觀察到的外部世界，這些定律甚至還能夠正確預言外部世界的新現象──總之，完全符合我們人類現今對物理學定律

的要求。」

如果時間是不存在的幻覺，一些心電感應就比較容易解釋了，譬如 A 君發出意念後，並未隨著時間消失，後來被 B 君接收。

當然，即使時間是幻覺，心電感應的原理也無法完全破解，至少不會像現在這麼神秘了。

不過，我們生活在時間的牢牢掌控之下，只能在冥想時稍稍擺脫它的束縛，科學理論只是說說而已，與親身體驗還是不同的。

一切皆空幻？

有些宗教說，一切萬物如夢幻泡影；物理學說，原子內部極為空曠。

原子核主要是由一些微小的基本粒子所構成，位在原子的核心，拿一個足球場比喻，原子核就像場中的一個十元硬幣。物質是非常虛空的。

另有人提出這樣的比喻，若將原子放大到籃球場那麼大，原子核只有一粒米那麼小而已。

或許，修行家宣稱的「合一感」，重現了我們與萬物的虛空融合狀態，而不是幻覺。

目前天文學的最佳觀測結果：全宇宙源自於單一奇異點（singularity），也就是 138 億年前的大爆炸（Big Bang），所有物質能量原來都是融為一體的。

我們的壽命頂多一百多歲，其實只代表意識的存在時間，

我們身上的組成粒子卻已經 138 億歲了！

那麼，對著那麼空幻的世界，我們到底要不要認真？

有一個簡單的例子可以解決這樣的困惑。

當我們看電影時，片中壞人拿著槍對你掃射時，要不要逃離，或躲在椅子下？

當然不用。若是在現實世界，我們當然要逃，起碼也要趴下來閃子彈。

所以，人生如戲是對的，因為一切皆空幻；但人生不完全等於戲，有時必須認真一點，否則被壞人擊斃就不好了。

什麼是該認真的事情？讓自己好好活著，就是最重要的；沒好好活著，什麼事都會做得不夠好。

電影是幻象，夢是幻象，現實人生也是幻象，但這些幻象不是同一種幻象，我想表達的只是這樣而已，大家不要想太多。

這是我個人的看法，僅供大家參考。

嬰兒的合一感

演化心理學家貝林（Jesse Bering）曾說：

「人類祖先有著一種強烈的錯覺，認為『心靈是不滅的』，而這個完全不理性的謬誤想法被我們如實承襲了下來。這個承襲而來的認知架構，讓每個人打從一開始就無法理解，什麼叫做『心靈是不存在的』。」

所以，一般人無法認同心靈消失、與宇宙合一的說法。

我們在嬰兒的時候，可能就有合一感，只是說不出來而

已，請看看 1970 年代美國心理學家 Gordon Gallup 做過的鏡像認知實驗（mirror test）。

他們在嬰兒熟睡時，在嬰兒的鼻子上抹上胭脂，等嬰兒醒來後，讓他們照鏡子，結果發現：一歲又三個月的小孩在看到鏡子裡的自己時，通常可以知道鏡中的自己好像是自己，卻不大敢確定。

接近兩歲的小孩大多可以知道鏡子裡的就是他自己，然後抹去鼻子上的胭脂。

所以，根據各種研究結果，自我意識在一歲多的時候才建立起來，在此之前是沒有的。

維基百科有記載：

「目前已經通過鏡子測試的動物包括：所有類人猿種（侏儒黑猩猩、黑猩猩、猩猩、人類、大猩猩）、獼猴、瓶鼻海豚、逆戟鯨、大象、豬和歐洲喜鵲。

即使是視覺導向的動物，也可能因為對鏡子不夠熟悉而無法通過測試，或無法被激勵而去碰觸其前額的標記。

Gallup 鏡子測試的否定結果是無法詮釋的。例如，Prosopagnosia 面容失認症患者可能會無法通過鏡子測試，雖然他們有著自我認知的能力。」（資料來源：http://zh.wikipedia.org/wiki/%E9%95%9C%E5%AD%90%E6%B5%8B%E8%AF%95）

生物學家馬克・貝柯夫 Marc Bekoff 曾經收集大量的黃雪（含有狗尿的雪），放在狗的必經之路上，發現狗在嗅聞自己的尿液與其他狗的尿液後，所做出的行為是不一樣的。

這能夠證明狗具有某種程度的自我意識嗎？極少數狗通過

鏡子測試，可作為馬克‧貝科夫的佐證。期待更多證據。

　　總之，人類在冥想後產生的合一感，只是喚起嬰兒時期的感覺而已，並非新創的幻覺。

再談 γ（gamma）波

　　根據研究，喇嘛的非專注打坐（*例如慈悲冥想*）可產生快波 γ（gamma）波，禪宗的專注打坐可產生慢波 θ（theta）波，且往左腦額葉方向移動。

　　目前已知，左額葉掌控正面情緒，右額葉掌控負面情緒。罪犯的前額常常處於寂靜不動的狀態。

　　研究發現，樂觀、開朗、有活力的人，左額葉皮質較活躍，掌管恐懼的杏仁核（amygdaloid）活動降低。

　　γ 波是一種高振幅的頻波，在專注、工作記憶、學習、覺知上有重要的功能。以前只知 α 波很重要，這幾年才發現 γ 波更重要。

　　我在電視上看到，在射箭時，先專注，再極度放鬆，成績可以提高230%，媲美職業選手，同時 α（*專注*）、θ（*放鬆*）腦波都增加。

　　可見，任何事都可以循用靜心的方法成就，也就是專注加上放鬆！許多人宣稱靜心，其實真正的靜心就是這兩者，別無其他。

　　理查‧戴維森（Richard Davidson）研究團隊發現，西藏喇嘛（*打坐年資十五至四十年*）進行無目標的慈悲冥想，一分鐘後就產生最多的 α 波與 γ 波且持續下去。

　　這些波主要分布在額葉區，且打坐年資越久的人，產生的

γ 波總量越多，振動頻率甚至高達 80 赫茲以上。

前面提過，瀕死的腦波激增，可達 100 赫茲左右，等於到達高僧的水平，不遑多讓。

額葉的活動愈大，愈能阻滯通往頂葉的電訊，降低 OAA 的活動，進而產生與萬物合一的體驗。

研究曾發現，當從非清醒夢轉向清醒夢時候，額葉的腦電圖 EEG 也會出現一波高頻約 40 Hz 的電活動，也就是 γ（gamma）波。

這些資料整理在一起，大家可以看出關鍵的重點嗎？

常常放鬆與冥想（專注），就有可能出現 γ 波，左前額功能因而強大，日常生活的效率便可提高，也可以產生深刻感動的體驗。

尤有甚者，在體驗瀕死般的最強烈的喜悅後，將不再汲汲營營於蠅頭小利、聲色犬馬般的小確幸，心境也因不再患得患失而大開大闊、海闊天空。

更重要的是，因為腦部 OAA 的停頓而模擬了死亡，於是不再畏懼死亡，往後的日子將恣意揮灑、自在逍遙。

腦波的特例

一名巴西農夫，號稱神的使者約翰，宣稱有三十個靈體附身過，他的腦波近 40Hz，一般人須瘋狂跳舞一段時間才有可能出現這種快波。

他曾以剪刀塞入病人鼻孔，沒有麻醉就切開皮膚（血流很少，患者只有微痛），還以手術刀輕刮病患眼球，不過我懷疑沒碰到角膜，但極端危險。他有一個奇怪的規定，患者在離開

後必須在四十天內不能有性接觸，原因不明。

雖有不少人認為有效，但有一位肌肉萎縮患者被他治了兩年，仍坐在輪椅上，一位心臟瓣膜受損患者的瓣膜仍沒有修復。約翰甚至曾推薦淋巴癌患者至醫院，接受化學治療與抗生素的治療，所以大家不要寄望太高。

Discovery 頻道曾專門介紹他，節目名稱叫做「行神蹟的男子」。

有些人可在清醒時出現睡眠腦波，也就是 δ 波，這種波通常在非快速動眼期第二階段開始出現，在第三、四階段呈現高幅度，所以若在清醒時出現高幅度的 δ 波，有三種可能：

1. 微睡狀態：就是可以在清醒時睡覺而不自覺。美國曾有一位仁兄跑去睡眠中心踢館，號稱四十年沒睡，結果腦波儀一測量，就發現清醒時有許多睡眠波，等於睜眼睡覺。
2. 腦瘤：因為腦瘤會誘發不正常放電。
3. 冥想狀態：當進入深沉冥想時，有可能出現 δ 波。

以上是腦波的一些特例，大家參考看看。

哪一種冥想最好？

每一個宗教，都有人可以進行深刻的冥想，產生無我合一的體驗，那麼，哪一種方法最好，或最快？

我個人比較偏好沒有副作用的冥想，如果某個方法很快速達到效果，卻產生意想不到的後遺症，就不值得推薦。

譬如觀想腦內的「第三隻眼」松果體，我個人非常反對這種毫無科學根據的方法，松果體哪有什麼視覺功能？

不過，觀想頭部，真的會很快出現神奇效果，譬如前面提到的夢屏法，真的可以誘發清醒夢。

在閉眼的時候，腦部本來就有可能創造影像於眼前，科學界稱之為入睡幻覺（hypnagogic hallucination）與初醒幻覺（hypnopompic hallucination）。夢屏法只是讓你特別注意這些幻覺而已。

前面曾提過，觀想頭部，可能造成頭部或眉間脹脹的，不宜過度使用，而且在睡得很飽之後，再使用夢屏法，也很難出現影像，因為太清醒了。

除非進入感覺剝奪狀態，去除一切感官刺激，才有可能產生影像。這是冥想的關鍵要素。

腦部本來就有無時無刻的電子雜訊，入睡後的腦波圖可見到，心理學稱之為潛意識，在環境的聲光刺激完全消失之後，就會顯現。

所以，古人躲到深山中修行，現代人將自己關進密室裡，或躺在隔離箱中冥想，都是為了達到感覺剝奪狀態，加速冥想效果的產生。

但感覺剝奪太久也有副作用，當事人可能會有視錯覺、視幻覺，聽錯覺、聽幻覺；對外界刺激過於敏感，情緒不穩定，緊張焦慮；主動注意渙散；思維遲鈍；暗示性增高；神經症徵象等。

對動物的感覺剝奪研究表明，把動物放在完全無刺激的寂靜環境中，可能損傷動物健康，甚至可以引起死亡。（**出處：**http://big5.china.com.cn/chinese/health/374787.html）

所以，最好最安全的冥想方法，是將注意力放在頭部以下的身軀，「隨時」在日常生活中進行。因為不隨時進行，效果

就很差，遠不如打坐。

當然，常常進入大自然，遠離塵囂，創造類似感覺剝奪的環境，會有比較好的效果產生，這是無庸置疑的。

至於冥想頭部以下哪個部位比較好，我就不多言了，因為這是科學尚未驗證的區域，等到有一天科學揭開了個中奧妙，我會寫出來給大家看。

冥想與睡眠

請大家看這篇文章：

在佛教史籍上記載不少的修行人可以做到完全不睡覺，這種佛教上稱為「不倒褡」的修行方法，讓修行人在晚上完全靜坐，隔天早上依然能精神奕奕，而且長期如此。（出處：http://blog.sina.com.tw/dailyliving_1/article.php?pbgid=7810&entryid=18232）

真有這樣的人嗎？

我可以舉個著名例子，就是印度的修行家奧修（Osho），他的修行功夫很高，睡眠卻不多，糖尿病的體質就發作了，可能四、五十歲時就有了。

所以，真有不倒褡的人，也會損及健康，我個人認為，靜坐無法取代睡眠，若改成「放鬆冥想可以取代部分睡眠」就很合理了，至於可以取代多少小時的睡眠，就因人而異了。

放鬆會帶來好運？

曾有科學家拿報紙給受試者，請他們計算共有幾張照片。

這些受試者有些認為自己是不幸者，也有些認為自己天生好運。

他們不知道，報紙內有個半版刊登幾個字：告訴研究人員你看到這個，就可以贏得一百英鎊。

不幸者通常比較緊張，只專心算照片，沒注意到這個機會，而幸運者比較放鬆，常會發現而意外發財。所以，自認為不好運的人，趕快學習放鬆吧。

研究又發現，夏天出生的人由於與看護者沒那麼親近（因為熱），喜歡探索環境與冒險，比冬天出生的人有更多好運的機會。真是始料未及！

以上參考《讓你瞬間看穿人心的怪咖心理學》一書 p.40。

冥想的好處

研究發現，透過冥想、禪修，或是運動等方式，可以使人心情平穩、情緒安定，甚至遠離孤獨、憂鬱症。

美國加州大學洛杉磯分校 UCLA 曾針對四十名年齡介於五十五至八十五歲間的成人做研究，已獲得一部分證實。

參與者被隨機分配到兩組：冥想組，與沒進行冥想的對照組。冥想組每個禮拜參加一次兩小時的會議，學習冥想、呼吸等技巧，此外，每天在家裡進行半個小時的冥想，並參加一日的靜修，總共八週。

研究者史蒂文・科爾（Steven W. Cole）發現，冥想能降

低老人的孤獨感，同時參與者的血液檢測結果也顯示，與癌症相關的基因表現大幅下降〔C- 反應蛋白（CRP）和白細胞介素 6（IL-6）〕。

理查‧戴維森（Richard Davidson）研究團隊也發現，發炎基因「RIPK2」基因與「COX2」基因的表現，在冥想後減少。

美國加州大學舊金山分校 UCSF 的研究團隊，研究年齡介於五十至六十五歲的 239 名健康女性，發現越常分心、想東想西，細胞內染色體尾端的長度（telomere）就越短。

細胞內染色體的尾端長短常被當成細胞或身體的老化指標，長度越短，表示老化程度越嚴重。

研究人員艾麗莎‧艾波爾（Elissa Epel）認為，進行一些冥想或注意力的訓練，可讓人更專注於當下，身體老化可能比較慢。

科學家還作過這樣的試驗，他們將 73 名平均年齡在八十一歲以上的老人分成三組；勤於思考組、思維遲鈍組、受人監視組。

結果表明，勤於思考組的血壓、記憶力和壽命都達到最佳指標，三年後勤於思考組的老人都健在。而思維遲鈍組死亡 12.5％，受人監視組死亡人數達 37.5％。常常冥想也是一種思考體操。

大多數練習放鬆冥想的人，身體狀況比一般人好，這也是我推薦給大家的原因之一。

以上資料，必須與前面提到的久坐壞處（心血管疾病）一起看，大家看出一些奧妙了嗎？兩者有矛盾之處，怎麼辦？

其實，我想到兩全其美的方法，既不會產生憂鬱、發炎、快速老化，也不會罹患心血管疾病，就是「隨時」在日常活動

中冥想！

我的意見可獲得冥想的好處，卻避免了冥想的壞處（久坐），大家覺得如何？不錯吧。

市面上有許多修行書籍，將打坐或靜坐吹捧到天上，彷彿人生的必要功課，而且還是一些很傑出的人寫的，我只能搖頭嘆息。

靜坐只是手段，無我才是目的，許多大師將手段視為終極目的，難免予人本末倒置之嫌。

為何不能找出更好、更完善、更周全的方法呢？將冥想與放鬆結合在一起，於生活中隨時進行，不需要枯坐致病，才是正確妥當的方法，對吧？

冥想的壞處

許多修行家宣稱打坐冥想，就可以體驗「合一」感，但有個問題值得探討：

久坐對腿部循環與下背部相當不利，醫學界並不推薦長時間打坐，反而鼓勵人們放棄沙發馬鈴薯（couch potato）的壞習慣。

前面提過，腦部頂葉在人體的最高處，受到地心引力的影響最大，很容易因久坐或久站而缺血，因而誘發 OAA 區缺血。打坐過久，也會影響正常睡眠，甚至出現沮喪。

英國萊斯特大學教授葳莫特（Emma Wilmot）率領的研究團隊發現，久坐的人，罹患糖尿病的機會比一般人高 112%，得到心血管疾病的風險高出 147%，提早死亡的風險則高出 49%。

更驚人的是，即使有規律運動的習慣，長時間久坐仍然對健康不利。運動竟然無法抵銷久坐的壞處。

荷蘭一家研究中心調查 373 名三十歲以上的男女，記錄他們在三十二歲和三十六歲時的坐著看電視及運動習慣。調查結果顯示，每天平均多花二十分鐘坐著看電視的人，頸動脈粥狀硬化程度最嚴重。

同樣的，就算是每天都有正常運動，也無法明顯改善負面影響。可見，目前有那麼多人沉迷坐著滑手機，是很糟糕的事。

研究者費列拉（Isabel Ferreira）表示，坐著使用電腦、看電視時最多不該超過兩小時。

所以，一般人不可能也不應該誘發 OAA 區中風或吸食迷幻藥來體驗天人合一或深沉的感動，單純的放鬆就可以達成類似的效果。

研究發現，徹底的身心放鬆可激發迷走神經，刺激大腦的酬償中樞〈獎賞迴路 reward circuits〉與部分下視丘，分泌多巴胺（dopamine）、血清素（serotonin）或催產素（oxytocin），產生如癡如醉如夢如幻的體驗。

尼古丁、巧克力、性高潮、古柯鹼、音樂、笑、運動、欣賞美景、藝術也有類似的效果。

此外，性高潮之後還特別分泌催產素，產生親密感，日常的親密交談，擁抱，彼此關心，也能促進催產素的分泌。

當我們因助人而獲得滿足感時，大腦會分泌令人愉悅與放鬆的腦內啡（endorphin），幫助緩解疼痛與鎮靜作用的天然止痛劑，且能夠帶來歡欣感。

建議大家在日常活動中，隨時注意全身有哪些地方的肌肉不夠放鬆，可以從頭到腳依照順序檢查。

只要做久了，放鬆肌肉就好像一股水的流動，從頭到腳淋下去，會感覺神清氣爽，氣定神閒，甚至有酥麻舒軟的感覺。

冥想與負面經驗

研究人員發現，右前腦島愈大的人，或過去負面經驗較多的人，身體的覺知愈強，也就是比他人更了解自己的感覺，譬如心跳。

以上資料參考來源：《大腦、演化、人》，p197。

以前也有研究發現，童年的受虐或創傷的負面經驗，會有比較多的機會遇上瀕死體驗。

我曾遇過不少修行大師，的確有心理衝擊或創傷的經歷，顯示痛苦或挫折，反而可以堅定冥想的意願。生活安逸的一般人不太願意持續進行冥想練習。

當然，不一定要遇上負面經驗，才能注意自己的體內感覺，常常訓練自己也可以達成相同的效果。

生命長短是天注定的嗎？

許多科學家認為，環境和生活習慣在長壽方面所起的作用可能達到 66~67%，其他才是基因與醫療的作用，沒有神秘力量在作祟。

所以，基因的作用不到一半，我們當然可以左右生命的「部分」長度。

自殺或意外，有無獲救純屬運氣，說什麼命不該絕或命中注定，全是一派胡言，沒有人是該死或不該死。

不要相信冥冥之中有什麼安排，運氣就是運氣，不能硬拗。我不認為有超自然的因素作祟。

甚至有人估計，生活習慣可決定 50% 的壽命！大家培養良好的生活習慣吧。

為何有疾病基因？

有人說，人一出生，就走向死亡，雖然看起來沒錯，但基因都是為了生存與繁衍而設計的，怎會有所謂躁鬱症基因、癌症基因、糖尿病基因呢？假如有上帝，怎會讓人出生後，又將人推向死亡呢？

其實答案很簡單，基因在複製的過程中，會出現突變，而這些突變一再累積，經過數個世代以後，就有可能形成疾病基因。

所以，從最原始的生命開始，它的基因可能完美無瑕，但歷經數十億年的演化，複製已無數次了，有可能因環境毒素、細菌、病毒的侵入，或輻射照射等，造成不少突變，以至於形成所謂的疾病基因。

有時候，某些基因在前一個環境中是好的，在後一個環境中卻是不好的，很難論定。

人一出生就不平等，有人沒有肺癌基因，抽了數十年的菸卻沒問題，有人卻因吸了二手菸而誘發肺癌，但不要怪罪老天爺或上帝，一切都是基因突變的巧合。

如果一定要怨嘆，就怪罪巧合之神在搞鬼，或幸運之神的離棄吧，也不要推到前世業障的身上，將問題複雜化。

垂死病患的四大憾事

照顧垂死病患多年的澳洲護士魏爾（Bronnie Ware），整理病患臨終對生命的回顧，發現很多答案都很雷同，排行如下：

一、後悔自己未勇於追求夢想。

許多人活在別人的期望裡，許多人甚至連一半的夢想都沒有達成就離開人世。其中對健康的追求，很少人了解它的重要性，直到自己病了才徹悟。

二、後悔自己花太多的時間工作。

幾乎所有的男病患都有類似的遺憾，後悔自己為了工作錯過小孩的成長，也沒有陪伴配偶。

三、後悔自己沒有勇氣表達內心的情感。

研究曾發現，內心長期痛苦或壓抑，容易使人罹患慢性疾病。

四、後悔自己沒有和老朋友保持連絡。

很多人在病逝前懷念起自己的老友，卻因為沒有常保持連絡而無法再見面，後悔沒有把握機會和他們好好相處。

大家如果對生命意義茫然不解，以上資料或許可以幫忙釐清。除了夢想的追求以外，生命意義的探索是一般人較陌生的，這就是本書的發行宗旨。

胸懷大志是對的嗎？

美國印第安納州聖母大學（University of Notre Dame）教授賈吉（Timothy Judge）主持一項研究，發現 717 位牛津、哈佛及耶魯大學的畢業生，與一般大學畢業生比較，身體較不健

康，也較早一命嗚呼。

賈吉利用一套複雜公式，判斷出受試對象不同人生階段的企圖心，並將高能力個體分成「抱負遠大組」與「抱負較不遠大組」。

賈吉指出：「儘管企圖心十足的人成就非凡，快樂指數卻只比企圖心較不旺盛的人高出一點，且確實較短命。」

他說：「也許這些人在衝刺事業的過程中，犧牲掉健康習慣、穩定的兩性關係與堅定的社交網絡，而這些正是我們所知影響壽命長短的原因所在。」

所以，胸懷大志或好高騖遠都是錯的，胸懷小志才是正確的態度，而放鬆冥想可以有效降低欲望，不至於成為野心家。

最後的叮嚀

本書已近尾聲，如果大家想從科學層面追索生命意義，建議先從改善自己的健康做起，因為不健康或精神不濟，什麼意義或夢想都甭提了。

我曾研究超級人瑞，也就是超過一百一十歲的人的生活習慣，得到以下結論，提供給大家參考：

一、基因優良：如果你的家族有長壽基因，恭喜！不管有沒有，還是要好好執行以下策略。

二、多菜少肉：建議一天不超過一個巴掌大的肉食，最好以白肉為主。

三：多喝開水：建議一天喝 2,000cc。

四、少坐多動：建議每坐三十分鐘，須起身活動一下四肢。每週運動至少五天，每次三十分鐘更好。

五、重視親友：避免無人支援的獨居。

六、睡眠充足：至少在清醒時不恍神。

七、保護牙齒：每天須使用牙線一次。

八、定時體檢：早期預防，以免惡化。

九、心胸開闊：樂天知命，笑口常開。

請大家盡量實踐以上的建議，保證有充沛的精力與敏銳的頭腦，可以追求心中的夢想；而在追夢的同時，別忘了同時進行放鬆與冥想，只要不涉及怪力亂神的方法都可以，或許有朝一日，可洞悉宇宙的最大奧秘也說不定。

其他問題

以下是我在演講時，觀眾的發問：

是不是可以說明人死後有靈魂的問題，在座都是宗教界人士，宗教界有種種不同的創造神，對世界宇宙如何誕生有各種不同的解釋，但在一件事情上有完全一致的立場，都相信人死後的生命。不知道成醫師的研究成果跟這個觀點是否有一致的地方？

我答：

有關於死後世界，如果以科學來看，目前是沒辦法判斷。

但是我剛講瀕死的那些狀態，可以證明一件事情，我們的腦細胞具有一種防禦的機制，就是已經缺氧到某個程度的時候，會舒緩自己的不舒服，這個腦細胞可能要破碎或是凋亡的時候，它會釋放所有的物質，它的電能也會全部放出來。

這有點像動物，舉例來說，斑馬如果被獅子抓到，脖子被掐住，牠可能會呈現一個恍惚狀況，腦袋處於缺氧狀態，牠在

這個狀態之下，腦部細胞必須在最後關鍵的時候，就像我剛講的所謂 gamma 波振盪，把所有的能量或物質放出來，以紓解痛苦。

這些物質強烈到足以看見光明的景象，我們腦部的後面是視覺區，這個地方如果大放電的話，就非常亮非常亮，就有點像瀕死體驗裡面看到上帝的光，或是神明的光，或是壯麗的景色。

很多瀕死體驗，大家可以在網路上、書籍上都可以看到，非常光明、溫暖、寧靜、喜悅，各種說詞都有。

我個人是這樣認為，不管你是宗教徒還是無神論者，最後一定會有腦細胞的一種防禦機制，它要減緩你的痛苦，它一定來這麼一下，就是三十秒到三分鐘。

這個光明的景象，完全是背後文化背景決定你會怎麼詮釋，也許是天主，也許是佛陀，也許是阿拉，或者無神論的人，譬如死去那慈祥的老奶奶跑來抱在一起，或者是誰。

至於死後世界就無法再探討，因為我們目前科學只能到這個程度，就是瀕死體驗裡最後一個 gamma 波振盪，我只能解釋到這裡。

問：我想請教成醫師，額葉跟頂葉之間有什麼關係，會成一個反比或怎麼樣。

我答：我們的前額葉跟頂葉（頭頂），這兩個關係目前不清楚，因為只發現一個現象，當你的前額葉很活躍的時候，你的頭頂葉就會被抑制。

如果要講裡面的詳細機制，目前還沒有研究，但是可以給各位一個資訊，很多罪犯，他們的前額葉不活動，這個犯罪學上已經非常確定。

如果用一個天秤衡量，天秤的一端是罪犯，另外一端就是修行家，所以真正修行到家的人是不會犯罪的。

前額葉如果是不活動的話，思想就會陷入麻煩，不會控制自己的情緒，前額葉越強大，情緒控制越好，情緒一控制好，就不會犯罪，這是目前所知道的。

至於為什麼前額葉強大以後頂葉會停頓，目前只有猜測，不知道為什麼。

本章的建議

已經到了本書的尾聲了，以下是我對大家的建議。

如果大家對死亡已有許多見解，譬如宗教上的說法，希望將它們暫時拋開，因為那些沒有科學根據的論調，真的可行嗎？還不如看看我的務實態度。

科學上的腦波與攝影，已對瀕死的腦部有初步的了解，不論是宗教徒或無神論者，都會遇上，如果不面對，等於不切實際。

平常我們可能會批評別人不切實際，沉溺於天馬行空的幻想，可是，遇上死亡，自己卻不切實際，相信一些沒有證據的觀點，豈不是五十步笑百步？

還有人強調「活在當下」，卻整天為「死亡後」作準備，所作所為皆是服務或侍奉神明，渴望得到死後的恩賜，等於自打嘴巴。

如果不能安然度過死亡的各個階段，有可能獲得一個美好的死後生活嗎？雖然我不相信有死後世界，至少我的說法不會誤導大家。

正確面對死亡，就能真正「活在當下」，因為放鬆與冥想都是在日常生活中隨時進行的，不像宗教活動，必須抽空進行，放棄當下該做的事。

　　常常放鬆冥想，就可以獲得清明，不再為情緒所擾，不但有益於死亡的第一階段，也對平常生活大有幫助，目前已證明與腦額葉皮質的活躍有關。

　　當然，接受安寧療護，也對瀕死的第一階段有好處，希望大家不要誤解這麼好的東西。

　　放鬆冥想到某個程度，可能領悟到自己的永恆本質，將不再畏懼死亡，因為已體驗過了，有瀕死體驗的人會這麼說。

　　當然，死亡是時間的產物，體驗自己的無時間性，也可以擺脫死亡的心理糾纏，目前已證明與腦頂葉的停頓及顳葉皮質的活躍有關。

　　我很努力寫完本書，或許有一些艱深的地方，但沒辦法，親身體驗的東西，本來就是沒體驗的人難以理解的。

　　不過沒關係，建立正確的觀念，再勉力執行對策，慢慢就可以了解死亡的內涵，也對日常活動有正面的效益，何樂而不為呢？

第四章　其他靈異現象

與

死亡有關的現象太多了，大家一定還有疑問，我特別收集了不少靈異現象的科學資料，希望盡量給大家正確的訊息，減少怪力亂神的觀念作祟。

心電感應存在嗎？

1994 年 1 月，英國愛丁堡大學的超心理學家荷諾頓（Charles Honorton），在權威的評論性期刊《心理學會刊》上，與另一位作者貝姆（Daryl Bem）共同發表了〈ϕ 存在嗎？超常訊息傳遞過程有了可重複的證據〉論文。

兩位作者對數十篇已發表的實驗進行綜合分析（meta-analysis），做了以下結論：「『整場程序』（ganzfeld procedure）這種實驗方法，已經達到足夠的重複率與效果大小，這些資料應足以受到心理學社群更普遍的重視。」

綜合分析是一種統計技巧，將不同研究的結果，合併在一起，取得一個總體的平均效果。整場程序則是把「接收者」安置於一個房間中，拿對半的乒乓球罩住眼睛，請他們戴上播放白雜訊（white noise）的耳機，而「發訊者」在另一個房間內，以心靈傳送他所看見的影像。

隨機猜對影像的機率是 25%，而受試者答對的機率有 35~38%，顯然不能忽視，目前心理學界對心電感應的存在仍呈現各說各話的態勢，尚未有共識出現。

整場程序被許多實驗者做過，是當今資料最龐大的超能力數據，所以 35% 或 38% 的結果是綜合 1974~1993 近二十年間，共二十八個研究案例，包含十個不同實驗者的 835 個實驗單元，才推論出來的。偶然的原因產生這種結果的可能性小於

十億分之一。

測試者都是一般人，沒有所謂明星異能者，因為那些所謂的大師常常是魔術師，科學家不敢找他們，以免被愚弄。

可見，魔術師蘭迪以一百萬美金挑戰超能力，歷經數十年而從未失敗，便是利用這種靠不住的特性，我認為永遠也沒人可以領走一百萬元，網址如下：www.randi.org

所謂準確度高的心電感應早被認定是一廂情願，禁不起考驗，可惜世人大多不敢面對 Randi 發掘出來的事實，唉！

如何看待心電感應？

一般對心電感應的解釋有兩個，一是巧合，二是真的超自然現象，我舉個例子：

假設全世界現在正想著「心電感應」這幾個字的人，可能有不少人，其中包括你和你的親友，但可以驗證的只有你的親友，結果造成錯覺，以為與常相處的人發生心電感應的機會比較高，跟沒有常相處的人發生心電感應的機會比較低。

所以，不論是否巧合，本來就有可能和陌生人有同樣思維，只是互相討論印證的機會不高，一旦發生，誤以為很神奇而已。

一個人的未來由基因、環境、努力、與運氣決定，與前世業障無關，任何神奇現象只要全當成巧合，就沒有問題了。

以前我相信滿天神佛、遍地野鬼，遇上碰巧的事，都以為是發出偉大的超能力而變得神經兮兮，現在完全不放在心上，日子反而過得輕鬆自在……

既然無法 100% 確定是巧合或超能力，就全當成巧合吧。

把心思放在生活難題的解決上，絕對過得更好……

　　世上沒有人可以隨意偵知或左右他人心思，所以不必掛慮……

寵物溝通師？

　　最近看了動物星球頻道的這個節目，內容是某位靈媒精通寵物心理，甚至可以心電感應，傳達意念給寵物知道。對於那位寵物靈媒的表現，我有話要說：

1. 她顯然很懂得寵物的飼養之道，譬如她曾對兩位寵物主人問：牠的那條藍色毛毯呢？讓寵物主人大吃一驚，我懷疑藍色織品在美國寵物界本來就很流行。
2. 她很會安慰寵物主人的心，譬如她會說寵物靈魂已在天堂，或常常伴隨在主人身旁，真高明！
3. 一般養寵物的人會接連養寵物，她會故意說：以前逝去的那一隻靈魂將附著於下一隻寵物，讓主人釋懷，厲害！
4. 寵物通常有兄弟姐妹或父母子女，譬如一隻母馬寵物拒絕進食，她會說母馬的小馬到哪裡去了？然後解釋成喪子之痛，使母馬悲傷欲絕，無法進食。

　　當然，那位靈媒女士也有不錯的表現，那隻母馬主人表示，獸醫已驗過馬血，沒有身體上的問題，沒想到靈媒閉眼對著那隻母馬沉默一陣之後（以心電感應傳達主人的關心之意），母馬竟然開始進食，真神！

　　如果母馬仍不進食，她或許有別的說詞，不過整段節目就屬這一段最令人驚奇。但我還是不相信她可以與寵物心靈

交通，更何況是別人帶來的陌生寵物。母馬的進食應該只是巧合吧。

通靈辦案時有所聞，到底有沒有用？

根據我的觀察，通靈人提供的線索，極少成為破案的關鍵，頂多在事後證明其正確而已。

最讓人詬病的是，通靈人說太多了，當然會猜中一些，而且其他無用的線索會干擾辦案的方向與進度。

不過，有極少數通靈人的說法值得注意，譬如警方認定兇手是男性，通靈人卻堅持己見是女性，結果事後真的證明是女性兇手。

一般的江湖術士會以話套話，順著警方的想法而隨時修正自己的說詞，這種堅持己見的通靈人就不能等閒視之了。

不過，沒有證據可以證明通靈比鑑識科學有效，警方不能捨本逐末。

曾有一位警官指出，他是在偵辦進度上毫無進展、陷入膠著時，才會找靈媒提供線索，反正死馬當活馬醫，又不會損失什麼。

真的有一些警察出面讚揚靈媒的功力，Discovery 頻道曾播過，我們不必一竿子打翻全船人，說靈媒都是瞎猜矇中的，只能這樣說：

超感知覺不能代替科學辦案，更不能成為呈堂證供，即使出現事後諸葛，也不能認為下次一定神準，頂多是偶發事件罷了。

動物有超能力嗎？

在 2004 年南亞大海嘯中，大象居然都沒死，但也有驚險的例子，在大海嘯發生前七個小時，一頭十五歲的母象在海嘯撲岸時，只在距岸 1,000 呎處平行移動數百呎而已，不過牠逃過一劫沒死。

曾有一隻非洲灰鸚鵡接受心電感應挑戰，結果主人發出三十個意念，牠只說出兩個，心電感應失敗，因為亂說也會說中幾個。

有一位地質學家說，他用報紙上的動物逃家數目來說中三週後的地震，我覺得太牽強附會，為何不是幾天後的地震呢？毫無預測價值。

其他動物也有許多神奇的事跡，我覺得大多數可解釋成敏銳的感官所致，但無法完全排除超常感應，動物星球頻道曾介紹的橘瓢蟲，可以預測六個月後的風雪，就很難解釋成敏銳的感官。

大家參考看看吧。

關於訊息不滅

以下是我的理論，尚待證實：

我們無時無刻都在發散訊息，譬如我昨天的活動訊息看似消失了，實則不然，可能儲存在不知名之處，然後在今天被某人以心電感應方式得悉了，卻誤解成見鬼。

我個人不相信在人腦死後會留下鬼魂，卻有可能留下生前的訊息，偶然被人感應到，這種情形在見鬼的例子中屬於少數。

「超感知覺」和幻想有何不同？一般人能清楚分辨嗎？

　　無法分辨，必須等到事後驗證，才能搞清楚。事實上，超感知覺與巧合也無法區分。

　　我認為有極少數的案例可看到現實，可謂之超感知覺（傳統科學家認定是巧合），絕大多數出竅是幻覺已殆無疑義。

　　目前我看到的出竅超感知覺案例，全是偶然發生的，一旦蓄意表演出竅，絕對全看到幻覺，這就是四十年來全世界為何無人領走美國的超能力挑戰獎金的原因。

　　許多所謂的出體大師，故意避談獎金一百萬元為何無人領走的原因，鴕鳥又自戀的心態令人浩嘆，想想看，為何避談？怕什麼？還不是怕戳破他們的超能力假象，唉！

「超感知覺」的其他問題

超感知覺和「潛意識」一樣嗎？

答：一般將夢視為潛意識，所以發生於夢裡的超感知覺，
　　才算是潛意識，清醒時發生的不算。

「超感知覺」的那種「感覺或影像」是在腦部的什麼地方產生？

答：沒有科學資料，所以無法回答。目前只知顳葉（顳頂
　　聯合區）與宗教或靈異體驗有關，角回與出體經驗有
　　關，頂葉與自我感消失有關。

產生出「超感」同時，自主神經系統也會同步反射嗎？

答：沒有這方面的研究，無法回答。

死亡後還能對外界聲音有「反應」，這也算是「超感知覺」

的範疇嗎？

　　答：真正的死亡是沒有知覺的，只有在瀕死時，聽覺可能
　　　　尚未消失，若有反應，代表未到達腦死程度，不是超
　　　　感知覺。

一般人從「瀕死」到「真正的死亡」，這段時間大約多久？

　　答：最久紀錄是三天，是一名嬰兒，不過，他是先停止心
　　　　跳二十五分鐘，然後在低溫的照護下，若在常溫下是
　　　　不可能的，通常心跳停止後五分鐘就腦死了。

萊恩的透視實驗

　　超心理學家萊恩，曾對人們「透視」正面朝下的卡片的能
力，做了許多次的實驗。

　　他使用一副五種顏色的卡片，共二十五張，請受試者透視。
隨便猜中的機會是 20%，也就是在二十五張中猜對五張。

　　根據他的實驗，大量測試後，透視超能力猜中的比率，比
20% 多一點。

　　但有人發現一個問題，萊恩認為那些討厭他的受試者會故
意猜錯來刁難他，便將分數特別低的結果剔除不算。

　　於是，萊恩的統計結果就有問題了。萊恩的其他實驗也
有做不出正面結果的，顯示「透視」超能力無法經由科學實
驗證明。

　　我認為這種能力稍縱即逝，飄忽不定，無法通過科學的重
複驗證。

　　即使某些實驗顯示比亂猜的比率高一些，也無法確證透視
的存在，大家自行斟酌考量吧。

康德的推薦

康德是德國極負盛名的大哲學家，曾檢視一次超能力事跡：

瑞典靈學家斯維登堡曾在一場花園派對中，宣稱三百哩外的斯德哥爾摩發生了一場大火。

據說還描述大火逐街蔓延的情景，兩天後一位信差從斯德哥爾摩過來，證實了這件事。

康德說這件事「完全沒有懷疑的餘地」。

當然，火災在大都市發生是稀鬆平常的事，如果是逐街蔓延，就很罕見了。

康德掛保證，是無可挑剔的，但也無法 100% 排除巧合的可能性。

大家自行決定相信與否吧。

以上參考《追鬼人》p.11。

如何區分魔術師與超能力者？

建議大家多看魔術書籍或拜師學藝，了解魔術的基本手法，就不難看出騙徒或神棍的伎倆。

魔術界對超能力者極為感冒，常常想揭穿，過去紅極一時的「隔空抓藥」張穎，已被台灣驅逐出境，大家可以在網路上找到當時魔術師當場破解的經過。

不過，魔術師有所謂的薩斯頓三原則，違反者將遭到同業唾棄：

1. 魔術表演之前絕對不透露接下來的表演內容。
2. 不在同一時間地點，對相同的觀眾變同樣的魔術兩次

以上。

3. 魔術表演過後，絕不向觀眾透露魔術的秘密。

所以，想知道更高明的魔術手法，是不太容易的，目前已有公開手法來賺廣告費的節目，譬如 AXN 頻道的「魔術師之終極解碼」，始作俑者在公開自己的身分後，下場卻非常淒慘，流落異國找不到工作而不知所終。

現在節目中的蒙面魔術師都是無名氏，表演的助手也不是他原來的助手，沒幾人看到盧山真面目，以免被識破。

如果不想學魔術，只要堅持一個看法就對了：世上根本沒有所謂的超能力者，只要可以當眾表演的，都是魔術，無須懷疑。

如何以實驗證明超能力？

科學家不能太驕傲，以為自己可以破解騙術，根據過去經驗，科學家總是被騙！最好的方法是請近距離魔術師到場，而非舞台魔術師，因為後者未必了解所有的近距離魔術手法，可能會抓不到把柄。

不過魔術師必須假冒實驗工作人員才行，以免超能力者起疑心而拒作實驗。

以上參考《看看這個不科學的宇宙》p.83。

Campbell 程序與 Russek 檢驗法

Campbell 程序是請通靈者在安靜的地方，冥想半個小時，寫下心裡的話，然後再進行實驗。

Russek 檢驗法是實驗開始時，求解者打電話進來，讓通靈者接聽，講出接收到的「靈界」訊息，但求解者不發一語。

求解者是臨時找來的，通靈者不知情，且求解者的電話已被按下靜音鍵，聽不到通靈者的聲音。最後才讓兩者通話對答。

這些措施是要預防導引猜測、細微線索、詐術等，因為不少通靈人根本不會通靈，只是察言觀色，或如偵探般找尋線索來推敲求解者的狀況。

儘管有這樣的實驗防備措施，但實驗人員無意間透露求解者的身分，仍有可能，或者，求解者太思念往生的親友，以至於缺乏對通靈者說錯時應有的批判。

通靈實驗很難做到完善，必須請懷疑論者充當第三者裁判，才有說服力，可惜幾乎沒有。

以上參考《靈魂實驗》一書 p.492。

超能力挑戰

美國魔術師 James Randi 成立基金會，宣稱在他面前表演超能力成功者，可獲得價值 100 萬美元的紐約市債券，至今已四十餘年，尚未有人成功過。

Randi 於 2009 年接受小腸癌手術與化療，醫師宣布五年存活率只有 50%，想挑戰的人必須趕快，否則錯失機會就很可惜了。（網站：www.randi.org）

Discovery 頻道曾播出一位異能者，宣稱扳動受試者的手指，便可以說出一些秘密。譬如找來一位住在加州的人，若詢問受試者住在德州嗎？異能者扳動受試者的手指一次，然後問住在加州嗎？再扳動手指一次，便可依據兩次的指力，說出正

確的答案。

Randi 找來兩瓶不同成分的液瓶，由工作人員交給他，連他都不知道手上拿的是哪一種，而且拿著放在身後，不讓異能者看到。

接著 Randi 伸出另一隻手，請異能者扳動其手指，並說出液瓶的種類，等於二選一，結果十次測試，只有四次正確，比亂猜的五次還差。

當然，就領不到一百萬元了，提供給大家參考。

怎麼界定科學與迷信呢？

台大校長曾被魔術師欺騙，寫出「非常科學」（手指識字）的論文，結果那魔術師在美國被抓包。（**參考資料：** http://tw.knowledge.yahoo.com/question/?qid=1005011600306 ）

所以科學與迷信之間，一定要有魔術師甚至魔術團體介入調查，談再多的大道理是沒用的，可惜很少人了解這個事實。

心電感應魔術

網友問，昨天有一個朋友拿出九顆骰子，他說他轉過去之後請我們隨便點一顆，他就能猜到我們點的是哪一顆，結果不管是哪一個人點，他都猜得到，請問為什麼呢？

我回答：你們之中有他的眼線，也就是事先串通好以暗號來透露答案的助手，譬如你摸某一顆骰子，助手就以特定的聲音或表情或眨眼或肢體動作，將答案暗中傳給他。

所以，絕不是心電感應，下次再找他單獨一個人變看看，保證就找藉口不變了。

通靈騙子的無眼視覺

出竅既然是幻覺，通靈者所見就不可信了，我舉出一些詐騙手法，給大家看看。

即使頭部罩著箱子，一些號稱通靈的騙子依然可以發揮所謂的「千里眼」、「透視」，說出眼睛看不到的東西，其實是利用眼睛的下面縫隙偷窺。由於鼻子得突出，很容易頂出一點縫隙，大家試試便知。

他們有的在皮帶扣或掌心放一小面凸透鏡，藉以反射眼前影像至縫隙；或在牙齒旁或肛門內擺置一個小型接收器，接收在場親友的暗號，而暗號的發出是利用鞋尖的一個開關，可發出嗶嗶的聲音。還有許多手法屬於魔術機密，我也無從得知。

以上參考《看看這個不科學的宇宙》一書 p.69。

拇指書寫

魔術師常常利用黏附在拇指上的暗筆，在紙上快速畫圖案，這個技巧可發揮驚人的魔術效果，卻常被騙子利用成通靈表演，譬如預知觀眾畫什麼。

過程是這樣：

通靈者假裝在便條紙上繪圖，其實只是用指甲刮紙，什麼也沒寫。然後宣稱已畫下觀眾在另一張便條紙上畫的圖，請觀眾出示給大家看。

關鍵是通靈者說自己畫不好，便拿起自己的便條紙瞄一眼或完全沒看，瞬間以拇指書寫方式塗上答案，再朝下放回桌面，厲害吧？

以上參考《看看這個不科學的宇宙》p.77。

如何揭穿通靈者的手法

最簡單的方法是請他們到一個可從單面拍攝，卻無法從裡面看出去的玻璃房間，通靈者通常會露出馬腳，隱藏式錄影也可以。

如果通靈者堅持在暗處施法，也可以偷偷放置一台紅外線攝影機，保證有令人驚喜的發現。

以上參考《看看這個不科學的宇宙》p.81。

魔術師的心理暗示

曾有心理學家請受試者看影片，內容是一位魔術師宣稱以意志力彎曲鑰匙，其實只是魔術。

表演完畢，影片中的魔術師將鑰匙放在桌上，說：「大家看，很神奇，鑰匙還在彎曲。」然後心理學家詢問受試者，鑰匙在桌上真的有彎曲嗎？

結果有一半以上的受試者說鑰匙有繼續彎曲。

可見心理暗示作用有多大了，可以誤導人們的知覺，通靈家常常利用此點。

以上參考《讓你瞬間看穿人心的怪咖心理學》p.88。

念力可以轉動已故障的手錶？

以色列魔術師尤力・蓋勒曾經請電視機前的觀眾準備一只已經不動的手錶，然後發出念力使之轉動。

結果真的有一些觀眾打電話進電視台，說他們的手錶的秒針開始跳動了，到底是怎麼回事呢？

其實，許多手錶的故障是因為裡面的機油凝固了，而觀眾用手握錶，正好有熱氣可融化機油，秒針就開始跳動了。

所以，這是物理現象而已，不是念力。

以上參考《當靈異遇上科學》P.113。

臉頰穿針是神力的表現嗎？

這種忍痛儀式在許多國家都有，譬如印度、新加坡，在網路上甚至有大量表演穿頰的影片：http://www.youtube.com/results?hl=zh-tw&q=cheek%20needle&rlz=1I7GPTB_zh-twTW302&um=1&ie=UTF-8&sa=N&tab=w1。

以下這個是我見過最厲害的，此位仁兄的身上共穿了一千多根針。（參考資料：http://video.sina.com.cn/p/tech/d/v/2010-04-14/101560516404.html）

有人以為這是神力的表現，其實不用神力，譬如上面這位老兄，完全沒有陷入恍惚，結果比乩童還厲害，顯示只憑訓練，就足以達到同樣甚至更好的效果。

念力實驗

國家地理頻道曾播出一項有趣的發現，擺在全球各地的六十部隨機事件製造器（RNG or REG），在 2001 年 911 恐怖攻擊的那一天，大部分儀器出現有史以來最大的非隨機變化，而且在事件前四小時即出現波動。

所謂隨機事件製造器〔random number（or event） generator〕，是一種隨機放射出次原子粒子的裝置，放射源為鍶 90，它會使九個排成環狀的燈泡之一亮起來，每次燈亮的方向也就是順時針或逆時針，各有 50% 的機會。

911 事件使結果偏離 50% 的常態，顯然人類的念頭或情緒可影響次原子粒子的活動，而且在發生大事的時候影響最大，這是我見過最有趣的現象，連著名的懷疑論者都只能批評實驗者對大事與非大事的區別標準不明，無法否定結果本身。

但有人認為，沒有完全排除自然現象的影響，譬如太陽閃焰造成的帶電粒子的干擾，曾發生這樣的事，在印度發生閃電，卻改變了美國加州的磁場。

而且 2001 年是太陽黑子最大期，或許應該將地球磁場的變化圖與 RNG 的圖相互對照。少部分 RNG 儀器（約十幾台）在 911 當天沒有出現變化，部分地區的磁場未變或許可以解釋。

這種特別的情況無法重複驗證，所以只能將念力視為偶然現象，而且頂多影響顯微層面，永遠難以成為真正的科學定論。

有人將念力移物稱為心靈致動（psychokinesis），目前仍沒有發現真實的案例，可以這麼說，除了極少數顯微實驗，譬如以意志力改變細胞、菌類、分子、電子的活動，尚待研究以外，其餘幾乎是魔術與詐騙。

圖像訓練可以開發念力，是真的嗎？

Discovery 頻道曾介紹一位自閉症患者，他在直升機上看倫敦建築物幾分鐘而已，下機後就以素描方式畫出分毫不差的圖。

所有圖像訓練者都比不上他，他恐怕是世上最強的圖像觀想者，卻沒聽聞有什麼念力發揮。

所以，若只是想增進學習效率，倒是可將學習資料畫成一棵樹的圖像，多用一些右腦，或許比較容易記憶。

我個人反對開發念力，因為目前已知的念力，都只是影響分子、電子、細胞這些東西，還若隱若現，得不到科學的證實，根本無助於現實生活。

大家可以看看《念力的祕密》這本書，裡面提到大傘藻的研究，結果顯示，念力只能影響到細胞那麼小的層面，使大傘藻少放出幾個光子而已，相當微弱，而且尚有爭議，無法排除是環境的干擾。

如果念力可以影響錢幣或湯匙，科學家為何不用，反而使用單細胞生物譬如大傘藻來做研究呢？

因為念力本來就微弱到只能影響顯微層面，不可能影響巨大的物質層面譬如錢幣或湯匙嘛。想憑空移動大把鈔票到自己的戶頭裡是更不可能。

念力實驗都是找一些平時有冥想或靜坐的人，結果似乎比一般人好一點點，但許多實驗室做不出，顯示效果是捉摸不定的，所以，不要相信一些誇大言論，念力是不值得期待的……

想改善現實生活，反而是一些成功哲學，譬如增強人際關係、充實自己、發揮創意、腳踏實地等，比較受用些……

圖像訓練可用來探索內在，已有許多門派，我學的是先徹底放鬆自己的身體每一部分，然後仔細觀察一個物品，接著移開物品，看看移開處是否還有影像，不斷重複練習……

　　靜坐也是方式之一，因為左腦休息，右腦的空間能力就彰顯出來。但靜坐門派太多了，我無法推薦。

　　曾有一名女醫學生在車禍中傷及左腦，結果書讀不下去，後來變成畫家，顯示右腦的功能凸顯了，所以正常人想進行圖像訓練，是不太容易的……

達賴喇嘛與超能力

　　撇開政治上的爭議不談，有人曾問達賴喇嘛，對超能力的看法如何。

　　許多人認為達賴喇嘛擁有世上最強的超能力，他的回答當然是博大精深的佛理吧？錯了！

　　他竟然說他的背上有一塊癬，久久不癒，如果他有超能力，怎會治不好呢？

　　這樣的回覆對信徒而言，可能只是謙虛而已，不過，如果是謙虛，可以開示其他話語，何必揭露自己身上的頑疾呢？對同樣有癬的信徒而言，豈不造成信心崩潰？

　　所以，我個人認為達賴喇嘛的說法不是謙虛，而是指出人體固然有自癒的能力，但也是有一定的限度，不能無限上綱。

　　醫學上有所謂安慰劑效應，曾有人服用無效的藥物，就使身上的惡性腫瘤消失兩次，僅因信賴醫師的能力！

人體有自癒能力？

自癒能力是因人而異的，也與疾病的種類有關，許多重症病人放棄正統的醫療，尋求偏方，原因可能只是相信機率極低的奇蹟會發生在自己身上，這種孤注一擲的做法不值得鼓勵。

而且所謂的奇蹟，如果經過嚴密的調查，常常發現與誤診有關，而安慰劑效應通常只是症狀的減緩而已，並未完全治癒，不能有過分的期待。

拿到達賴喇嘛的東西或被他灌頂，如果對病情有幫助，當然值得高興，但不能因此蔑視正統醫療，這兩者不能混為一談。

催眠師讓人飛了起來？

歷史上最出名的飛人霍姆，已在現代魔術師的重新環境模擬下，做到完全一樣的效果了。

所以在特異功能的科學研究中，早就沒有身體飄浮這一項了，受催眠者當然會有飄浮的感覺，但只限定在內心世界，肉體一動也不動。

目前已知最厲害的念力，只能影響細菌、黴菌、分子之類，還有不少爭議，根本不可能移動身體，所以不要相信書上的不實報導。

一次奇遇

我在醫院工作時，常常跟著科主任學習，曾有一位患者的遭遇相當離奇，值得一談。

他是四十歲左右的男子，罹患「突發性耳聾」，單側耳朵突然因為病毒感染（只是猜測）而聽不見。

他已看過不少醫師，吃藥打針都試過，聽力仍無法恢復，後來跑去大陸找氣功大師也無效，才來求救於主任。

那位氣功大師的發功非常奇特，在大吼一聲後，衝向患者，張開雙手作灌氣狀，但沒觸碰身體。當時他被嚇了一跳，聽力卻突然恢復了。

大喜之餘，他急忙搭飛機回台，卻在飛機上又聽不見了，所以只好來找主任。

基本上，我不相信「外氣」的存在，但純粹以催眠的角度來解釋，行得通嗎？

目前在文獻上的資料，顯示催眠暗示的力量，可以使腫瘤縮小甚至用儀器照不到，那麼使耳朵聽見，應該有可能吧？

說實話，我不知道如何解釋聽力短暫恢復的機制，或許與催眠暗示有關，這件事是我的親身見聞，大家可以參考看看。

另一種可能，那病人的正常耳突然有閉塞感（因為疲憊），正好與異常耳平衡，導致痊癒的錯覺，似乎也可以解釋得通。

禱告有用嗎？

網友 Novus（周彥全先生）提到，德州的基督教團體 Trinity Foundation 曾對一些以治癒聞名的佈道家做調查：（網址：http://www.trinityfi.org/）

「結果他們的發現是，這些病患根本沒有被治癒，只不過是被現場氣氛感染以及群眾壓力，使得病患自己宣

布感覺好多了，或者是勉強放下拐杖走幾步。但回到家腫瘤、病痛、癌細胞依舊，盲眼的依舊看不見、跛腳的依舊不良於行。」

請大家務必注意誇大不實的廣告，因為有許多疾病是誤診，小病被說成大病，讓禱告撿到便宜而已，或本來就接受過正統醫療，禱告的時候正好在恢復期，快好了而已。

我的解釋是，身體本有自癒功能，如果去掉心理上的阻礙因素，自癒功能就可以加快，不過生理上的損傷到達某個程度，是無法靠心理治療來恢復的，一定要接受正統醫療才行。

正統醫療為主，心理矯治為輔，才是正確的觀念。

超覺靜坐改善治安？

在美國曾有五千多位超覺靜坐信徒，試圖在幾週內以靜坐產生的「和諧意識場」，來改善當地的治安。結果，那兩個月的謀殺率竟然到達前所未有的新高點！

主事者辯稱是當地高溫引起的，所謂心煩氣躁嘛，卻降低了比較殘忍的犯罪比率，所以還是有效？

這種說法當然是硬拗而已，我覺得五千人的秩序必須有警力的維持，因而讓會場以外的壞人逍遙、有機可乘，才是真正的原因吧。

靜坐可以改善的是自己的身心，與外界環境有何關聯？這是任何人都必須認清的事實，不可讓神棍騙了。

以上參考《巫毒科學》p.53。

吸引力法則可信嗎？

全球經濟不景氣，美國房地產大亨川普也出現危機，他在大西洋的三家賭場，生意冷清，付不出逾期的 5,300 萬美元的利息，面臨破產危機。他在芝加哥的大飯店，也拖欠德意志銀行工程巨額貸款。

我看過 AXN「誰是接班人」節目，川普對淘汰者的態度高傲、不可一世，毫不留情面，常說：「你被炒魷魚了！炒了炒了！」我心想如果是他自己來挑戰，未必做得好，為何不將心比心呢？

不料這麼快出現報應，自己將被炒魷魚了，那些淘汰者一定額手稱慶、暗爽不已！

這也是許多成功者需要警惕的地方，不要被勝利沖昏頭，故意忽視當初的好運氣，一味認定是自己的超強能力或念力所致，終將嚐到苦果！

所以，我個人很反對市面上一些否定巧合的成功學，他們居然完全不承認運氣的存在，對念力無限上綱，說什麼一切都是念力所致，自己創造自己的實相，實在有夠離譜！

我曾資助罕見疾病兒童，想到他們從出生開始就被疾病折磨，卻被某些成功學信徒說成是自己的負面心念招來的，就替他們叫屈！剛出生哪來的心念？

吸引力法則有科學根據嗎？

吸引力法則認為，只要逼真想像自己有錢，就會真的有錢，當然沒有科學證據。

如果是超心理學，也找不到證據，因為所謂的念力（psychokinesis）實驗，頂多在分子、電子、菌類、細胞那麼小的層面，才會看到一些效果，卻無法重複驗證。如果大家有興趣，可讀一讀《念力的秘密》一書，但會很失望。

傳統科學家完全否定念力的存在，所以我們只能說，人的念力頂多「偶然」影響微觀物質，吸引力法則都是強調巨觀世界的財富移動，根本不能用念力來解釋。

既然連念力都稱不上，吸引力法則就是賣書的噱頭妙招，所謂成功的案例只是運氣好的巧合而已。

聽音樂或看動畫時，全身瞬間有電流通過的感覺？

人在極度感動或興奮的時候，交感神經會過度興奮，或腎上腺素會大量增加，造成末稍小血管收縮痙攣，若是耳內血管就造成耳鳴。

有人出現肚子電流擴散感，真正原因不太清楚，可能也是以上原因造成的，但有個體差異，譬如我是胸口有電流通過，有人是頭皮發麻，有人是背部脊椎有上升電流通過，給大家參考看看。或許都是腦部感覺皮質的電訊流動而已。

聯覺與看見氣場

某些宣稱可以看見氣場（aura）的人，可能有聯覺（或共感，synesthesia）。

擁有聯覺的人，可以從文字或圖案感受到顏色，譬如看見某個字四周發出紅光。

科學家已指出，腦部顳葉、頂葉、枕葉三處交會區出了問題，此區可稱之為 TPO，也就是三葉英文字首的合稱（temporal, parietal, occipital），當然，並非所有聯覺人都看得見氣場，有的案例是聽見聲音就聞到味道。

　　以我為例，在清晨剛睡醒、未睜眼的時候，若在安靜中突然出現聲響，我會看見一片藍色網狀閃光，或許是一種偶發性聯覺。

　　最簡單的解釋是，聽覺系統的一部分，誤連到視覺系統，以至於聽到聲音的同時看見光線。

　　以上參考《當靈異遇上科學》p.178

「心像」能力

　　根據研究，50% 的五歲兒童，在看了斑馬照片兩分鐘後，可以想像出整張照片，包括馬身上的斑紋有幾條，謂之「心像」。由於五歲以後，大量的書本知識進入腦袋，多數人喪失心像能力。

　　據我所知，一些自閉症患者與少數成人，仍保有驚人的心像能力，有人甚至可以畫下倫敦的複雜建築圖，分毫不差。

　　除了藝術工作以外，心像能力似乎在現代社會沒什麼用處，以至於在教育體系裡面缺乏此種能力的培養。

　　根據我的觀察，修行冥想與「心像」能力大有關係，可惜卻找不到真正有效的訓練方法，敬待後人可以整理出教材，供有心人士學習。

盲人有特殊能力嗎？

曾有科學家研究指出，盲人的聲音辨識力，也就是所謂的閾值【聽力檢查】，與明眼人一樣。

且他們在語言的記憶力與理解力方面，優於明眼人，也就是比明眼人更容易了解語意。

此外，在聲源的方位辨別上，盲人也比明眼人好。

至於觸覺當然比較好，因為有點字訓練嘛，嗅覺就與明眼人一樣了。（**參考資料：《大腦開竅手冊》p.84，天下文化，2008**）

看不見、聽不到又不會說話的人要怎麼想事情啊？

請大家看一個天生的盲人的一則家人小聚的夢，下面是他的描述：

> 「有人在那裡用吹風機吹頭髮，洗衣機響個不停，水一直在流。我則坐在廚房的餐桌旁，桌上擺著一堆木片，我將木片一塊塊拿起來。」

這個夢看起來好像有視覺內容，卻依附在聽覺與觸覺的內容之上，如果叫他描述顏色就沒辦法了。

海倫凱勒在十九個月大的時候才因病而瞎聾，所以海倫凱勒的大腦視覺區與聽覺區應該被其他腦區佔據得差不多了，但一般人記不起三歲前的事，海倫凱勒的思想恐怕只有殘存的聲光效果。

後來她大學畢業且口才很好，還演講過，她的思想絕對

不比一般人差，我認為頂多只有一點點視聽覺的成分，可能根本沒有。

一般人很難理解先天盲聾人士的思想畫面，因為全是嗅味觸覺組合起來、卻沒有黑白顏色的景象是什麼呢？這是無解的問題。

視盲是怎麼回事？

視盲 (blindsight) 是指患者自認為看不見物體，卻可以指認簡單的物體，並避開眼前的障礙物。

目前有幾種猜測：

一是患者的初級視覺嚴重損壞，所有視覺訊息無法送至次級視覺區。

二是初級視覺區只有部分損傷，仍可繼續運作良好。

三是有別的視覺路徑，可通往次級視覺區。

不論是哪一種原因，視盲可解釋成清醒意識看不到物體，下意識卻可以看到。

視盲有點像催眠的「負向幻覺」，被催眠者宣稱看不見眼前的東西，走過去卻可以避開不碰到。

所以，視盲不是一種欺騙，而是真實存在的現象。

催眠流言

Discovery 頻道的流言終結者，曾驗證了兩則催眠的流言，第一個是催眠可讓目擊者說出更多案發細節，製作單位首先請兩位演員充當送貨員，故意跑來攝影棚胡鬧，然後請事先不知

情的兩位主持人描述送貨員的長相外貌。

接著請催眠師催眠兩位主持人，再請她們描述，結果獲得更多正確的資訊，顯示催眠真的有效！

不過，我覺得催眠與目擊之間的時間愈久，描述的正確性愈差，因為記憶很容易被扭曲，檢警單位應該掌握時效，愈早進行催眠愈好，以免記憶失真。

第二個催眠流言是催眠無法使人做出本來不願意的事，製作單位先測試三位主持人的腦波，結果發現格蘭今原的腦波可降至原來的一半，很容易放鬆，是適合的催眠受試者，然後請催眠師下達指令，在聽到有人說「量子力學」四字時，他須在自己心愛的機器上畫圖，而在有人打哈欠時，他須在原地跳躍，這兩件事是他本來不可能去做的。

後來另兩位主持人在聊天之際，故意說「量子力學」與打哈欠，格蘭今原居然紋風不動！事後格蘭說，他知道兩位主持人想要他做什麼，只是不想做罷了……

所以，兩則流言對大多數人而言是真的，但有例外，容後再談。

Discovery 頻道之流言終結者再對催眠進行驗證，這次針對自我催眠，首先請主持人格蘭今原坐在旋轉椅上，看看多久會頭暈想吐，結果是十七分鐘多。

然後格蘭聆聽自我催眠 CD 數天，看看可否解除暈船，結果是三十四分鐘的旋轉才暈，顯示催眠只有很小的短暫效果。

我覺得與催眠指令的巧妙程度有關，因為那片 CD 並非專門針對暈船而設計的，若將裡面的指令修改至完全符合暈船的情境，可能會產生更大的效果。

另兩個實驗是請凱莉聆聽特定的催眠 CD 一週，看看可否

改變眼珠顏色，請亞當也聽一片解除恐懼的 CD，看看可否不再怕蜜蜂，結果全失敗了。

眼珠顏色無法藉由催眠而改變，這是可想而知的，但解除對蜜蜂的恐懼，應該要用真正的蜜蜂來進行適應，譬如洪水法，光聽 CD 是不夠的，因為想像與實體之間，還是有差距的。而且該片 CD 也不是專門對付蜜蜂恐懼的，催眠效果當然不夠好。

請大家參考看看。

洗腦實驗

Discovery 頻道播出這個節目，想確定人在被催眠後，會做出違背自己良心的事嗎？

節目單位找了 185 人，只有 11 人是催眠感受性高者，其中只有 4 人可在公共場合依指示脫去衣褲。這四人接受冰水浸泡實驗，也就是被催眠後想像進入溫暖的水中，結果只有一個人在冰水中無所畏懼、不會顫抖，顯示他是最適合被催眠的人選。

然後節目單位騙他沒入選，在毫無提防之下，再度將他催眠，命令拿槍殺壞人。當然，子彈是假的，壞人也是演員，身上早已備好假血以求逼真效果。最後這名被催眠者真的開槍殺人！

事後，這名開槍者完全不記得殺過人，在被催眠回憶起所有過程後，顯得疑惑不安。最後，節目單位請演員出面，讓開槍者明白他沒殺人，催眠師也一再保證，不會控制他的心智，他才釋懷。

節目結論是，催眠有可能使人做出違背良心的事，但很難，因為 185 人之中，只有一人完成任務！而且這人是一名獄

警，開槍是他的專業技能，難怪容易上手。

自發動功？

我曾經歷兩次所謂的自發動功，給大家參考一下：

以前我曾坐著看某人自發動功，他的動作彷彿乩童，在木板地上打滾，弄出很大的聲響。

當時我沒像現在那麼鐵齒，還是個 New Age 的狂熱信徒，在看了一陣子後，突然發覺雙腿跟著抖動，大吃一驚！

幸好我的朋友曾說過，自發動功只是一種自我催眠，可隨時停住，我立刻控制雙腿，果然就不動了。

後來一次比較奇特，我躺在床上沒睡著，突然尾椎出現癢癢的感覺，接著，一股被電的感覺瞬間往脊椎上方衝，直達頭頂，我嚇得哇哇大叫一聲，然後就沒事了，怪哉？

這次可確定不是自我催眠，因為我根本沒想到自發動功，到底是什麼原因呢？我也不知道。

不過，我還是將大部分的自發動功歸因於自我催眠，少數不可解釋的可能與腦部的自發電流有關，並非什麼神秘的氣流動，大家以為呢？

閉上眼睛後感覺自己周圍的每一樣事物都巨大化 n 倍？

已有醫學證實，很可能是 EB 病毒引起的發燒後遺症，謂之愛麗絲夢遊仙境症候群（Alice in Wonderland Syndrome，AWS）的「視物變大症」（maropsia）。

也有所謂視物變小症 (micropsia)，曾有人形容：「有一個很小的東西，跟一個質量很大的東西。小的東西非常非常小，小的很『微弱』；大的非常非常巨大，會產生一種很大的壓迫感。之後大的壓迫感會非常強烈。」

我小時候也有三次類似經驗，不同的是，縮小與脹大的感覺交替，非常難過，當時沒有溫度計可佐證有無發燒。

我推測，非常非常小可能是頭繃緊的感覺，而非常非常巨大是頭漲的感覺，應該是頭皮血管收縮與擴張的效應，想吐就是頭部不適引發的結果。

這種症候群也可能是偏頭痛、癲癇、精神分裂引起的，一般建議不要熬夜，預防腦部過度激發，產生幻覺。最好提早上床睡覺，少喝含咖啡因飲品。

jamais vu

對某事物似乎不曾或好像從未經歷過的幻覺或錯覺——事實上，他先前已經歷該事物許多次。這個字是 deja vu（似曾相識）的相反詞。（**參考來源：**http://www.cybertranslator.idv. tw/med_cont1.htm）

此症狀常見於中風、癲癇、精神分裂患者，我的親人就曾出現此短暫現象，當時他走在原來熟悉的街道上，突然覺得陌生，後來就講不出話來，結果是大腦語言區中風，一般人若常常發生這種情況，請到醫院神經內科就診。

晚上聽到門把轉動的聲音，我和弟弟有聽到，父母卻聽不到？

網友這樣，我回答：

人耳理論上可聽見最高兩萬赫茲的高頻聲音，但隨著年齡增長，高頻聽力會減退，有人做實驗發現，大多數成人只能聽到 14,100 赫茲而已，而青少年可聽見 17,000 赫茲以上。

所以，你家晚上可能有高頻聲源，父母聽不見，你和你弟卻可以聽到。最好用錄音機錄下來，放給同學聽，就可以確定是否高頻聲音了。

分身表演是真的嗎？

台灣有個號稱有分身超能力的大師，許多門徒宣稱看見他的分身出現在眼前，大家知道嗎？

其實這樣的手法在催眠師眼中，是標準的催眠暗示而已，只要常對門徒說：「我將幻化出無數個分身。」門徒就有可能看到（幻覺）。不過，這一招對不信他的人無效。

這位大師最可悲的地方是，對催眠暗示的基本知識一無所知，居然在法庭裡對著不信他的員警發功，企圖「定」住員警，當然無法成功，比較聰明的大師就不會這麼笨，會推託員警的慧根不夠，或氣氛不對不能施展等等，以免破功、徒留笑柄。

其實，想破解他的分身說法非常簡單，找一名他的門徒，請他下次看到師父分身的時候，記下時間地點，然後跑去問師父：您的分身出現在何地、何時？

我保證大師回答不出來，因為每次有門徒說看到分身，這

位大師都說就是他在發功，根本是事後諸葛。

如果真的是大師，應該預先知道自己何時何地分身吧？說不出來就是假的……

巴納姆效應（Barnum effect）

許多通靈家深知人性弱點，我舉出一個報導給大家看：

曾有一位研究人員，將一位已處決的殺人魔的星座解盤寄給一百五十多人，內容如下：

> 「適應力好，可塑性高，朝向秩序、控制、平衡方面展現活力。在社交、物質、智慧方面條理分明，是個守規矩、有道德感的人，也是有為正派的中產階級。」

結果這一百多人有94%表示太符合他們的個性，太準了！

為什麼會這樣？因為只要夠模糊諂媚，大多數人都會覺得很準，有人稱之為巴納姆效應（Barnum effect）或諂媚效應（flattery effect），通靈家常常拿來運用。

以上參考《讓你瞬間看穿人心的怪咖心理學》p.33

迷信會害死人？

曾有人統計在美國的華裔與日裔的死亡日期，發現每月四日因心臟病過世者，比其他日子多 7%。

如果加上慢性心臟病，數字升至 13%。

反過來的研究，美國人在十三號星期五的交通意外事件，比平時多 52%。

芬蘭的研究顯示，男性死亡記錄，只有 5% 與黑色星期五有關，女性卻高達 38%。

研究人員推論，在不吉祥的日子裡，人們比較緊張，因而導致較多的心臟病與交通意外。

結論就是，迷信真的會害死人。

以上參考《讓你瞬間看穿人心的怪咖心理學》p.98。

鐵達尼號葬海之處是否有聽聞靈異事件？

Discovery 頻道已播過了，真的有怪事發生：潛水伕都聽到了好像鬼在吼叫的聲音，結果是什麼呢？

本來大家都膽戰心驚，因為那麼多人死去，鬼魂在附近徘徊似乎言之成理，不料有人發現有一種動物在附近洄游：座頭鯨。

原來是座頭鯨的低頻聲音，傳到鐵達尼號，恰好被潛水伕聽到，而座頭鯨的聲音可以在水中傳播非常遠。由於座頭鯨只在繁殖季節呼叫，因此它們的叫聲可能是用來求偶的。

人耳可聽到 20Hz 以上的聲音，而座頭鯨發出 10 到 20Hz 的聲音，所以人耳當然聽得到部分聲音。

預知的最新研究

許多關於死亡的傳說都涉及超能力，譬如預知親人死亡，到底是真是假？先跟大家探討預知是否存在。

美國著名心理學家貝姆（Daryl Bem）的研究指出，他共進行了九項不同實驗，共有一千多名志願者參與，其中只有一

項實驗的結果不支持預知的存在。

在一項實驗中，貝姆向學生們展示一係列要求他們記住的詞匯。隨後又要求他們盡可能回想起更多的詞匯，最後再向他們展示一組隨機挑選的詞匯並打印出來。毫不令人感到吃驚的是，對于展示給他們的詞匯，有一些他們更容易記住，有一些則不是這樣。但令人感到詭異的是，他們記住的詞匯往往就是最後被打印出來的詞匯，說明「打印」這個未來發生的事件影響了他們的記憶力。

在另一項實驗中，貝姆又在電腦屏幕上向學生們展示一幅圖片，圖片中是兩個窗簾，同時告訴他們其中一個窗簾中隱藏著一幅色情圖片，學生選擇藏有色情圖片的窗簾次數更多。人們比較容易預知色情圖片？呵呵……（**參考來源**：http://big5. xinhuanet.com/gate/big5/news.xinhuanet.com/world/2010-11/19/ c_12793552.htm）

《新科學家》雜誌指出實踐是最好的檢驗手段，關鍵就在於其他科學家能否複製這位教授的成功。

不過，我覺得其他科學家恐怕不能重複出同樣結果，因為從以前的記錄可知，只要用極為嚴謹的步驟，實驗就會失敗，原因可能有兩種，一是根本沒有預知現象，二是這個現象飄忽不定，難以重現。

中樂透頭彩的人都會預先在夢裡有徵兆嗎？

台東一名三十多歲的家庭主婦，在 2010 年 9 月簽中史上最高的十一億二千萬元的頭獎，她忍了四十三天，終於現身兌獎。

她得知中獎之後，天天都沒睡好，失眠狂瘦三公斤，中獎

當天，她還請老公用力掐她，確定這不是一場夢。（影片：http://video.chinatimes.com/video-cate-cnt.aspx?cid=6&nid=40085）

史上最高彩金得主不但沒有什麼預兆，還不相信自己得獎，所以不一定有什麼預兆啦，況且有些預兆只是牽強附會，譬如本來就常做發財夢，根本與中獎無關。

預言小說？

1898 年，英國作家摩根‧羅伯森（Morgan Roberson）寫了一本名叫《徒勞無功》（*Futility*）的小說。小說寫了一艘號永不沉沒的豪華巨輪，名為泰坦（Titan）號，從美國駛向大洋彼岸的英國，後來沉沒。後來鐵達尼號出事，他就改書名為 *The Wreck of the Titan*。

1912 年 4 月有 4 日夜間，當時最大的豪華客輪「鐵達尼號」（Titanic）因撞上冰山而沉沒。

悲劇發生後，有人想起十四年前的這篇小說，發現除了船的名字幾乎相同外，兩者還有眾多的極其相似之處，所以認定作者有預知超能力。

其實 Morgan Roberson 早年曾在公立學校學過水手的相關知識，寫出船艦的詳細資料是合理的。而且他本人也認為小說內容與鐵達尼沉沒雷同是巧合，不是預知超能力。

兩者其實有許多差異，媒體卻隻字不提：

泰坦號撞到的是從冰山掉下來的冰架，船體衝上冰架後，再從旁邊掉入海中，鐵達尼號則是直接撞冰山。

鐵達尼號在好天氣出事，泰坦號則在有霧的壞天氣沉沒。

鐵達尼號有 705 人獲救，泰坦號只有 13 人倖存。

鐵達尼號首航即出事，泰坦號則航行了好幾次任務才蒙難。

　　鐵達尼號從英國開向美國，泰坦號的航程顛倒。

　　鐵達尼號在撞冰山前沒撞別的船，泰坦號則撞沉一艘船才撞冰山。

　　鐵達尼號沒有帆，但有兩艘姐妹船；泰坦號有帆以增速度，沒有姐妹船。

　　那麼，Titan 是何意？泰坦是希臘神話的十二位神明的合稱，象徵神力的總和，Morgan Roberson 拿來形容永不沉沒的的船是很合理的。

　　題外話，Titanic 為何有 ic 的字尾？因為製造鐵達尼號的白星航運公司喜歡用，譬如以前造的船名有 Oceanic, Baltic, Celtic, Britannic, Adriatic, and Olympic and Gigantic 等，都有 ic。

　　Morgan Roberson 也並非如網路所言舉槍自殺，而是在鐵達尼號沉沒後三年，因藥物過量而死。

　　維基百科已列出小說中與鐵達尼號相似的幾個地方，也列出九個不一樣的內容。（**參考來源**：http://en.wikipedia.org/wiki/Futility,_or_the_Wreck_of_the_Titan）

　　我的意思並非完全否定 Morgan Roberson 有預知能力，而是還原事件的真相，讓大家自己去評斷。

為什麼有人會做「預知夢」？

　　有些所謂的預知夢，根本只是似曾相識或既視感而已，不是真正的預知。若排除既視感，預知夢有三個可能的原因：

　　一，巧合

每個人平均一個晚上做四到五個夢，大部分忘了，只有少部分記得。既然有這麼多夢，命中未來是很有可能的，所以巧合是第一個原因。

二、潛伏的疾病所致

這個原因專指夢見自己生病成真，許多疾病有潛伏期，下意識可能收到訊息而呈現於夢中，是很有可能的。

三、腦部的傑出運算所致

與現實非常接近的夢，才能考慮是這樣的可能。

最神奇的預知夢

目前我找到的最神奇的預知夢，與現實還是有差別，已在我的其他著作中提過，所以除非與現實一模一樣，否則預知夢永遠與巧合無法區別，無法下斷語。我自己的經驗比較傾向巧合的解釋。

如果真想分辨是預知或巧合，要看命中機率高不高，如果是極不可能，才能考慮是超感知覺，根據我的觀察，絕大多數都是巧合。

即使可能是超感知覺，想解讀夢中涵意，與普通夢還是一樣：

一、**生理因素**：譬如尿急、腹脹、睡前喝過咖啡因飲品、吃過刺激性食物、看過刺激性節目或文字、臥室溫度不宜、蚊子叮咬等。

二、**心理因素**：清醒時的情緒殘留，被睡眠中的意識誤判，有人認為是自我暗示，其實是解讀失真。

所以，所有的夢都可以從以上兩個方向，找到解讀線索，

即使是超感知覺夢也不例外，至於為何有超感知覺，目前還不清楚。

預知與潛意識

即使是預知夢，也永遠是潛意識的作品，所以潛意識包含預知夢，換句話說，就算預知好事成功，也代表潛意識的願望，沒有例外。

但有兩點排除法，或許可排除預知夢的可能：

1. 模糊的夢幾乎不是預知夢，因為真正的預知夢大多是清晰的，有時還在好幾次夜晚出現。日本京都有個叫預知夢研究會的組織，其研究報告指出，預知夢的特色是夢裡出現的場景和事物往往比較清晰，但夢裡出現的人物則大多面目模糊。（**大家參考看看**：http://www.laladream.net/forum4.htm）

2. 脫離現實的夢幾乎不是預知夢，因為真正的預知夢沒有荒謬不合理的部分。譬如在夢裡曾和動物對話，那夢境的其他部分即使沒脫離現實，也不太可能是預知。

以上兩點也只是相對的，不是絕對的法則，事後的證明才是預知夢的證據，但永遠不能排除巧合的可能。

網友的神奇巧合夢

一位網友說，他認識一位只知其姓、不知其名的朋友，後來在夢裡出現其全名，事後查看那朋友的證件，結果證實無誤。

我給她一個建議，或許有助於釐清真相：

請想想在夢中，那友人的名字型態，與真實世界中的證件名字型態，是否一樣？

　　我也做過類似的神奇巧合夢，但字體大小不一樣，就很難論定是預知，如果你可以客觀評斷兩者異同，才算是有科學求真的精神。

　　如果字體大小一模一樣，那麼，有可能是所謂的透視（俗稱千里眼），你在夢中發揮了透視力，看到了他的證件，腦部卻誤解成有人告知。請注意，這只是有可能，因為巧合也無法100%排除。

　　如果字體大小不一樣，那麼，巧合的機會就很高了，當然，透視的可能性也不是沒有，就看你怎麼解讀了。

　　其實是否巧合，並非真正的重點，而是你為何夢見？如果可以解釋箇中緣由，就可以剖悉自己的心理狀態，對於認清自己是有幫助的，而解讀的線索可能在夢境的其他細節中。

　　預知成功並非值得高興的事，因為又不是預知到頭彩號碼，但破解此夢的真正意涵就很有價值了，因為你又朝認識自己的路上邁進了一步。

潛意識說過的話和做過的事，自己知道嗎？

　　潛意識就是潛伏在意識以下的東西，怎麼可以知道呢？所以只有在意識恍惚的情況下，才有可能獲悉，譬如打坐冥想，而最常用的方法是從夢境得知。

　　但潛意識做過的事就很難知道了，譬如夢遊，當事人在清醒後不可能記得做過什麼，因為那是在無夢狀態（NREM）下發生的。

另一種情形叫做催眠後遺忘：有人會將被催眠的內容遺忘，變成潛意識的東西，其實只要經過適當的暗示，就會浮現出來，當然這是特例，譬如某英國男子被催眠後，竟困坐在自家沙發上十二小時，才被人破門而入救出。

有些接近意識水平的的東西，所謂的前意識，譬如一時想不起某人的姓名，在經過一段時間後，通常會想起，有人也將之列入潛意識範疇。

所以，想知道自己的潛意識，除了讓自己恍惚以外，就是靜待時間的流逝，某些潛意識自會浮現出來，讓意識知道。

真的有託夢嗎？

所謂託夢，必須在夢完後找到證據，才叫託夢，譬如以前有流傳一個故事，往生者也在夢裡說腳好冷，後來開棺驗屍，真的有水滲入棺材，正好在腳的部位。故事尚待證實。

這才是託夢的證據，但也可能是棺材品質較差，加上做夢者認為親友在陰間過得不好，所形成的巧合而已。

如果夢見親人有穿衣服和尿布，應該是擔心親人穿得不夠而發夢，比託夢更有可能。

如果是夢到親人有穿上燒給他的衣服和褲子，只是代表希望親人收到，不是證明已收到。

研究超自然的目的為何？

曾有人提出這樣的疑問，我回答：除了破除迷信、享受真相大白的樂趣以外，應該可以在生命意義上有一些啟示吧？

看到一些迷信的人自得其樂，我們這一群人如果沒有比較高興，知道真相又有何用呢？

家禽家畜都不知道自己最後會被宰，每天高興的吃喝拉撒睡，無知不就是一種福氣嗎？我用了誇張的比喻，不是為了罵人，而是請大家想一想在超自然研究下的生命的意義是什麼。

曾有人列出各種生命意義如下：

1. 開悟成道：這是宗教上的最高境界，雖與超自然有關，但科學無法證實。

2. 活出自己：這是一般人的最高境界，與科學或超自然都無關。

3. 守住本分：這是最低限度，與超自然也無關。如果連本分都守不住，就甭談生命意義了。

所以，我研究超自然的目的，純粹是興趣而已，不敢奢望在有生之年真正破解生命意義，只希望不要走錯路而已。

結　語

　　由於「寧可信其有，不可信其無」的觀念作祟，許多人不敢投入鐵齒的行列，深恐禍事上身，寧可半信半疑。

　　其實，在科學的抽絲剝繭之下，大多數神秘現象的面紗早已被揭開，少數尚未顯露真相的，只是遲早而已。

　　大家想想看，許多以前被認定是無解的超自然事件，一一被揭穿為騙局、謠傳、誤認，只要上網一查就知道，很少經得起時間的考驗。

　　遺憾的是，市面上充斥著怪力亂神的報導，極少看到專門介紹破解的懷疑書籍，使得謠言滿天飛，妄想滿街跑，蠱惑人心莫此為甚。

　　本書就是為了匡正人心而寫的，希望可以讓大家不再恐懼黑暗、不再疑神疑鬼，走在任何人煙稀少的地方也不怕。

　　鐵齒一詞有一點戲謔的味道，說別人鐵齒就是嘲笑他只是沒遇到而已，等到親眼看見，就會信邪了。

　　本書完全沒有這樣的問題，因為我曾看過異象，就是所謂的鬼，也遇過神奇的現象，就是所謂的超能力，夠資格談論吧？

　　魔術師進行表演，我們會毫不懷疑的認定為魔術，那大腦呢？大腦不會變魔術、創造幻覺或錯覺嗎？

眼見不一定為真，這是千古不移的真理，可惜很少人願意真的相信，還動輒嘲笑別人鐵齒，感覺有點悲哀。

為何一定要被幻覺或錯覺愚弄呢？人生在世不過數十寒暑，難道要帶著問號進入墳墓嗎？不能看清事實真相嗎？

有人認為鐵齒者不敬神敬鬼，一定是唯利是圖的傢伙，那就大錯特錯了，本書的後半部分介紹真正的生命意義，絕不會讓大家失望。

敝人曾遇過比敝人還鐵齒的人，他們的生活過得比一般人還好，常常是各行各業的頂尖者，甚至是諾貝爾獎得主，誰說鐵齒不好？

歡迎加入鐵齒的行列，若不想冒然投入或不願認同，也可以看看本書在說什麼，絕非強詞奪理或歪曲事實，保證讓大家有耳目一新、不虛此行的感覺。

那麼，生命到底有沒有意義？如果有，到底是什麼？

如果以 google 來搜尋生命意義的中文論文，在 2015 年 3 月可得到三十多萬篇，英文論文則超過三百萬篇！

這麼多論文探討生命意義，顯示是人類的一個重要課題，大多數人即使已有自己的見解，仍想知道別人怎麼說，或終極答案是什麼。

對於生命意義，一般人多從宗教或哲學的層面來思考，很少透過自然科學來檢視，因為答案似乎很簡單、無需探討：人類生存的目的只是將自己或族群的基因延續下去，請參考《科學人》雜誌 2012 年第 126 期 8 月號內容。

真的只有這樣嗎？

根據敝人多年來的閱讀涉獵，「基因決定論」只是科學的一支，不是全部，若認定生命意義只是繁衍下一代或延續族群

的基因，就是以偏概全，蔑視科學了。

本書收集了不少科學資料，整合出一條明確的研究方向，企圖打破一般人對科學的刻板印象——僵硬、機械、冷酷、無情，希望對世道人心有些許助益。

本書也完全跳脫宗教或哲學的探討，純粹以宏觀科學的角度，探討與生命意義有關的各項證據，企圖取得一個終極的結論。

那麼，這個結論可以適用於所有人，包括各種宗教信徒與社會各階層人士嗎？我確信可以，而且拍胸埔保證，大家活在世上，絕不是可有可無、無關緊要，或湊人數而已，不要妄自菲薄。

如果大家跳過本書的前面內容，直接看到這裡，或最後一章的內容，保證不太了解死亡的真諦是什麼。

當然，看得懂的人必是行家，可以將本書放下來不需詳讀，並得到敝人附贈的一句恭喜，因為人生之路將走得非常順遂而了無遺憾。

既然死亡對一般人而言是晦暗難明的，死亡的意義就不可能是幼童皆懂的，本書的結尾當然無法提出一個簡單易懂的答案。

不過，仔細依序讀完本書，就可以發覺答案其實不難，難的地方只是實踐而已，所謂知易行難。

敝人的本業是西醫師，常常發現病人都知道保健之道，譬如適當的運動，平衡的飲食，充足的睡眠，充分的飲水，定期洗牙與體檢等，但總是藉故推拖不好好做。

死亡的意義也是同樣道理，今天敝人給了很好的答案，卻不能保證讀者日後的生涯一路順暢、大放異彩，除非堅持身體

力行。

　唯有貫徹本書提到的內容，才能奢談看穿或超越生死，否則只是回到忽略死亡的生活方式。

　沒有想過死亡的日子當然比較容易過，也可以活得精彩萬分、令人羨慕，甚至可到達人類的巔峰，譬如得到諾貝爾獎、呼風喚雨的權勢、享不盡的財富，活過一百一十歲等。

　但是，面對死亡的時候，可不能唉聲嘆氣，大嘆時不我予喔。

　許多非常成功的傑出人士，在老年遲暮、病痛纏身之際，變得鬱鬱寡歡、愁眉不展，還不是害怕死亡？

　這就是死亡學或生死學的功用，減輕人們對死亡的恐懼，而本書擁有學校沒教的內容，可謂之 CAS 的攻略或秘技，只要讀完，必有不一樣的視野，進而產生全新的想法。

　當然，新不代表好，歡迎大家提出各種建言與指教，歡迎至敝人的臉書或電子信箱：sy036267@yahoo.com.tw 查詢。

　感謝大家翻閱本書，並向本書中出現過的學者專家致敬，沒有他們的努力與巧思，生死迷霧仍難以撥開。

　最後，以三段話畫下本書的休止符：

　一般人以為的自我實現或達成夢想，的確是活著的目標與意義，但不屬於科學的範疇，也沒考慮到死亡。名字稱號，身分地位，財富權勢，當然更不是。

　以科學來看生命或生死的終極意義，就是了解自己是誰（或本質是什麼），目前在腦科學與天文物理學的透視下，這個宇宙最大的奧秘的答案已呼之欲出，希望可以找到最理想的放鬆冥想方式，造福所有人類。

　敝人一直認為生命或生死意義就是八個字：「好好活著、

深刻享受」，只要在平時好好放鬆與冥想，豐饒的喜悅自然出現，就可以逐步體會這八字的真正意涵，無須追逐聲色犬馬。

有機會甚至可以淺嘗 CAS3，洞悉自己與死亡的本質。

感謝大家的閱讀！

科學叢書

科學也可以有靈性
——面對死亡的因應之道

作　　　者：成和平
發　行　人：王春申
編輯指導：林明昌
營業部兼任
編輯部經理：高　珊
責任編輯：徐　平
封面設計：吳郁婷
校　　　對：趙蓓芬

出版發行：臺灣商務印書館股份有限公司
23150 新北市新店區復興路 43 號 8 樓
電話：(02)8667-3712　傳真：(02)8667-3709
讀者服務專線：0800056196
郵撥：0000165-1
E-mail：ecptw@cptw.com.tw
網路書店網址：www.cptw.com.tw
網路書店臉書：facebook.com.tw/ecptwdoing
臉書：facebook.com.tw/ecptw
部落格：blog.yam.com/ecptw

局版北市業字第993號
初版一刷：2016 年 4 月
定價：新台幣 360 元

 ISBN 978-957-05-3039-1

科學也可以有靈性：面對死亡的因應之道 ／ 成和
平 著. -- 初版. -- 新北市：臺灣商務， 2016.04
　　面 ；　公分. --（科學叢書）

　ISBN 978-957-05-3039-1（平裝）

　1.生死學　2.死亡

197　　　　　　　　　　　　　　　　105002448

23150
新北市新店區復興路43號8樓
臺灣商務印書館股份有限公司　收

請對摺寄回，謝謝！

傳統現代　並翼而翔

Flying with the wings of tradtion and modernity.

讀者回函卡

感謝您對本館的支持，為加強對您的服務，請填妥此卡，免付郵資寄回，可隨時收到本館最新出版訊息，及享受各種優惠。

姓名：＿＿＿＿＿＿＿＿＿＿＿　　　性別：□ 男　□ 女

出生日期：＿＿＿＿＿年＿＿＿＿月＿＿＿＿日

職業：□學生　□公務(含軍警)□家管　□服務　□金融　□製造
　　　□資訊　□大眾傳播　□自由業　□農漁牧　□退休　□其他

學歷：□高中以下（含高中）□大專　　□研究所（含以上）

地址：＿＿＿＿＿＿＿＿＿＿＿＿＿＿＿＿＿＿＿＿＿＿＿＿
　　　＿＿＿＿＿＿＿＿＿＿＿＿＿＿＿＿＿＿＿＿＿＿＿＿

電話：(H) ＿＿＿＿＿＿＿＿＿　(O) ＿＿＿＿＿＿＿＿

E-mail：＿＿＿＿＿＿＿＿＿＿＿＿＿＿＿＿＿＿＿＿＿＿

購買書名：＿＿＿＿＿＿＿＿＿＿＿＿＿＿＿＿＿＿＿＿＿

您從何處得知本書？

　　□網路　□DM廣告　□報紙廣告　□報紙專欄　□傳單
　　□書店　□親友介紹　□電視廣播　□雜誌廣告　□其他

您喜歡閱讀哪一類別的書籍？

　　□哲學‧宗教　□藝術‧心靈　□人文‧科普　□商業‧投資
　　□社會‧文化　□親子‧學習　□生活‧休閒　□醫學‧養生
　　□文學‧小說　□歷史‧傳記

您對本書的意見？（A/滿意　B/尚可　C/須改進）

　　內容＿＿＿＿＿＿＿編輯＿＿＿＿＿校對＿＿＿＿＿翻譯＿＿＿＿
　　封面設計＿＿＿＿＿價格＿＿＿＿＿其他＿＿＿＿＿＿＿＿＿

您的建議：＿＿＿＿＿＿＿＿＿＿＿＿＿＿＿＿＿＿＿＿＿

※ 歡迎您隨時至本館網路書店發表書評及留下任何意見

臺灣商務印書館　The Commercial Press, Ltd.

23150新北市新店區復興路43號8樓　電話：(02)8667-3712
讀者服務專線：0800-056196　傳真：(02)8667-3709
郵撥：0000165-1號　E-mail：ecptw@cptw.com.tw
網路書店網址：www.cptw.com.tw　網路書店臉書：facebook.com.tw/ecptwdoing
臉書：facebook.com.tw/ecptw　部落格：blog.yam.com/ecptw